# 成吉思汗

## GENGHIS KHAN 生死与复活

[英]约翰·曼 JOHN MAN 陈一鸣 译 中国青年出版社

# 目录 | Contents

# 成吉思汗
# GENGHIS KHAN

# 引言 死亡与复活

2003年3月，美国《人类基因学》杂志发表了一篇不同寻常的文章。一个有23位基因学家的小组对来自欧亚大陆约2000名男人的DNA进行了多年研究。令他们惊异的是，在几十位接受测试的人员中，他们发现了一种共同的样本，尽管其来源各不相同。这种略有地区差异的相同基因样本，分布于从里海到太平洋这一广袤区域的16个人口群落。如果按拥有这种基因的受试者的比例（占16组中的8%）来推算整个该地区人口的话，令人吃惊的结论就是约有1600万人，这实际上是一个庞大家族的组成部分。

这一现象究竟该如何解释呢？资料来源于对只有男性才拥有的Y染色体的研究。每个男人在其Y染色体中都有一种可视为其独特"标识"的样本，但这种标识也有一些相似性，基因学家可以据此来确定其家族关系，而且它们也可以在称为"星团"（因为它们被描绘为星爆形而不是树形）的家族谱系中表达他们自己。第一步就是分析这些"星团"，通过时间和空间向上追溯，以确定其"最近的共同祖先"。以30年为一代人，在追溯34代后，这个小组将他们的共同祖先锁定在了大约1000年前，这是个正负误差值在300年的中间数值（在我看来，每30年一代人听上去有点偏高，把它减少到比如说25年，最早共同祖先的出现日期就应在850年前）。此外，大多数轻微的地区差异只出现在这些选定地区中的一个，这就是蒙古。

这暗示着一种令人吃惊的假设:一个生活在12世纪的蒙古男人,已经把他的基因传遍了半个欧亚大陆,其结果就是,今天生活在这里的所有男人中,每200人中就有一人拥有这种基因。

接下来会发生什么,我们还是来听听牛津大学生物化学系克里斯·泰勒–史密斯的解释吧:

“做这项分析的在读博士生塔提亚娜·泽尔扎勒的第一张网状结构图绘制出来,我们就从中得知,资料中有一些非同寻常的东西。由于很高的频率,大量的邻人及其在众多人口群落中的广泛分布,这一‘星团’尤为突出。我们以前从未见过这样的事情。你一眼就可以看出它代表着一个扩大的家庭。

“塔提亚娜立刻就说道:‘成吉思汗!’

“起初它似乎是个玩笑,但是当我们积累了更多的资料并且做一些计算来确定最可能的时间与来源地点时,结果表明:这可能是最好的解释。”

当研究者把这经过挑选的16组人群放置于一张由成吉思汗在13世纪早期创建的帝国的地图上时,证据出现了:两者之间吻合完美。虽然有一组,亦即阿富汗的哈扎拉斯处在边界之外,但实际上它也是相吻合的,因为成吉思汗在返回中亚之前曾于1223~1224年在阿富汗停留了大约一年的时间。

可以想见,这1600万男人的共同祖先就是成吉思汗直系祖先中的一位,他的兄弟们也可能拥有相同的样本。但无论情况如何,正是成吉思汗应该为这种基因样本于1209年到他死亡的1227年间,在中国北部和中亚的传播负有责任。在战争中,美女是战利品的一部分,索求其中最好的以及由下级官员的奉送则被看做是领袖地位的显示。成吉思汗在这点上是一丝不苟的:这不仅是其权威的象征,而且还是一种展示其慷慨的方式,因为好女子可以作为礼物转送给他忠诚的那颜们。成吉思汗并不纵欲,但他当然也不禁欲,在他为期40年的帝国建造的过程中,他曾得到过数百名年轻女子。我们保守地估计他有20个孩子——但也可能有数百个之多——其中的10个是男孩，他们所有的人在其Y染色体中都遗传了相同的样本。假设他们每个人又有两个儿子，如果成吉思汗男性后裔的数字每代都在加倍，超过30代后，其结果就变得如此富有戏剧性，以至于在得出结论之前，这种计算已脱离了真实的世界。五代之后——大约在1350年——他只有微不足道的320个男性后裔；但又经过五代之后，即在1450~1500年，他有了1万个后裔；20代后这一数字就达到了1000万；30代后就是令人难以置信的数十亿之巨。

那么，今天所发现的1600万后裔还是在现实的范围之内的。而且我们的祖先的繁育能力似乎只有极为出色才能达到这一点。把一些令人惊异的品质归因于突变是很诱人的，而突变又会使获得这种力量的人声名大噪。我们也许该假定一种冷酷的基因或是一种超级"种"的表现。事实上，这组研究者所研究的特别基因是中间性质的，他们所能做到的一切只是确定性别。所以在确保成吉思汗的血脉得以生存和延续的过程中肯定还会有某种其他的因素在起作用。正如克里斯·泰勒-史密斯及其合作者所说的那样，这种因素只能是纯粹的拥有广阔地理疆域的政治力量。政治力量为成吉思汗及其近亲所做的就如同雄孔雀的扇形尾羽所起的作用一样。这篇论文得出的结论是，"我们的发现证明了在社会特权的基础上，人口选择的一种独特的结构"①。社会学家和专栏作家很了解雄性之首在性的方面所取得的成功，但这是我们第一次看到它在生物进化中所起到的作用。成吉思汗无疑是所有男性首领中的王中之王。

现在寻求对行为的基因学解释颇为流行。而这里存在于基

---

① 塔提亚娜·泽尔扎勒等：《蒙古人的基因遗产》，美国《人类基因学》杂志，72卷，2003年3月。

因学背后的也正是这样一种行为，它可以追溯到一个出现在大约八个半世纪前蒙古草原的集战略天赋、驱动力、领袖才能、冷酷无情及许多其他品格于一身的人物。

本书是为寻求实现一个三十多年前形成的梦想的尝试，那时笔者想到某个非常遥远的地方去旅行，蒙古似乎和我所希望的一样遥远。在为此做准备时，我开始了学习蒙古语并且阅读了一些与成吉思汗相关的文献。随着青年时代的逝去，直到人到中年时，这次尝试理解成吉思汗对其所处的世界及对我们当今世界的影响的旅行才真正开始。

正如事实所示，的确有着某种影响。在(我们所说的)贫穷与屈辱或是(他自己所宣称的)上天眷顾的驱使下，成吉思汗成了一位征服者以及世界上最广大的陆地帝国的创建者，同时也具有了某种永恒的性质，不但活在其后裔的基因中，而且还活在这个由于其游牧武士的四处征战而永远改变了的世界中。所以，此次寻求之旅包含了两个方面：时间上，在我所能够找到的尽可能多的书籍的帮助下，回到过去；空间上，横穿中亚，从成吉思汗年轻时代生活的山脉，到他的许多征服战争的发生地，再到他可能死亡在那里的那个隐蔽的山谷，最后到达那座被他视作神命之源的圣山，而且极有可能他就长眠于此山的某个神秘的墓穴中。然而，成吉思汗并没有安静地躺在那里，他的帝国把蒙古与中国联系在了一起，其延续数世纪之久的令人震撼的政治与社会的结果，甚至一直影响到了今天。世界各地的蒙古人，今天仍然处于成吉思汗的影响之下。

1995年，《华盛顿邮报》宣称成吉思汗是“过去一千年中最重要的人物”。为什么呢？因为“过去一千年辉煌的故事，就是某单一物种将其意志完全地强加在了这个世界的结果”。回到公元1000年，全世界的人口不到三亿(一些估计数仅为5000万)，其中绝大多数人并不知道相对于其他民族或其他大陆，他们究竟在什么地方。除少数几十个北欧海盗外，欧亚大陆没有人知道美洲；而北半球除极少数勇敢的腓尼基人外，也没有人到过撒哈拉以南的非洲。已经居住在太平洋的波利尼西亚人对澳大利亚一无所知。尽管亚洲人与罗马帝国的东部残余有贸易往来，但他们实际上并不知道欧洲。总而言之，每种文化都生活在被气候、地理环境以及无知所限定的范围之内。

今天的世界已经变成了一个村庄，这一切究竟是如何发生的呢？技术、经济、疾病以及许多其他巨大的、非人工的力量都在发挥着它们的作用。还有数不清的个人也有着同样的影响，一些领袖人物、发明家、探险家、思想家和艺术家与其他人相比，则更多地把人与技术结合在了一起。这位《邮报》的研究者所指称的“汗先生”当然也是如此。

成吉思汗的征服铸就了东西方之间的一种新的连接。他和他的继承者建造或重新建造了现代中国、俄罗斯、伊朗、阿富汗、土耳其、叙利亚、中亚的一些新国家、乌克兰、匈牙利、波兰的基础。这些征服重新调整了世界的主要宗教，影响了艺术，建立起了新的贸易模式。时至今日其影响依旧是欧亚历史的基石。

但是在世界历史的范围内呢？所有这一切都无法与那场由向我们地球村形成的巨大跃进所引发的革命——欧洲人对美洲的发现（或许只是重新发现，北欧海盗在公元1000年所建立的联系已从记忆中消失）相提并论？如果我们必须选择一位千年人物，难道哥伦布不会领先于成吉思汗吗？

一句话，不会。与成吉思汗相比，哥伦布更像是他那个时代的一个表象。如果他没有打开新的世界，其他人也会，因为除哥伦布以外的许多其他人都在被推动着进行探险，他们及其支持者们都踏上了寻求中国的旅途。为什么是中国呢？因为它沿着所谓丝绸之路带来的财富，自从罗马时代起就已经极富传奇色彩，并且一直延续到公元七世纪伊斯兰教的兴起及其对贸易的限制；也因为马可·波罗在其早于哥伦布两个世纪之久的旅行中，已经证实了在大汗忽必烈(或者库布拉，就像他在英语世界里广为人知的称呼那样)的号令之下，中国就是世界财富之源。马可·波罗先生之所以能够设法到达中国是因为13世纪时横贯欧亚大陆的通道又被重新打开。道路的开通则是由于以忽必烈为首的蒙古人此时统治着从东欧到中国的广大区域，而忽必烈的统治又是因为他继承了其祖父成吉思汗的帝国遗产。

当蒙古帝国陷于分裂后，欧洲人经由陆路到达中国的旅程被重新复活的伊斯兰文化所阻断。当然，贸易的流通仍可经由海路进行，但这种旅行对欧洲人来说实际上是不可能的，因为商路被阿拉伯人、印度人、东南亚人以及中国人自己所控制。从另一个方向，亦即西向经未知海域缩短去往中国的路程，是哥伦布一个伟大的构想，而美洲只是碰巧就在途中。因此，通过一系列巧合的延续几近三世纪之久的撞击效应，成吉思汗的帝国梦想也为新大陆的重新发现与殖民做出了重大贡献。

然而所有这一切几乎化为乌有。1227年8月成吉思汗已经征服了中亚的大部分地区，并且即将获得中国北部这一最大的战利品，这也将是不断征服的关键点，然而就在此时，他却去世了。这个消息将极可能鼓舞蒙古敌人的斗志，并使成吉思汗的帝国梦想化为泡影。这一刻，整个欧亚大陆完全没有意识到正处于两个可能的世界的平衡之中。然而正如事实所示，成吉思汗死亡的秘密如其所希望的那样得到了很好的保守，一种潜在的可能性胎死腹中。1227年8月标志着历史上的一次意义最为重大而又鲜为人知的转折点。

秘密是本书的一个重要的主题，时至今日仍然有两大秘密强化着成吉思汗之谜:其一是他是怎样死的、死在了哪里?其二是他是怎样被埋葬的、被埋葬在哪里?第一个秘密使得他的后继者有时间来适应他的去世,有时间去实现他的征服梦想。第二个秘密则在很大程度上诠释了他在今日普通人心里与记忆中的存在。

在成吉思汗继承者的统治下达到巅峰的帝国,分裂成了几个独立的实体,譬如中国、中亚、伊朗、俄罗斯,并在一个逐渐的蜕变与消散的过程中消失殆尽。今天研究蒙古帝国的影响变得等同于历史学界倾听宇宙大爆炸之低语的射电天文学家。这些低语之一刚刚被克里斯·泰勒-史密斯及其22位助手听到并放大。在曾经是蒙古帝国边缘地区的其他地方,还有许多这样的低语。

但在成吉思汗帝国的心脏地区,他的名字响亮而又清晰,在那些行色匆匆的崇拜者中,他的残暴被人忘却或者忽略了。在蒙古,由苏联引发的长达七十多年的压抑后,人们可以自由地举着他的画像游行,庆祝他的生日并且用他的名字来命名他们的所有物品,譬如流行乐队组合、啤酒、体育运动队、研究所,等等。而在中国,他则被当做了元朝的创建者而受到崇拜。

在这两个国家,崇拜他的蒙古人的数量不断增加,因为成吉思汗已经在一种古老的崇拜中变成了神圣的中心人物,而这种古老的崇拜显示出了一些非同寻常的进化为新宗教的迹象。它的中心坐落在中国的内蒙古,在一座中国人称为成吉思汗陵的辉煌的建筑内。而蒙古人给它的更为准确的称呼则是"圣主禁地",因为它并非一座真正意义上的陵墓,从来就没有过一具尸体。在这里,成吉思汗的神灵被作为祖先、王朝的创建者以及圣人受到杂有佛教及萨满教因素的仪式的顶礼膜拜。双手落膝的高达4米的大理石坐像,是无数祭拜仪式的中心点;崇拜者对着"遗物"焚香祈祷;而壁画则将成吉思汗描绘为一位架起东西方之间桥梁的天才，而沉溺于奇迹、爱戴与赞美之中的学者、商人和艺术家就是经过这座桥梁而往来于各处的。

关于这座陵墓有许多令人好奇的地方。它是现代的，并且由实际上是在其身后将他追封为元朝创建者的中国所支持。而对我来说，最奇特的则是，对他的崇拜有着真正的宗教的渴望，在这种渴望中，成吉思汗是作为这样一种力量而出现的，亦即真正的教士可以通过他与蒙古人支配一切的神灵——长生天取得联系。

在其信徒的信仰中精神复活的成吉思汗，绝不仅仅像过去一样只是一种减少痛苦的方法；它还是一种未来的精神希望。对于一个生于默默无闻、软弱无力而又贫穷不堪的人来说，这的确是一个奇特的转变。

GENGHIS KHAN

成吉思汗

# 01 根源

# 第一章

# 《秘史》的秘密

这是1228年7月中旬蒙古草原的一个炎热的夏天。在大多数这样的日子里，孤独的牧人会听到湛蓝的天空中百灵鸟的歌唱，以及脚下蚱蜢的嘶嘶声。在大多数这样的日子里，这片远处浅山环抱、坡下溪水潺潺的草原，除了一两个蒙古包、一群羊、几匹拴着的马之外，显得格外空旷。然而在这一天，百灵鸟及蚱蜢的歌声却被其他声音所淹没。这里的一切正在被一个规模宏大的意义非比寻常的忽里台（古代蒙古诸王与贵族的大型聚会——译者）改变着。巨型四轮车隆隆驶来，这种车由每队十二头甚至更多的牛牵引，车上七米见方的平台载着毛毡与绸缎制成的蒙古包，有的呈圆形，有的呈方形，每一个蒙古包都是诸王及其随从的流动宫殿。身着锁子甲或披着缀有重重叠叠金属片铠甲的那颜们彼此高声喊叫着互致问候。成群结队的牧人们以家庭为单位，有人骑马，有人骑骆驼，年长的妇女则乘着两轮马车，赶着羊群、驼群及马群，随其所在千户，在草原上慢慢扩散开来，直到抵达远处的山麓，或顺溪流而下，向南数公里，一直延伸到一条又宽又浅的河的两岸。穆斯林及中原的奴隶们则从喧闹的马车或驼背上卸下哈那（蒙古包墙壁的格状支架——译者）及搭建蒙古包所需的成捆的毛毡。身着长袍护甲、头戴皮质头盔的护卫们骑着马来回奔走维持秩序，斜挎在腰间的箭袋装着短弓和十余支形状各异的箭。穿着长及脚踝“德勒”(蒙古语“衣服”的音译，即蒙古袍——译者)的牧人们则为了即将到来的盛宴忙着宰羊。孩子们拾来用作燃料的干畜粪，把它们架成堆。一会儿蒙古包里炊烟缭绕，炊烟漫过门帘，欢快地向大草原天际升腾，妇女们捣动着发酵的牛奶，制作各种奶酒。

以前也曾有过这种规模的忽里台，但其重要性却无法与这次相比。在二十余年的征战之后，蒙古人现在成了中亚、俄罗斯南部以及中国西部历次战争的胜利者。那年夏天参加这次忽里台的人，有的来自乌兹别克斯坦，有的来自满洲、新疆以及新近征服的中国北方的农耕区。他们的领袖，集结蒙古百姓，创建了这个国家并使它踏上了通往帝国之路的成吉思汗已于一年前辞世。而成吉思汗为期40年的统治及其胜利，证明了他的断言：他就是那个在长生天的护佑下被上苍选中的人。现在他的意愿必须得到执行。这次忽里台就是确认成吉思汗选定的继承者，他的第三个儿子窝阔台所必须举行的仪式。

这次忽里台标志着一个新的开端：占领整个中国。这是成吉思汗尚处在最伟大征服边缘时所草拟的宏大战略，也是一件长城以外的“蛮夷”首领从未做过的事情。然而，这也仅仅是从他那里继承下来的理想的一部分。在1228年的忽里台上，许多人都听说到，在西边，在穆斯林的土地及俄罗斯的森林与平原的尽头，仍然有其他的世界有待征服：譬如匈牙利的草原，也许甚至还有西欧富裕的城市。取得最后的胜利，完成他们统治世界的使命需要拥有与他们逝去的首领相一致的策略和凶悍，以及对他的意志的完全服从。一个新的国家、新的帝国即将作为欧亚最强大的实体而出现。

为什么在这里举行忽里台？这里有着另一个与四处漂泊的游牧民族以及远征的骑兵文化并不相符，然而对这次特别的忽里台来说却是至关重要的原因。这里遗留有一些石头的建筑,大约排列成一条直线,就像一堵绵延半公里的墙。一个顶部平坦的大土堆俯瞰着这些建筑,土堆上的柱子支撑着一个侧边开放的顶子。居住在草原上的游牧民族并不需要建筑物,然而这些坚固的建筑显然已在那里矗立了许多年。它们实际上是永久性的军事要冲,必要时会有蒙古包、车辆及成千上万的武士列阵守护。土堆上的大帐有着检阅台、会议中心以及萨满教寺庙的三重功能。

这个地方最初名叫奥鲁，是蒙古人最早的固定的首都,建于12世纪的某个时期，那时他们刚刚拥有了统一及征服的梦想。对该地的选择完全是出于对其战略地位的考虑。它扼守进入其部落摇篮的北部山区之要冲,南临蒙古人的蒙古包所对之吉祥的方向。它的附近有一眼古泉,据说这里的泉水具有治疗的功效。奥鲁是一个古老的蒙古语词汇,意为“源泉”。在大河以南600公里处,广阔的草原逐渐转变成了沙石遍地的戈壁荒漠,这对于那些准备穿越的人来说,无疑是一条宽阔的快速路。接下来就是黄河,到达财富与危险之源——中国之前的最后一道屏障。蒙古人可以从奥鲁发动进攻,集结增援部队,从事征服战争,必要时可以从这里逃回他们的山区腹地以寻求庇护。

尽管奥鲁已为蒙古人自己所熟知，但很少有外人听说过它,它也几乎不见于史乘,因为在此次忽里台不久之后,它就被放弃了。成吉思汗已经命令在更加遥远的西部,在更适于统治其日益扩张的帝国的地方修筑一座新都。不久,这座新都城便以哈喇和林之名而闻名于世,尽管奥鲁并没有被民间的记忆忘却,但这座新都城在13世纪的兴起导致了奥鲁的衰落及其在历史上的消失。几个世纪以来,甚至它最初的名字也已消失。当这个古老的蒙古语词汇不再使用时,通俗语源学采用了一个读音相似并且含义亦相符的词汇——阿布拉格,意为“庞大”与“冠军”(一个给予顶级摔跤手的称呼)。由于蒙古语正字法有其自身的模糊性,所以中间的ra也可以颠倒。如果在发音图上有它的话,你可以看到它的两种形式:Avarga, Avraga。两者均不能构拟出阿布拉格的准确发音,因为最后的a是历史遗留下来的赘音。现在我们就来探寻一下“阿布拉格”吧。

几个世纪以来,阿布拉格的石头被埋没在沙土之中,它成了蒙古的卡米洛(传说中英国亚瑟王宫廷所在地——译者),一个没有实物资料证实的传说中的地方。但在1992年,一个由日本资助的联合考古队携带探地雷达来到了这里。虽然这个以源于肯特山脉的三条河流而命名,以寻找成吉思汗的陵墓为目的的“三河计划”失败了,但它的成员却获得了许多重要的发现并作出了诸多论断(其中的一些相当大胆与矛盾,对此本书稍后将论及)。“三河计划”考古队使用雷达对阿布拉格的12个神秘的土堆进行了探测,并记录到了表明沟渠与城墙遗迹存在的回声。但他们的报告却是肤浅的,而实际发掘的一个坑也仅仅出土了一些无法确定年代的石器。尽管如此,这仍旧是阿布拉格曾经存在的第一个有力的证据。

1228年阿布拉格的忽里台绝不仅仅标志着一个战略与政治的转折点,它也是一种激励。蒙古人已经了解到他们正处在一些重大事件的中心,他们已经成了远非昔日可比的伟大民族,比他们见到的除中国人以外的任何民族都要伟大,而且他们开拓疆土的愿望也日益膨胀。这一不可思议的变化究竟是怎样发生的呢?许多阿布拉格的与会者在成吉思汗的征服之初就已追随他了,其中几个最年长者几乎在60年前的孩提时代他们就已认识了他。作为一种集体的记忆,他们完全可以共同向他们自己以及未来的几代人解释这种变化。

这正是一个绝妙的机会,因为在那些诸王、那颜、护卫及家庭成员中有这样一些人,他们的任务就是摘取传说及历史中的故事来愉悦与会者。像所有依赖口头传承交流的社会一样,蒙古也有往来于草原营地与大帐宫殿之间的云游诗人、诗人及说书者。他们自己甚至也变成了故事的主题。

## 蒙古人的故事是如何产生的

从前,瘟疫袭击了蒙古人。健康的人都逃跑了,只留下了病人,临走抛下一句话说“让命运决定你们的生死吧”。病人中有一个名叫塔巴的年轻人,他的灵魂离开躯体来到了阴间。阎罗王对塔巴说:“你为什么在躯体还活着的时候离开它呢?”“我等不及你的召唤,所以就来了。”他回答道。在其顺从的感动下,阎罗王说:“你的大限还未到,你必须返回去。但你可以从这里带走你想要的任何东西。”塔巴四下里看了一下,看到了阳间的所有欢乐与智慧——财富、幸福、欢笑、运气、音乐、舞蹈。

“给我讲故事的艺术吧,”他说,因为他知道,故事可以召唤所有其他的欢乐。他回到了他的躯体旁,但却发现乌鸦已经将他的眼睛啄去。由于他不能违背阎罗王之命,所以只得返回了他的躯体,活了下来,虽然双目失明,但却拥有了讲述各种传奇故事的本领。终其余生,他都云游在蒙古草原上,讲述着故事与传说,把欢乐与智慧带给人们。

如果说后来的传统是需要遵守的东西的话,那么云游诗人、诗人及说书者的表演所带来的就绝不仅仅是快乐与智慧。他们在塑造民族认同观念方面的作用至关重要。他们将传说与历史结合起来,解释传统,追忆渊源,并描绘英雄的行为。保留节目的范围是广泛的，就像乐器与表演风格一样。在一些地方情况依然如此。蒙古人有史诗、“长调”、“短调”以及许多介于两者之间的歌曲。这些歌曲可以用于任何场合，赞美景色、战斗、英雄以及马匹——尤其是马匹。他们有管乐、鼓、箜篌以及与西方管弦乐队的提琴一样多的各种规格的马头琴。妇女们可以用充满颤音与回音的嘹亮而尖锐的嗓音歌唱，类似于“世界音乐”迷们所熟悉的保加利亚与希腊的风格。男人们经常采用这一相同的技巧，但是如果他们来自蒙古西部或北部的驯鹿放牧地区，他们也精通于泛音演唱，一种令人惊异的两种甚至三种音调的演唱技巧，它可以产生出一种笛子般的鼻音音调，像鸟鸣一样在低沉的胸腔音上飘浮。人们演唱史诗所采用的是一种低沉的颤音，内容相似但风格却随地域的不同而略有变化。一些人认为这类歌曲是景色的反映，指出西部蒙古的曲调像其山川一样蜿蜒曲折，而草原的旋律则一如草原般广阔起伏。表演的进行绝非随意而为，由于音乐与歌曲有着强大的影响力，它过去与现在总是与仪式和礼节相伴随。一些歌曲可以驱除恶鬼，另一些则可以召唤森林、山川与气候之神(在蒙古包内吹口哨是不可接受的，因为呼哨会招来风神，而在蒙古包内已经有足够多的神灵了)。现在流行的东西很少能够追溯到13世纪，但也没有理由怀疑演化为后来传统的那些资料的深度与多样性。

1228年夏天聚集在阿布拉格的云游诗人无疑有着丰富的传统的保留节目，这些都是有关其人民的起源的传奇故事。现在他们又有了一个新的有待探索的主题，即成吉思汗的兴起、国家的诞生以及帝国的创建。然而这些日子并不遥远，那些正在被编成民间传说的部分事件与故事仍然是活着的记忆。事实正处于被重新创造成诗歌与传奇的过程中，而且也可能被歪曲了。阿布拉格的老年男子或老年妇女肯定在低声地嘟囔着年轻人的无知。是的，是的，这的确是一个好故事，但它不完全是那样,我们知道,因为我们是亲历者。

这一蒙古卡米洛的最辉煌最好的部分也需要另一类新鲜的事物。在成吉思汗去世前20年,这个游牧民族的首领就已经作为帝国的首领成吉思汗而出现了。他认识到,一个包括城市与定居人口的帝国,是不能够仅靠口头交流来管理的。必须依靠法律,依靠制度来统治,而且还需要对这一切加以记录。为了这一切的一切,蒙古人需要书写。对于一个只字不识的首领来说,这是一种卓越的真知灼见,因为这无疑意味着承认他自己的无知。与此同时也产生了这样一个问题:应该采用什么样的字母?中国人有文字,但是他们的体系需要花上许多年才能够掌握,而且蒙古人无论如何都不愿意去采用被他们轻视的农民与市民民族的书写方式,而这个国家也是他们命中注定要去征服的。一些邻近的突厥部落就像其祖先一样有自己的文字。的确,成吉思汗本人也可能曾经见过一座他们的石刻碑铭。幸运的是,成吉思汗新近征服的操突厥语的仆从部落乃蛮部有一种字母,来源于曾居住于现今为中国西部的古回鹘人。这种竖写的字母有一个令人尊敬的祖先,是大约在300年前从粟特人那里流传下来的。大约从五世纪起,粟特语在中亚就起着一种通用语的作用。而它又来自古希伯来语的一个分支阿拉米语。因此它的优点是以字母为基础,并且很容易学习。成吉思汗命令他的儿子们采用回鹘字母来书写蒙古语,并且用它来形成官方文书。内蒙古现在仍然在使用这种字母。

在1228年的阿布拉格,书写者与资料都被现成地摆放在了一起。一些人看到了这是一个绝妙的机会,可以从书面文字中获得传奇故事与最近事件,尤其是涉及蒙古历史上最值得纪念的事件,即成吉思汗的崛起。所以,蒙古的第一部书面著作——《蒙古秘史》就这样诞生了。正如它的最后一段的记录中所宣示的那样，此书“大聚会着。鼠儿年七月。于客鲁涟河。阔迭额阿剌勒底面处下时。写毕了。”

※　※　※

克鲁伦河、肯特山这样的地名在蒙古之外是鲜为人知的。在从北京飞越戈壁到蒙古的航班上，可以看到这山、这河。如果在飞机着陆于乌兰巴托前几分钟从右舷窗向外看去的话，北部和东部那印有零乱车辙、点缀着蘑菇般的蒙古包的一望无际的草原会展现在你眼前。远处，皑皑白雪勾勒出肯特山峰的轮廓，茂密的冷杉林将它的侧影描摹得郁郁葱葱。这是向南越过俄罗斯边界的西伯利亚山系的最后前哨，也是一条地理的分界线。在这里山脉逐渐变为草原，而由高地飞流直下的河水也在平缓弯曲的河道中失去了磅礴的气势。

一条发源于此山、特别引人注目的河流向正南流去，然后又平缓地转向东北。这条河在西方的地图上标作克鲁伦河，而蒙古人则称其为克尔伦河。它是发源于蒙古人传统上的中心地区的三条河流中的一条。克鲁伦河广阔的、长约100公里的河湾环抱着乡村岛[(khödöö Aral)，即《秘史》中的阔迭兀阿勒或《元史》中的曲雕阿阑——译者]的南端。这是一块由克鲁伦河和与其平行流淌近百公里的僧格河环绕的土地，这里山峦起伏，总面积约4000平方公里。此后山峦变成草原，克鲁伦河也转向东北，形成一个巨大的河湾，而两条河流也在阿布拉格附近汇流，我希望这一切你都可以用想像的眼睛看得到。这里有一条宽阔的山谷一直向东北延伸到成吉思汗国家的中心。这些山脉、河流、山谷以及这片具有特殊意义的草原构成了蒙古人的心脏地带。大约在八百多年以前，也正是这一地区孕育了他们的部落，成为他们最伟大的领袖以及他们国家的源泉与摇篮，这也是我为什么要在2002年驾车去那里看一看的原因。

蒙古的司机可供挑选的车辆是俄罗斯的，或者说是乌克兰的嘎斯牌。这种嘎斯牌微型巴士或者吉普车——基本点完全一致——是那些没有马匹的人的工作车，是四轮驱动车型的典范。它的方向盘没有助力设备，驾驶它仿佛在与一头牛进行搏斗。但它的主人，司机贺希格，一个项部、臂部有着严重烧伤疤痕的生性快乐的人，驾驶着它闯泥沼、涉激流、攀河岸，在广阔的草原上快速地奔驰。

离开蒙古首都乌兰巴托半天的行程，我们沿着克鲁伦河向南驶去，抵达了肯特山丘外侧的山麓。这是6月的下旬，是一年中最好的时光，此刻，马匹的毛色光滑，旱獭也体态肥硕。不断前进是最好不过的了，因为如果我们停下车跨出车门，蚱蜢就会像静电一样在我们的脚下噼啪作响，而且苍蝇也会在头顶嗡嗡袭扰。在前进途中我们最为快乐。高瑶[①]，一个像一匹蒙古小马一样矮胖结实且嗓音柔和的英语系毕业生，谈着她去国外读书的梦想；而巴特尔，博物馆馆长，一个有着精灵般的面孔，戴着一副博学的眼镜的中年人，以极佳的男高音哼着民间小调。他是一个布里亚特人，迷恋着布里亚特人的歌曲，而布里亚特人就散居在蒙古北部的边境内外。

阿布拉格实际上是两个地方，第一个是一个现代化的小镇，有许多木质小屋，显然是由于草原自身的吸引力而被松散地聚集在了一起，而在这块北部的过渡地带，小木屋均带有西伯利亚的家居建筑风格。实际上，这个小镇的生存有赖于附近的一个充满矿物质的湖泊，夏天蒙古人常来此沐浴并用含硫的泥巴涂抹自己。这个只有少数爱冒险的外国人知道的景色秀丽

---

① 传统上，蒙古人只有一个名字，包含有两个因素，也常常简化为第一个因素。今天，蒙古职业人士通常要加一个父姓，在英语中父姓的位置在后，而在蒙古语中它的位置却在第一位。因此，高瑶在英语中应是高瑶斯琴·拉德纳巴扎尔。

的地方，有广阔多沙的湖滨，用于日光浴的草坪般的堤岸和一道阻挡牛马的栅栏。我们的基地设在附近开阔的平原上，是一个有着12个“格尔”（蒙古语ger的音译词，即蒙古包——译者）的旅游营地，在蒙古以大圆蒙古包而著称。

第二个阿布拉格，亦即我们的目的地，位于大草原南边10公里处。这里看不到任何古代都城的痕迹，但这一遗址显然已足够了。就在那个“三河计划”考察队调查过的低矮的土堆上，矗立着一个方形的白色围栏，就像一个200米见方的阅兵场。两个头戴圆锥形头盔，手持长矛和小圆形盾牌，腰挎弯刀，足登蒙古靴的士兵的雕像，守卫着九个蒙古包和六块散落各处的纪念碑。但真正的守卫却是在入口处一块用蒙古文和英文书写的：“欢迎来到成吉思汗宫”的告示板。“这是个令人尊敬的遗址，在这里你可以和蒙古的历史与文化亲密地接触。请在入口处购票。”这是一种私人的经营行为，而且非常遗憾地与西方的“遗址”精神相类似。关于这些纪念碑没有什么是真实的，也没有宫殿曾经矗立在这里的证据。这九个蒙古包（九是传统上寓意最为深刻的数字）里供奉着成吉思汗与其后妃的非常业余的肖像画、武器及苏鲁定——牦牛尾战旗的复制品。在每个蒙古包里，观光者可以在点着低矮的酥油灯、悬挂着长长的蓝色哈达的神龛前祈祷，而哈达这种蓝色的缎带则是传统的佛教贡物。

这一切都是纪念《蒙古秘史》成书750周年的事项，此事正式发生于1990年。“根据《秘史》的最后一句话，”遗址说明书大胆地断言，“此书完成于1240年。”但请稍候：笔者在本书的开头将日期定在了1228年。有关这一主题的学术论点之所以各有不同，主要是由《秘史》提到的鼠儿年引发的，这也是蒙古人首次采用来自中国12生肖的动物轮回纪年方式，因而会有12年的差异。但在这两个或许还有其他的鼠年中，哪一个是较晚的鼠年？争论集中在这样一个事实上，那就是《秘史》的内容涵盖了窝阔台一朝，但却没有提及他在1241年的去世。所以，如果就该文献表面意义来看，只能是完成于1240年。也有人提出了其他更晚的鼠年的技术性论点（1252，1264）。但后来的记录却未提及任何大忽里台，而正如我们将要看到的那样，写作的即时性也表明作者是一位当时事件的亲历者。如果我们接受这一点，就会留下窝阔台朝的12节问题。事实上，学者们现在广泛接受的观点是，这并不能成为一个问题，这些章节是在窝阔台死前被加入的。我们应该赞同的日期是1228年。

然而，就官方而言1240年则代表着一个非常容易且极具诱惑的选择。在蒙古，共产党当政期间，成吉思汗因其后裔统治俄罗斯达两个世纪之久，因而成为一个不受欢迎的人。但从1989年以来，蒙古政府一直热衷于宣扬与他们国家的创建者有关的任何事情。在1990年，当许多学者仍赞同1240年为《秘史》成书之年的时候，庆祝其750周年的纪念实在是一个不容错过的良机，结果就是参观者仍然要支付几个图格里克（蒙古货币名称——译者）进入那个用几块假纪念碑来庆祝一个值得怀疑的日期的围栏。

如果抛开这些纪念碑，这里倒是一个非常荣耀的遗址，而那个夏日的黄昏，则为它增添了一幅最为壮丽的景色。天空中，乌云不祥地飘动，西下的夕阳就要落到清晰的地平线下，缕缕阳光照耀着西边的斜坡。夕阳映红的牧人拖着被奇怪地拉长的身影，驱赶着同样被夕阳映红的羊群。一位教练对一个为两周后举行的国庆赛马会做准备的骑马疾驰而过的男孩大声喊道：“收缰绳，收缰绳。”从后面的高地顶上，掠过一片被夕阳映成棕黄色的平原，《秘史》里提到的七座小山便可映入眼帘。

顺坡而下是“三河计划”考古队曾经发掘过的土堆，现在除了一个几米见方的浅坑外别无他物。巴特尔说：“他们发现了几片瓦和一些石头地板，”然后他凝视着远方，仿佛回到了八个多世纪以前,“这里曾经都是建筑物……兵营……这就是男人们出去打仗时家人居住的地方。”他的声音消失了,幻觉也退去,一如阿布拉格本身消失在梦幻时代中一样。

这里显然是一个大兴土木的好地方。在以往的时代,克鲁伦河远比现在大,偶尔也会有洪水,并因此而改变河道。但阿布拉格却距河较远——今天大约10公里——而它自身的供水来自小溪。

在这一特殊地点修建房屋以及该地因以得名的原因就在我们的脚下。穿过一片杂草丛生的水草地,在小溪与其摇摇晃晃的金属步行桥的尽头就是那一眼泉水,源泉,原始的奥鲁,仍然流淌着在12世纪晚期吸引着成吉思汗部族的据称有治疗功效的泉水。即使在那时,该泉无疑也非常的古老,许多世纪以来一直养育着先前的部族与文化。我们鱼贯而下,穿过一群马,摇摇晃晃地从一簇草丛跳到另一簇草丛, 然后来到人行桥边,爬上它便到了泉眼的旁边。由于现在没有什么可以逃脱私有化进程,所以这眼泉水也被私有化了。一道简易的栅栏围着一个有中式屋顶的小棚,一则告示宣明了泉水的优点与意义。譬如成吉思汗曾在此饮水;此水富含多种元素;从地下100米深处涌出地表;它对身体与灵魂均有好处;它曾治愈过12种病,包括癌症;它对肝病及过量饮酒亦有好处,并且深受窝阔台的喜爱云云。而窝阔台是一个臭名昭著的酒鬼(看来窝阔台对此水还喜爱得不够,他显然是饮酒过多而死)。

关于这种神奇的液体我一点都不相信。它有几个深色的池塘,边上覆盖着黏土并缓慢地冒着气泡,释放出一种使我想起了某种过于久远以至于说不出名字的东西的气味。在棚子内,一根塑料管连着一个龙头。巴特尔打开了它,仿佛对压在我们内心深处的某种变化做出了回应一样, 水一股一股地喷涌出来。我喝了一口,露出一脸怪相。现在这种记忆回来了:它是臭鸡蛋、硫磺、诺福克低潮时期沼泽泥巴的味道。如果你像窝阔台一样酗酒，你当然不会注意到这种味道。但我却有一种印象：我刚刚吞服了平生的一剂氧化硫。这也许是成吉思汗来这里的目的，但对我来说它却似乎是一个很好的命令建设新都的理由。

巴特尔建议我们去拜访一个朋友，当地学校的校长，他对阿布拉格可能会有更多的了解。森斯勒塔亚是一个四十多岁的汉子，有着一种矜持的权威，这种感觉应植根于其学校就坐落在蒙古的第一个首都的骄傲。“我告诉孩子们，当他们长大后，他们可以去挖掘，去做出重大的发现。”我们长久地坐在他的木头平房外面，沐浴着落日的余辉，慢慢地嚼着他的女儿拿出的坚硬的奶豆腐。这个地方为何成为吸引人的基地，他的了解要更为深刻。“吸引人的绝不仅仅是富含矿物质的泉水。这里也有丰富的铁矿，你可以从红色的岩石中看到它，这是一个制造武器的好地方。它也是一个训练马匹的好地方，因为这里冬天气候温和而且草场也很好。我们的马匹很有名，蒙古各地的马都被带到这里进行杂交，而且情况一直如此。”

“所以成吉思汗的部族并不是第一个到达这里的部族？”

“从匈奴时代开始人们就在这里了，你知道墓场吗？”

实际上他是在指一片古老的埋葬地。它位于大约一小时的路程以外，坐落在一个山麓的小丘上。他愿意第二天带我们去那儿。

结果第二天早晨，一个新的角色又加入了这个故事：旱獭。一次像这样的远征，也是一个其他事情的借口，譬如聊天、骑马、野餐、喝酒以及尽可能多的诸如此类的事项。我们需要午餐。此时的旱獭正在由于草籽而变得日益肥硕，我们所需要的一切只是一个猎人在我们去墓地的路上负责照料我们的饮食。校长认识一个猎人，此人名叫恩赫巴图，他被从家里叫了出来。

他体形瘦长，脸膛黝黑，留着粗硬的短发，微笑时牙齿外露。高瑶认为他长得就像旱獭，这倒确实是个好兆头。但这位猎手恩赫巴图却缺乏基本装备，即枪支和弹药。猎手的朋友有一支枪，我们在草原上行驶了一两公里来到一个蒙古包，恩赫巴图从那里匆匆地拿来一支点22口径的来复枪。接下来就只剩弹药了，我们又赶回镇里到另一个朋友那里去借，最后我们终于上路了。

旱獭在蒙古文化中有着一种特殊的地位，既是食物也是危险之源。它们及其身上的跳蚤寄生着引起淋巴腺鼠疫的芽孢杆菌，而一些历史学家也将它们指认为黑死病的最终来源，是在14世纪早期由得胜的蒙古人沿其商路带入欧洲的。这种危险现在依然存在，但很容易了解、辨别，并且由当地医院给予免费注射即可很快得到控制。除隐藏瘟疫外，旱獭也一直是蒙古人夏季的食物，尤其是其肩部——以“人肉”而著名——被认为是精美食物。

高瑶讲了一个故事：

## 旱獭怎样长了人肉

从前，天上有七个太阳，太热了，人们找到了一个好射手并请求他射掉几个太阳。这个射手是一个勇敢的人，他说：“明天早晨当七个太阳都出来时，我会用六支箭射掉他们中的六个，如果我失败了，我将变成一只旱獭，割掉我的拇指，饮血来代替水，吃干草并生活在地下。”结果他射掉了五个，当他射出他的第六支箭时，一只麻雀恰好飞到了他的前面，箭射中了麻雀的尾巴，这就是为什么麻雀有着开叉的尾巴，而射手也如其所言变成了旱獭，这就是为什么旱獭身上会有人肉。

旱獭由于生性好奇而著称，这是一个总让旱獭猎手坐收渔利的习性。它们可以被任何白色的东西所催眠，晃动一块白色的布或翎毛会使它们进入一种恍惚状态，并成为唾手可得的猎物。甚至还有一种特殊的白色的猎旱獭犬，这种犬被训练来摇动它们的尾巴，使旱獭陷入一种无助状态，而与此同时，猎犬却匍匐前进到足够近的距离，然后猛扑上去。这一切肯定都是真实的，因为它已在一部电视纪录片里被拍摄了下来，而该片在日本播放时，遭到了日本主要的野生动物保护团体成员们愤怒的抗议：蒙古的旱獭猎手是骗子！他们不公平地利用了可怜的、天真的蒙古旱獭！猎取旱獭应该被禁止！

旱獭也的确憨态可掬。当受到马或汽车惊扰时，它们会逃回到它们的洞内，就像疾风中的擦鞋垫一样掠过地面。几分钟后，当它们耐不住好奇心时，就会把头探出洞穴来看个究竟。然而在一年中的这个时期却常常不那么平安，一个蒙古猎人正伏在几米之外，点22口径的枪放在支架上时刻准备射击，这只是一个耐心与忍受苍蝇的能力问题，因为它们会像面纱一样聚集在头巾或帽子上。我们离开了静静地伏在草原上的恩赫巴图，在蚱蜢静电般的噼啪声的伴随下，向那些山丘进发。

我们把吉普车停在一条干涸的小溪旁的小树林里，跟随着校长来到一座小山丘的山坡。

校长说：“此山就是著名的‘众人山’。”

我四下看去，发现我们就在一个圆木搭建的冬季的牛棚旁，山下的平原在正午阳光的照射下仿佛沙漠般的平坦，延伸至远方淡淡的雾霭中，只有一个湖泊打断了这种延展，一群马站在深及臀部的水里，躲避着马蝇的烦扰与酷暑的折磨。还有一两个蒙古包，一条蜿蜒的车辙。远处20公里以外，我可以辨认出阿布拉格木头房屋涂成棕色的屋顶，但旷野里空无一人。

校长点点头说道:“我想它的意思是许多逝去的人。”

尽管从未有考古学家来过这里,但这儿却有人类存在的证据。我们来到了一片散落着一些岩石的平坦地方,如果从合适的角度看,它们形成了一条粗略的直线,也许是一条通向什么地方的古老的通道。我们急速地向上攀爬,以便把苍蝇抛在后面。校长示意我到一棵小植物旁边,他用手指挖出了它的根给我看,这是一个他称其为“白土豆”的大蒜一样的块根。他把它擦干净递给了我,这东西像洋葱一样脆,但味道要淡一些,实际上像土豆。我接受了他的观点:即使是在这样的多岩石的荒野也有它的食物来源。

来自山顶的呼喊将我们召唤到了目的地:墓场。它基本上是由砾石堆集而成,共有8组,其间杂生着杂草与灌木丛,排成一个大致的“h”形。我猜想它们可能曾经是坟墓,这无疑也是当地人所坚信的,因为这些岩石都未被杂草覆盖,显然有人在保持着它们的清洁。这些石堆并不复杂,但每一个都代表着时间与精力的投入。众人山:这个遗址足以表明这个名称可能有一个古代的丧葬活动的基础。我看着下面布满岩石的山坡,看着那片平原,想像着一支送葬的队伍蜿蜒而上;也许成吉思汗的先祖们最初来到阿布拉格的时候,也带着他们的死者。

在旅行车停放的林地,恩赫巴图已带着午饭来到这里:一只足有五公斤重的血肉模糊的旱獭。他已在开始用传统的方式加上一两样现代化的东西来烹制它了。他的方法大部分都为我想像中的12世纪的家庭所熟知。

**烧烤旱獭**

(六人用餐,时间1小时)

你将需要:

一只旱獭

高质量的干粪

各种各样的拳头大小的石块

线

铁丝

一把钳子

一个喷灯

首先，剐杀你的旱獭。用线绳将它挂在树枝上，小心剥下旱獭皮，使其成为完整的一个皮筒。使用铁丝和钳子，缝住旱獭皮筒四肢处的洞，并将其扎紧，注意不要缝住头部的洞。扔掉内脏，别去理会苍蝇，剔掉肉并切成丁。同时安排旁人去收集牛粪，并告之牛粪要干到聚苯乙烯似的结构。然后堆起粪堆，使用喷灯来慢慢点燃干粪。让烟飘过旱獭肉丁来驱散苍蝇。把石头放入火中烧烤，待石头烧得滚烫后，用树枝来拣这些石头，别去理会那些沾上去的干粪与灰烬。第三步，把肉和滚烫的石头一并从头部的洞口塞入旱獭皮囊，然后用铁丝扎住头部的洞，并用钳子拧紧。用喷灯去烧裹好的皮囊，抹掉烧焦的毛。当毛被除去后，喷灯亦开始从外向里烤制这肉。与此同时，热石头已开始从里向外烤肉。而在里面空气的膨胀形成了一个紧绷的、圆的、腊肠一样的容器。一小时后，切开并用手指抓肉来吃。当石头稍微晾凉一些的时候，抛接它们，直到你可以不太痛苦地握着它们：据说它们有益健康并能带来好运。

在烤肉期间，伴随着苍蝇群集与喷灯的轰鸣，司机贺希格讲述了他的烫伤。当时他也在做着同样的事情，烧去一只旱獭的毛时,喷灯爆裂引起爆炸,燃烧的汽油溅到他的身上。作为治疗的一部分,他曾来到过这里,来到阿布拉格的湖泊,并从其有益健康的泥巴中受益匪浅。然而使他受益的并非泥巴,而是生物区系,即当地人当做“自然医生”的微生物。它们显然对结痂的肉情有独钟。浸泡在含硫的水里,他让他的伤疤组织被慢慢啃掉,这很疼但却有帮助。当他烧着最后一点毛,巴特尔抹擦着浸出的油脂时,我小心地后退了几步。

当巴特尔切开现在看上去像一个汗水淋淋的足球,并且还带着奇怪的附着物的皮囊时,结果却像是一个大杂烩。一方面,用粪火与喷灯烧制的旱獭流出的汁液,仿佛琼浆玉液:乌黑,香气浓郁且诱人,肉的味道也很好。但另一方面,它的组织对一个软弱的西方人来说,却是一件艰苦的工作。旱獭依赖打洞与疾奔求生,它们全身都是肌肉。这远非我习惯在餐馆就餐,吃经过加工的食物的牙齿所能胜任的。但对长着似乎是乡村蒙古人特征的强健而洁白的牙齿的其他人来说,这一经历简直就是纯粹的享受,尤其是我们还带着一些成吉思汗牌的伏特加。校长拿起了一个葡萄样的东西,即胆囊,带着幸福的微笑将它生吞了下去。当我从牙缝中抠着肉丝时,在一阵伏特加与牛粪烟气的迷雾中,剩余的旱獭、皮连同一切都消失得无影无踪。

当我们坐回到烤炉一般灼热、苍蝇横行的吉普车中时,巴特尔清了清嗓子,用他那清澈的男高音唱起了一首布里亚特民歌。随着车窗的打开,风吹走了苍蝇,他一直唱到我们返回阿布拉格:“布谷鸟在呼唤着我,心上人,我来了,就在我的故乡,我的河流,我的山水间。”

《秘史》怎样遗失又被重新发现也是一个令人好奇的故事。在1271年蒙古人彻底征服中国,并命令撰修一部更为正式的历史之后,原著可能变成了“秘密”,亦即只能由几个有特权的人物熟知与守护。1368年蒙古王朝被明朝颠覆后，热衷于保留一种由如此之多的臣民所讲的语言的明朝官吏们，开发了一个独特的记录蒙古语以便训练其译员的系统。他们让使用双语的学者将蒙古语音译——或更为确切地说音节化——为汉语，即使每个蒙古语的音节与发音最为相似的汉字相匹配。这曾经是并且依然是汉语音写外语名称与片语的标准方式。

但汉语却有自身的局限：每个字和音节都必须以一个辅音开头并且或以一个元音或以一个n结尾。在音译中，结果就是一个对原文的严重的拼凑。内蒙古的首府：Hohhot是由两个蒙古语词汇(khökh khot)组成的，意思是蓝色的城市，在汉译中变成了一系列音节：呼—和—浩—特；每个音节都有它自己的意思，但放在一起却毫无意义，这也告诉中国读者这个名称是外来语。America译为美国，Los Angeles作洛杉矶，Paris作巴黎，Genghis Khan译作成吉思汗。

你可以通过用无意义的法语音节重构著名的旁写音节的中文版《秘史》的方式，来了解一下到底产生了什么风格的蒙古语。

> Tu bille orne hôte tu bille, sa tisseur qu'ouest y un.
> Ou est serre tisse noble air insère m'Indes tu sous phare…
> (你 珠子 被装饰 主人 织布者 西 那里
> 那里 一个 是 织 高尚 温室 鸟爪 玻璃屋 ……)

一个中国人读《秘史》的音译本时，听上去像是在带着浓重的中文口音讲蒙古语。由于它在汉语中毫无意义，一个粗略的总译被加在了每个竖行旁边。

最后，随着蒙古影响的衰退，中国人失去了保留该文献蒙古语原始版本的兴趣，只保留了汉语音译版本和一个词汇表。

数种抄本未得以辨认，直到19世纪晚期至20世纪早期被一个接一个地重新发现。此后，学者们致力于复原蒙古语原文。如果了解原著，而且如果这两种语言彼此非常接近并且都活着，就像上面的例证一样，这会是相当容易的事情。但如果是在通过14世纪的汉语去复原13世纪的蒙古语，而且这两种语言分属于两个不同的语系，又没有任何人知道它们怎样发音，这就变成了一项艰难的工作。这项艰难的工作，迄今为止已被反复做了数次。最近的版本出版于1980年代，尽管语言学与地理学方面的问题仍有待解决，——因为没有原始的蒙古语版本出现——现在仍可得到几种语言的《秘史》版本。

学界就事实与幻想的平衡争论不休，但却在《秘史》的大部分都植根于实际事件这一点上达成了一致。因为它的内容似乎与当时的另一部著作——同样神秘的《金册》完全一致。这部著作也逸失了，但它的部分内容却概括在波斯与中国的历史著作中，也与成吉思汗时代的原始资料相关。我们知道其他的许多著作亦曾存在过，但却都已消失或被毁掉(有一些事件距现在并不遥远，一部中世纪的编年史是在1927年被一位中国军阀烧掉的)。一部17世纪的著作，《黄金史纲》是在《秘史》与后来的传奇故事的基础上写成的，但却裹上了佛教神学的外衣。第四个来源是元朝(蒙古)的官方历史，是由蒙古王朝的继承者们遵循着一个王朝取代另一个王朝时的传统习俗而编纂的。但与《秘史》相比，这些记录却简单、平庸且文牍气十足。

《秘史》依旧是原始的。它是一个既令人兴奋又让人沮丧的创作，它总让人将它与其他一些伟大的"开创性的"著作相提并论——《圣经》、《伊里亚特》、《北方传奇》(古斯堪的纳维亚人的英雄史诗——译者)、《尼贝龙根之歌》(德国民间英雄史诗，约成书于13世纪——译者)、《摩诃婆罗多》(又译作《玛哈帕腊达》，印度古代梵文叙事诗，意译为"伟大的婆罗多王后裔"，描写班度与俱卢两族争夺王位的斗争，与《罗摩衍那》并成为印度两大史诗——译者），但它却缺少它们的规模——只有282节，约6万字，是《伊里亚特》长度的三分之一。虽然它也有“基础性史诗”的某些因素——神话与传奇故事、奇闻逸事与一些似乎是历史事件的内容相混杂——但它却既缺乏史诗的恢弘，又没有历史的严谨。

作为一部尚处于形成阶段的史诗，《秘史》是一部深深扎根于蒙古传统的叙事诗。它有着《伊里亚特》与《奥德赛》那种罕见的由口头传承转变为书面著作的特点。显然，就定义而言，口传传统是不会有任何书面证据的，然而就《荷马史诗》的例证来看，学界提出了一个可以作为《秘史》创作范例的理论。在公元前1250年特洛伊战争之后，希腊的云游诗人奔走于各个宫廷、市场之间，编造有关英雄及描绘希腊社会起源事件的故事，告诉他们自己是谁，什么使得他们与众不同。在这种故事的讲述继续了500年之后，荷马在希腊人采用腓尼基人的字母的基础上，将这些传说中的一些塑造成了一个艺术的整体。一旦形成文字，可以说故事就在传播中固定了下来，一部口头传承的混合文体变成了两部结合在一起的文学巨著。

歌曲被以文字形式记录下来的过程并不完全是推测，一种巴尔干地区的吟游诗传统也幸存了两千余年，一直流行到1930年代。人类学家与比较音乐学家米尔曼·巴利在塞尔维亚与波斯尼亚黑塞格维纳的咖啡馆里记录到了它们。就像他的学生阿尔伯特·洛德在《神话歌手》中所叙述的那样，巴利发现云游诗人们在把歌曲代代相传的时候，有着惊人的能力。这不是一个记住大段文本用以背诵的问题，而是一个把每次表演转化为即兴演出的问题。在表演中，诗人将每一首歌都置于传统的主题与程式的基础之上，而这也仅占“文本”的25~50%，其他的则来源于他自己对观众的感觉做出回应时的重组、修剪与延伸，同时却总是使歌曲符合相同的诗歌形式。

在《秘史》成书的年代，类似这样的事情也可能在蒙古与中国发生了。很可能在中世纪早期，蒙古的云游诗人也像荷马时代以前的歌手一样，起着一种民族记忆库的作用，致力于将一些事件与人物转化成传统诗歌形式，和着简单的有弦乐器，即今日之马头琴的原始形式，唱着他们的歌谣。在1220年代，当蒙古帝国仍在勃兴之中时，这些诗人治史者可能已经开始了未经计划的将已经发生的事——及正在发生的事——记录在诗行里的任务了。假以时日，他们或许也会编造出一些传统的诗歌形式，和荷马当做素材撷取的诗歌一样丰富，而某个蒙古的荷马可能也会创造出相同的奇迹。

然而创作的过程，假定它已开始了的话，却被书写的引进缩短了。在荷马的情况下，书写记录下了成熟的口头诗作。而在《秘史》的情况下，留给我们的只是诗的素材。口传的迹象仍大量地存在，因为文本的大多数都是诗的形式，诗行的第一个词以蒙古语韵律的形式彼此呼应。而且里面还有大量的流行词语，这是一种着重于叙述的通用手法。命中注定要成名的孩子“眼里冒着火”，被杀掉的人则“如灰一样被风吹走”。逸闻趣事和《奥德赛》中的一切同样栩栩如生。

《秘史》从未经历过向伟大的史诗的飞跃，因为它的一部分也是白话的历史。但它也由于两方面原因未能起到历史著作的作用，首先它过分迅速地记录下了发生不久的事件；第二，缺乏识字传统的蒙古人同样也缺乏历史学家。即时作品虽然并不一定不能成为好的历史著作——在战争尚在进行中时，修昔底德就写了他的《伯罗奔尼撒战争史》，但是希腊在公元前5世纪书写与广泛的识字传统就已经可以向前追溯三个世纪了。而1228年蒙古人的读写识字几乎还不到20年，并且还仅限于少数专家。所以这部历史差一点就成了像修昔底德和麦考利（英国政治家、历史学家，著有《英国史》、《古罗马之歌》等著作——译者）以及当代历史学家们所理解的“真实的”历史，因为它只包括了很少成吉思汗怎样在世界上留下他的印迹的细节。在中亚与中国进行的长达二十余年的战争，这些数十座城市被毁灭，数百万人遭屠戮的年代，只轻描淡写地出现在短短的几节中。也许书写的时候，帝国扩张的历史已出现在了官方记录的领域内，但却散失了；也许这些事件还没有被编入讲故事者的节目单；也许没有云游诗人随军征战。不管出于什么原因，留给我们的却类似于一部家族的兴衰史：这就是蒙古人渊源的故事，成吉思汗的兴起，蒙古部落的统一以及帝国的开端。

如果它既不是一部伟大的史诗，又不是伟大的历史著作，那么它的优点是什么呢？那就是生动性与选择性。仿佛有一个年长的编者已经收集到了一系列可以利用的——诗歌与当时的口头叙述——资料，并在严格的要求下只选取了最合适的内容，而且首要的是没有粉饰。它并不是圣徒传记，听起来是真实的，因为它毁誉兼容。成吉思汗似乎怕狗，他谋杀了一个兄弟并受到了母亲的责骂，他几乎酿成了军事的灾难，并因此而受到了儿时的朋友的责备。

谁应为这种英雄壮举与凡人琐事的兼收并蓄而负责呢？有人推断作者是成吉思汗收养的弟弟，失吉[①]，他是在被遗弃的塔塔儿的营地中被人发现的。他显然出身高贵，因为他戴着金耳环和一个鼻环，穿着紫貂皮里的缎面坎肩。成吉思汗的母亲将他当做了第六个儿子也就是最小的儿子抚养了二十多年，他也成了一位那颜和断事官。失吉可能已经具备了很好的识字能力

---

① 通常作失吉·忽秃忽（现代蒙古语作呼图克图），意为失吉圣人。史料有关其最初由成吉思汗之母还是其妻孛儿帖收养记载并不一致。在西方人看来，他应依次既为养弟又为养子。这里遵《秘史》。

与书写技巧。但是如果他是唯一的作者，而且又有充裕的时间，他将绝不会满足于弃用征战、管理及法律事务的细节。

那么是谁设定了编写纲目呢？明显的选择是新近被选为继承人的窝阔台。只有他握有标准资料的舍取权，而且他也可能事先从他年迈的父亲那里得到了这一权力。成吉思汗本人应该也听到过包括在《秘史》中的传奇故事与事件。的确，如此多的内容与他有关，以至于许多细节肯定首先来自于他。成吉思汗是一个现实主义者，他知道他的兴起有赖于他在政治、友谊、战略方面做出的选择。在晚年他可以看到自己在年轻时所犯的错误，而且也乐于将它们一一指出，讲述与己不利的故事来强调他的逐渐成熟，同时也强调了他的主题。命运的眷顾，的确如此；但蒙古的神，长生天也只帮助那些自救的人。成功是历经艰难与挫折后的来之不易的结果。我们在《秘史》中所拥有的是一种奇妙的东西，是一个屡遭磨难的人变成一个英雄和皇帝的心路历程。

我的想像是，一个学者型的官员，也许是失吉，此时已年届40，领其主人兼亲属窝阔台的编纂之命，在一批年轻优秀的助手的帮助下开始了工作。这些人可以用回鹘字母记录口述，书写诗行，他们或召集目击者，或往来于各个蒙古包之间，从在场的人那里收集故事、诗歌与讲述。时间是短暂的，夏天不久将过去，每个人都将回到他们的营地与家人过冬。他们遗漏了大部分的作战细节——毕竟，一些最年长的那颜们仍在遥远的战场上，而这些人才似乎保留着既好又恰如其分的诗句。他们尽其所能将其他的内容融入文中，并将注意力集中于那些最生动的逸事事及最受尊重的传奇故事上。

这是一个最佳的时候——也许是唯一可能的时机——来收集让一个新的民族了解其起源的资料。

## 第二章

# 蒙古人的到来

阿布拉格的东北部，有一块面积相当于一个小国家的地方,它沿肯特山麓的山丘延伸,直到成吉思汗的出生地,也是这个国家的勃兴之源。这片被夏季的炎热包裹得严严实实的土地和草原,蜿蜒起伏像一片空旷的海洋。由于没有其他因素可以影响到我们的车速,所以我们一路快速前行,车后扬起了滚滚尘埃。炎热已使乡村岛边界的僧格河变成了一条溪流。这是一条从首都通往东方的道路,地图上标注为公路,然而在我们通过时却几乎变得无法辨认了。

我们的车只停了一次,为的是礼待一件罕有之事——另一辆车的出现,一辆与我们的车型号相同的嘎斯牌吉普车。这种场合也提供了一个吸烟、闲聊及"方便"的机会,一个被蒙古人称为"去看看马"的短暂的如厕时机。这辆车里乘坐着一对令人惊异的年轻夫妇,美丽且有几许国际主义的味道。他是蒙古人,留着板儿寸;她孑然一身,来自爱沙尼亚,身材苗条,发色金黄,坐在车上吸着烟。他们俩在东京时相遇、相恋并私订终身。他们分别来自前苏联帝国的两个尽头,本可以把俄语当做他们的第二语言,但彼此却用英语来交谈。他撅着嘴吐着烟圈告诉我,他的父亲是乌兰巴托军事学院的历史学教授。也许我应该见见这位教授，但我似乎并未给他留下足够深刻的印象来强调这一点，也许在他看来英国作家只是通往阿布拉格路上的两张图格里克钞票。

这片土地也是蒙古史前历史舞台的一部分。我们从一个低矮的小山梁迂回向下，来到一片由一条缓缓流淌的小河喀尔喀河形成的冲击平原上，而喀尔喀河则在这里形成了一个小小的浅湖。巴特尔带领我们爬上了另一个岩石裸露的山脊，从这里看去，历史就像地图一样展现在我们面前。这里看不到一个蒙古包，但我们却站在一个曾经是蒙古军旗飞扬的地方。数千年前，山脚下面，河水绵延数英里，大自然造化，创造出这个富庶的地区，吸引了石器时代的一个部落。我们所停留的山脊曾经是一个湖边高地，而那些凹凸不平的裸露的岩石应该是工场，石壁上仍然依稀可见人与动物形状的岩画。巴特尔慢慢遛下山坡，弯下腰，并示意我们过去。他捧起一捧不同颜色的石头，都是由人工打造的薄片——箭矢、矛头、刀——这些无疑都曾在蒙古使用并用来进行交易。公元800年左右蒙古人最先留居活动的地点正是这个由鄂嫩河形成的宽阔的山谷以及它前面的另一个山谷。

如果你不去理睬宾德拉小镇及其黑色的木头屋顶和印满车辙的道路的话，鄂嫩河与喀尔喀河的交汇处今天看上去与那个时代不会有什么两样。在这片偶有冷杉、枫树散布的稀树草原上，山冈低矮、山谷宽阔、鄂嫩河傍山而行，在浅滩上汩汩流过，蒙古人在这里依然会觉得十分自在。今天，新来者也不需要搭建蒙古包。在一片俯瞰河流的山坡上有一个假日营地，蒙古包整齐地排列在新近漆过的栅栏后。营地既无客人又无工作人员，仿佛被遗弃了。这里仍遵循着蒙古人通常的那种随遇而安的处世态度，这样，问题往往就变成了欢乐。我们的到来已在镇里引起了关注，一辆车驶入我们的眼帘，里面坐着两个穿着天蓝色“德勒”——那种优美的、长及脚踝的传统蒙古袍的年轻女子。她们努力启动一台发电机来给电灯与餐厅的炉具提供电力。由于没有燃料，贺希格驱车带着她们到镇里跑了个来回，营地突然充满了生机，有电、食物还有一个好消息：宾德拉的邮局有一台黑白电视机。而那一天恰好是6月30日，星期天。晚餐后我们驾车到了镇里，挤进了邮局的木棚，通过静电干扰，借着成吉思汗伏特加微微的醉意，观看了世界杯决赛，巴西队2:0击败了德国队。

大约在公元800年，最初接近肯特山的那群蒙古人所看到的河流交汇处，肯定像我第二天早晨看到的那样：初升的太阳照射着对面郁郁葱葱的山峦，层林尽染；随处可见田鼠洞穴的松软土地，几十种开着白花或黄花的草覆盖其上，偶尔还有一些低矮的灌木丛。百灵鸟的歌声仿佛来自天籁的声音。远处的山峦在水晶般的空气中一如坡下的蒙古包一样轮廓分明。

当然，在那时它无疑更为荒凉一些。今天，几公里外的宾德拉的木质屋顶构成了一片暗棕色，动物也十分稀少。而在那时，这里肯定会有黄羊飞奔而去，扬起阵阵尘土；今天，它们已被赶到戈壁中更为遥远的地方。对于那时的移居者来说，这里是一个水草丰美的好地方，他们的牲畜可以因此而繁盛。逆流而上，森林茂密的肯特山既给人们提供了猎物，也给那些追随野鹿踪迹而进入崖壁陡峭的山谷及严酷高地的人提供了战争避难所。

几个世纪后，他们的传奇故事宣称这些人是苍狼与白鹿的后裔。也许在那个时候，他们会更清楚地知道，他们的两个祖先氏族的名称为狼和鹿。也许他们的民间故事也记录下了他们的渊源就在西伯利亚大贝加尔湖北部的山中或在满洲。到他们残存的传奇故事被记录到《秘史》中时，半个千年已经流逝，民间的记忆也已模糊，只留下了朦胧提及的动物祖先与“同渡过腾汲思名字的水”。显然，这群迁徙者已经开始称他们自己为蒙古或与此相类似的名称,而听到了这个名称的中国人则将其误称为“萌古”或“蒙兀”。这些词汇的意思是什么?如果还有意义的话,也恐怕已无人知晓了。

这是个北部的山脉与森林和南部草原交汇的边界地带,也是一个将居住于森林的猎民转化为居住于平原的牧民的熔炉,并使得他们成了这种生活方式的专家里手,而这种生活方式与主宰了迄今为止人类社会进化的大部分时段的那种体系截然不同。

如果从历史与史前史的更为广阔的范围看,公元800年畜牧仍是相对较新的专门知识。人类在地球上生存的10万年中有90%的时间都是采集-狩猎者,他们尽量利用季节的变化、动物的习性及大自然慷慨的馈赠。大约在1万年前,随着最后的巨大冰川的退却,人类社会的进化步伐逐渐加快,其变化速度不再是以千万年而是以千年作为衡量单位。其他两个体系也接踵而至。其一是农业,到公元前5000年,农业社会已星罗棋布于大陆的边缘,沿着埃及、美索布达米亚、印度与中国的大河流传开来。用以定义今日世界的大量的变化从这种革命中连续不断地产生了出来,譬如人口增长、财富、娱乐、城市、艺术、文学、工业、大规模战争、政府等等,而静态的、城市的社会则把这其中的大多数都视同于文明。

第三个体系(在采集-狩猎与农业之后)是一个畜群与游牧人的体系,即所谓的草原游牧业,最早的蒙古人已经在开始了对它的探索。一个世纪以前,史前史学家流行的观点是,我们从游牧的野蛮进入定居文明的进步,是沿着这样一个清晰的过程(如下图所示)而进行的:

**狩猎-采集业→草原游牧业→农业→城市生活**

但根据现在的思潮,情况并非如此。现在一致的意见是,农业是在紧随狩猎—采集业之后而出现的，这样才可以提供可被驯服的家畜资源，而牧人们则利用这些家畜来自由地发展草原游牧业。这就提出了一个不同的次序：

**草原游牧业**
**采集–狩猎业→农业+畜牧业**
**城市生活**

换言之，草原游牧业并非一种“原始的”生活方式，它与农耕一样复杂。当这种变化发生时——大约在公元前4000年，在俄罗斯南部与西伯利亚——一个新的世界在向人们招手：草的海洋或草原(steppe一个取自俄语的英文词汇)横跨欧亚大陆六千余公里，从满洲一直延续到匈牙利。对采集—狩猎者及农夫来说，草原是令人望而却步的。在欧亚腹地的冻土带与沙漠、森林及山脉间绵延起伏的内亚草原，地处高原，暴露且干旱少雨。从乌拉尔山到太平洋，几乎没有什么地方可作为定居中心。在其他地方可作文明动脉的大河流都向北流入北冰洋水系，或无法利用地进入内陆湖泊。鄂嫩河所汇入的阿穆尔河(即黑龙江——译者)向东流4300公里，但一年中有六个月的封冻期。由于没有任何大洋的调节作用，夏季气温可高达40℃(104°F)，而冬季的寒风在数分钟内就可以使肉结冰(无论是在城镇还是乡村，只要把肉放在户外就可以确保过冬了)。

在这片绿色的海洋中，蒙古草原构成了一个长1600公里，宽500公里的沉降区。西面通过阿尔泰山脉和天山山脉间的走廊与更远的草原相连接；东面沿阿穆尔河河谷进入满洲；北面为西伯利亚的山脉与森林所包围；南面则为遍地的戈壁、荒漠所阻断。这样的环境对人类来说无疑是一种挑战，甚至它的“低地”也有海拔1200米的高度。盛夏，戈壁白天的气温高达摄氏40多度，而夜里气温可降到蒙古包上结满霜冻。从1月到4月，乡村居民的用水都是取冰溶化。

农民们发现他们只能在草的海洋边缘或者在罕见的绿洲及肥沃的河谷生存，而这片海洋则从这里延伸到落叶林地及树木稀少的稀树草原。生活在这些可居住地区边缘的人有着更为艰苦的时光，因而也有更强的动机在草的世界里寻找更美好的东西。如果使用得当，这个草的世界也会提供食物、坐骑、增长的人口、军队以及最终的帝国。当然这样的结果并不一定能够被那些首次涉足这片绿色海洋的未留下任何记录的实验者所看到。草原上的进步无疑是数不清的磨难、挫折、绝境、退却的结果，就像曾经是被捕食的动物被捕捉，然后被关在圈中、被饲养、被吃掉、被驯化以至最终被骑乘一样。一些物种证明是可以被驯化的：西伯利亚与蒙古边界地区的驯鹿，西藏的牦牛及半沙漠地区的骆驼。而其中特别的一种变成了开启草原财富的钥匙：这就是马。

在亚洲，马的驯化约在公元前4000年，这是顿河下游的一个考古遗址确定的日期。最初，就像这里堆积的骸骨所示，马被当做食物饲养。后来，一次无法衡量的缓慢的革命发生了。一把鄂毕河上游发现的公元前2000年的刀柄上，刻有一个人牵着一匹被拴着的马的形象。似乎在那时，人们就已经在驯化这种敏捷动物的野性了，他们使用青铜的马嚼子来强加他们的意志，把被捕食者变成了伙伴，并由于其温顺、力量和耐力而饲养与改造它们。在其后又经过一千多年的进化，这个新的亚种看上去依然充满野性——低矮结实、脖子粗壮、毛皮粗硬——但它的性格却截然不同了，今日的蒙古马仍与那时极为相似。在欧洲人的眼里，它们并不是漂亮的动物，但它们却和过去一样坚韧。它们在室外度过冬天，刨开雪吃下面的草。只有最严酷的天气——像那种能把草原冻成了无法穿透的冰壳的暴风雪——才能杀死它们。大多数年份它们都生存了下来，繁殖的数量远远超过了居民的需要。到公元前1000年，中亚的马是重要的交通工具,放牧的助手,在狩猎中的价值无法估量,也是战争中的精华,总之它们是草原经济的支柱。

蒙古马的精神的确令人惊异。在7月11日国庆日的那达慕上,每个地区都有一系列赛马比赛,最盛大的比赛在首都乌兰巴托郊外举行。骑手大多数为年龄在10岁左右的儿童,而且他们都骑着无鞍的马;举行这种几个年龄组的超过20公里的赛事,对骑手和马匹来说都堪称考验。2002年我就在终点线旁看着一群兴高采烈的五岁左右的孩子一拥而至,他们中有许多人骑着马,跟他们前面步行的人挤在一起,等候着参赛马匹在一望无际的草原尽头的出现。在草原上奔驰数公里后,有些马开始掉队,有些已近乎精疲力竭。有一匹马四腿颤抖地停在距终点线仅两米的地方,十岁的骑手又是鞭抽又是脚踢,但毫无用处。他跳下马去拉缰绳,马仍无反应。当马儿们在一阵尘埃与汗水的迷雾中一匹接一匹慢跑过来时,人群陷入了疯狂。最后,有三个人匆匆跑了过来,连拉带推外加哄骗这匹马向前移动。仿佛知道自己必须做什么一样,它步履蹒跚地向前几步,跨过了终点线,又停了几秒钟,向后轰然倒向一边。更多的人围拢过来,他们轮流踢它,想让它站起来,实际上这种用尽全力对它心脏部位的踢打,在类似的情况下是常用的技巧,有时候也起作用。但这一次却失效了。更多的人加入进来,扶它站立起来,但却又一次看到它颓然倒地,它死了。当年幼的骑手泪流满面地蹲在他心爱的坐骑旁时,一辆铲车驶过来将它抬走了。对于一个西方游客来说,这一切都是十分令人不安的。但在蒙古各地,在许多比赛中,这样的死亡事件年年都有发生。铲车曾在更远的跑道上忙于类似的事件,而且它无疑还要再一次忙碌起来。这就是进化在起作用:只有最强壮者才能生存繁衍。其结果就是这种动物不但坚韧地度过严酷的冬季,而且还具有一种完全天生的勇气:在主人的要求下慷慨赴死——这种品格在伴随着蒙古勇士们横跨欧亚大陆时是非常重要的。

其他以驯鹿与牦牛为基础的游牧经济亦可持续，但是马这种最快捷、最适合的坐骑则传达着一种特殊的优越观念。有关马的专门知识也反映到了人们的语言与倾向中，蒙古人会告诉你，他们有100、300或更多与马有关的术语。至少169这个数字是可以被确定的，它以蒙古民间最有意义的数字13为基础。根据这种晦涩难解的分类体系，马的主要颜色有13种（从浅枣红色到灰色），而每一种颜色又有13种细分（其中有一种浅枣红色是：从毛根到末梢由深入浅的优雅的浅栗色）。由此，一匹马可以通过颜色、一般的体形、次要特征（像鬃毛与尾巴）、能力、性格以及任何这类品质的结合来辨别。

当蒙古人抵达鄂嫩河谷时，就像他们所知道的那样，牧人们就已经在草原上自由自在地四处游牧了，他们通过饲养其他四种家畜——绵羊、山羊、骆驼和牛（在山区，牦牛代替了骆驼）来探索这片草原，并从这些牲畜身上获取肉、毛、皮、作燃料的粪、作衣物与蒙古包的毡，还有150种不同的奶制品，包括牧人的主要饮料，一种微微发酵的马奶酒。在中亚大多数地区，它的突厥语名称是“忽迷思”，而在蒙语中它被称为“艾里呼”。“当人喝的时候，它就像醋一样刺激舌头，”方济各会修士威廉·鲁不鲁乞在法国东北部写道，他是13世纪最早到蒙古的欧洲人之一。“喝完后，在舌头上留有杏仁汁的味道，并使胃感到极为舒服。”的确，这种由“五畜”中任何一种的奶酿制的“艾里呼”可以被进一步蒸馏成类似伏特加的烈酒，但却有着上等葡萄酒的平和，这也同样使人的胃极为舒服。

在此基础之上，草原游牧业理论上说完全可以进化为自给自足的高度专业化的生活方式。但实际上它却不能，游牧经济与其他文化和环境的联系总是至关重要的，既为了贸易也为了获取重要的资源。

以蒙古包为例，穹顶与圆形可以无须牵拉索抵御强风。今日的蒙古包和过去一样，是由在屋顶的上辐条及称为“哈那”的格架结构的墙上展开一两层厚毛毡构成的。那些喜欢将艰苦与特殊的游牧生活方式浪漫化的人，常常把蒙古包赞誉为一种完美的典范，仿佛它发端于草原自身。事实并非如此。它来源于森林：它的格架墙与穹顶辐条是木质的，而木材在草原上十分稀有。蒙古包的原生形态是森林的帐篷，一种圆弧的锥形结构，现在的猎人也偶有制作，用作过夜的场所。随着草原游牧经济的成熟，牧人们发现他们可以使用马匹和车辆携带更多的装备，从而使得生活更加地舒适。一种奢侈就是通过加墙壁，提高圆锥形的顶子使其成为屋顶，这样就把低矮的圆锥形帐篷变成了有顶的房屋。制作蒙古包与大车的木材必须取自森林。尽管草原游牧民可以自给自足，但蒙古包与大车的存在仍在提醒人们：为了过上美好的生活，这些草的海洋上的水手，需要他们的森林之港。

我们的这群蒙古人已经拥有了另一种对战争与和平非常重要的工具：复合或反曲弓。在设计上整个欧亚地区都相似的复合弓和英国的长弓截然不同，因而乍看起来并不会给人太深的印象。一把现代的无弦复合弓看上去只是一个三英尺的灰褐色的塑料鸟爪，但是如果把它抵在你的腿上去弯曲它并感受它潜在的力量，就可以理解为什么这个小小的东西可以作为改变世界的一种武器与罗马的剑及机关枪相提并论了。

“复合”因素——兽角、木头、筋、胶——都是唾手可得的。技巧在于将它们恰当地结合在一起。这肯定是三四千年前的一个梦幻时代一系列偶然发现的结果。我们可以想像一个森林居民，一个随便什么人，拿着一把已折断的木弓。他发现一片鹿角或一片牛角——如果他有牛的话——和木头一样富有弹性，于是他削下了短短的一条作拼接物。他也发现了动物身上其他部位的用途。任何一个猎人在煮食动物时，最后剩下的都会是肌腱，而肌腱在慢慢地熬制几天后会产生强力的胶（或者：胶也可由鱼的特殊部位来熬制，鱼胶在亚洲是一种珍贵的贸易品），用石头弄碎肌腱使之成为一条条的线，结果就是非常有用的捆绑线。人们也注意到了木弓与角、筋结合起来，实际上功能更强大。角抗压缩，构成弓的内壁。而合适的肌腱——跟腱无疑是最好的——抗伸展，因而被放在弓的外壁。这只是制弓者技艺的基本示意。掌握这些材料——宽度、长度、厚度、温度、切削、成形时机及数不清的次要的调节——则要花上许多年。当这种专门知识、技巧和耐心一同被正确地加以利用时——制一张复合弓需要花上长达一年的时间——结果就会是一件有着惊人质量的精品。

公元前的第一个千年就已经在使用的复合弓，进化成了足以与枪比美的武器。当拉紧它的弦时，一把强弓的感觉就像汽车弹簧一样不易弯曲。拉动一只真正的硬弓，需要将整个臂膀的拉力放在三个手指上。后来，土耳其的弓箭手们使用了指环，但在骑马疾驰中的蒙古弓箭手们则只依靠被练就的更加有力的手指。

而被储存在这长度仅一码的角质、木头与肌腱里的力量着实令人吃惊。18世纪，土耳其人使用的复合弓使英国的弓箭专家大为震惊。他们惊讶地发现土耳其人的弓——基本上与蒙古的武器一样——要远远优于英国的长弓。长弓的射程很少超过350码（世界纪录是478码）。然而在1794年伦敦贝特福德广场后面的一块场地上，土耳其大使的秘书穆罕默德使用复合弓逆风的射程为415码，顺风为482码。穆罕默德谦虚地说，这根本不算什么，他在伊斯坦布尔的主人苏丹更是一位强弓手。的确，1798年，名副其实的苏丹射出的一支箭据说达972码，超过了半英里，据称这一距离是在英国驻奥斯曼帝国大使罗伯特·安斯利爵士在场的情况下测出的。现代的弓箭手根本不相信这一传言。今天,用现代材料制成的手持复合弓与特别设计的碳素箭头射程可达到约四分之三英里,而木质箭则是600码稍多一点。但也许有关苏丹的传闻并不该立即予以否认。纯粹由肌肉力量拉动弓箭的世界纪录超过了一英里,它是在1971年由一位美国人用一张300磅的弓创造的。他背部着地,双手拉弦,双足蹬弓将一支细如织针的碳素箭射出了2028码(1854米)。

俗称飞箭的距离射箭是一项专门化的运动,坚硬如针一般的小箭矢对准一个大概的目标。距离与精度的结合并不容易,然而就像蒙古最早的一块碑铭所显示的那样,蒙古的弓箭手们很早就做到了这一点。此碑大约于1220年代中期刻在一块一米高的石头上,1818年发现于横跨西伯利亚铁路沿线,今鄂嫩河下游的尼尔斯克附近,现存于圣彼得堡艾米尔塔什博物馆。它刻于成吉思汗刚结束对突厥诸部的战役凯旋之时,并在对中国的最后征战途中。得胜还朝后,他命令举行一个有传统活动如摔跤、赛马、射箭的庆典。成吉思汗的侄子——诸王移相哥决定展示他神奇的力量与技巧。令人惊异的结果注定值得立这块碑作为纪念,部分碑文如下:"当成吉思汗举行一个蒙古显要的大会时……移相哥射中了335阿拉特处的靶子。"——阿拉特是一个人伸展的双臂间的距离,大约1.6米或5英尺5英寸。也就是说有人在超过500米的地方设置了一个未加以说明的目标,然后移相哥在其大汗以及聚会的显贵面前射中了它。也许这是一个很大的目标,比如说一个蒙古包,也许他试射了好几次,但如果没有成功的自信的话,他是绝不会去尝试的。

当然,在那么远的距离,一支高速、弯曲飞行的箭会失去大部分能量。但在近距离,比如50~100米,一张"强弓"发出的箭有着比许多种子弹更强的穿透力。它们以每小时300公里的速度离开弓,超过了子弹速度的四分之一,但由于它们比子弹重好多倍,它们也带着相当的冲击力。在100米的距离,适当的箭带着适当的箭头(有数十种之多)可以穿透数厘米厚的木头,因而铠甲的防护十分有限。

在历经三个世纪的中国人统治之后,蒙古的射箭已无法与昔日相比。尽管射箭仍然是男子"三项"之一,但今日的弓却粗制滥造,射程可悲,而箭矢肥大的箭射程仅达几十米。

我曾试过这种弓,它射出的箭就像风中摇曳不定的芦苇秆一样,距离仅仅五十多米。在蒙古我还没有听说过有什么人在用传统的方式制弓,或者有什么人支持旧式的射箭术的恢复。

游牧勇士的进化还剩下了最后一步:为了使武器发挥真正的效能,弓箭手需要一个传输系统。公元前的第一个千年,有两种可能性。第一种显然是马,但骑着裸背马同时射箭是十分困难的,所以许多古代的内亚民族,比如锡西厄人(古代活动于欧洲东南部以黑海北岸为中心地区的民族——译者)发展了第二种载体,即两轮战车。而这些快速、机动的发射平台,只有那些组织良好、可以得到木材与木匠还有矿冶与技术熟练的工匠的半城市化居民才能办到。真正的游牧民不得不等候马镫的出现,这是战争发展中的一项与复合弓一样意义深远的发明。也许由于专家般的牧人没有马镫也可应付自如,或许由于战车的出现对于弓的使用所遇到的问题提供了部分的解决方案,马镫的发展令人惊异地晚,而它的传播速度也异常地缓慢。对马镫的最早记载在公元前2世纪的印度,只是被当做大脚趾的支撑物。这一观念传到中国后,约公元五世纪一种合适的,铁质脚马镫出现了。而后又在五世纪随着匈奴人向西传到欧洲。最初的马镫可能是皮革的,而铁质马镫的出现则要等到六世纪。

然而大约到公元500年,内亚草原的游牧民与定居社会相比有了较大的优势。随着马镫与马鞍、马勒和马嚼的配合使用,游牧民的机动性超过了战车,他们可以在全速疾驰中放箭、使用长矛或套索。

接下来的问题就是军队的培养与控制,而解决方案又一次深深扎根于草原游牧民族的文化中。骑马是三种相互重叠的技术:放牧、狩猎与战争的关键,而狩猎又作为中心因素而与其余两者紧密相连。狩猎可以控制捕食动物的数量(尤其是狼,牧民生存的灾星),提供毛皮来做衣物或进行贸易。随着蒙古人数量的增加,狩猎也变成了一种协同作战的操练,以及为战争进行至关重要的准备的演习。在秋天(而不是动物正在繁殖的春夏),各部族联合起来在为期数天的活动中演习狩猎的调动。探子们会事先侦查地形,狩猎队伍集结起来组成一条数英里长的战线,然后在接下来的几天内慢慢向前推进,而快骑则四处飞奔使诸王那颜们对进展情况了如指掌。而与此同时,狩猎队伍则驱赶着狼群、羊群甚至偶然有雪豹进入不断缩小的地区,并在那里将它们射杀。就像战争一样,狩猎也需要有将分散的人群聚集在一起的策略,需要领导、战术技巧以及有效的长途通讯,所有这一切均以优良的马术、耐力及射击术为基础。可以在一起狩猎的人群亦可以在一起作战。

这也就是说,他们是否可以聚在一起。然而在这个残酷的世界上没有什么东西可以依赖。尽管草原也有一些复杂的统治规则,但争夺却是司空见惯的,而暴力更是家常便饭。战争并不是什么可以与和平区分开的事情,古老的蒙古并没有"士兵"或"平民"之类的概念,因为牧人可谓全民皆兵。战斗并不需要装备上的巨大投资,因此也没有必要放弃一种生活方式而采取另外一种。狩猎和放牧随时都可能演化为一种对牲畜的掠夺,对敌方首领或其妻子的绑架,复仇或即刻的战争。每个男人或女人,每个家庭都有他们的盟友,但他们所有的人都会为了草原、物品贸易或婚姻伴侣而偶然离开,去边境探险,在那里家族的盟友和友谊可以有助于身处敌境者应付自如。一个年轻人可以宣誓效忠他的首领，朋友也可以誓约一种永恒的兄弟关系，但这一切都会消失。一个不再可以提供安全保障及战利品的首领，会看到令他不满的权力基础瞬间在草原上消失得无影无踪。难怪对成吉思汗来说，忠诚是一种等同于黄金的美德，稀有、来之不易同时又易于消失。

尽管草原游牧的生活方式是复杂的，但蒙古人还是缺少其他一些系统的思想体系。附近突厥部落里传播佛教与基督教的宗教使团对他们毫无影响。他们是萨满教徒，保留着对自然现象与物体的神圣性的信仰。河流、泉水、雷电、火、太阳、风、雨、雪——诸如此类的东西都被赋予了特殊的意义，被看做是神的境界，而最高的神：蓝天，呼和腾格里，则带着一种遥远的关爱注视着人间。腾格里的意思是"天"，也意味着"天堂"，就像在许多其他语言中同一词汇的变化一样，后来随着"蓝色的"被"长生的"所取代，其强调点也发生了变化。如果他们爬上了最高的山峰的话，腾格里可以被普通人隐约地感觉到；而萨满们在解读烤焦的羊肩胛骨上不祥的裂纹时，也可感觉到它，这种信仰对中亚各民族来说都是很普通的。腾格里是六世纪突厥部落的神，这些部落逐渐向西迁徙，并最终变成了保加利亚人。八世纪的一块浅浮雕希腊文碑铭中提到了他或它的存在，该碑在保加利亚东部被称为马达拉骑士石。

从一开始，蒙古先民就已感到他们新发现的土地得到了上苍的护佑，在他们探索新的领土，赶着畜群在草原上冒险，返回森林获取猎物与木材时，他们肯定登上了那座巨大的中央山峰，即现在的汗肯特——肯特山之王。这并不是一次艰难的攀登，汗肯特2450米的山峰如果处在阿尔卑斯山脉和落基山脉的群山中会是毫不引人注目的，它的积雪不会持续到夏季，而且也没有冰川。从它光秃且多风的山顶最高处，蒙古人肯定曾查看过山的方位，及发源于高地的大河流向——鄂嫩河流向东方，克鲁伦河流向南方，土拉河流向西方。随着蒙古人的日渐繁盛，他们开始将这座山视为他们精神世界的中心。在这里他们会感到距离引导他们来到这里并指引他们创建繁荣昌盛之国的仁慈的神灵最近。他们称这座山峰为神圣的合勒敦——不儿罕·合勒敦。数十年进而数世纪的生存体验印证了他们的信念：如果说肯特山是蒙古的中心的话，那么不儿罕·合勒敦就是他们的奥林帕斯峰。

这种信念保留至今。虽然一些历史学家质疑不儿罕·合勒敦与汗肯特为同一座山峰，但至少从13世纪晚期成吉思汗的曾孙甘麻剌在此建庙起，两者就被等同了起来。在汗肯特光秃秃的山峰上矗立着数以百计的蒙古人建在高处的小小的石头金字塔——敖包。敖包上插着哈达与丝带飘扬的木杆，许多敖包还散布着祭品——硬币、罐头、瓶子、香烟盒——这都是用来祭祀这个地方的神灵，祭祀这个国家及帝国的缔造者精神。

这一切就是公元800年建营于鄂嫩河谷的蒙古人的后裔所拥有的工具、技术与信仰。在此后的大约400年的时间内，他们几乎都默默无闻地生活着，一直到成吉思汗的出现。对蒙古人来说，成吉思汗的出现是一大幸事：12世纪后期是可以出现征服者的最后时机。几十年之后，火药技术的进步使得游牧民传统的作战方式时过境迁。就像历史所显示的那样，成吉思汗及时地聚集起了蒙古人的内在力量，就像一位射手拉满弯弓，以摧枯拉朽之势将它们射了出去。

## 第三章

# 新国家的曙光

《秘史》说成吉思汗命中注定是伟大的，有着事后看来的所有优点。当然他也有着合适的背景——一脉相承了将蒙古人带到帝国边缘的三位野心勃勃的大汗血统。但对于成吉思汗的崛起，没有什么必然的关系。在他出生时，蒙古人看上去似乎已经过了他们的鼎盛期。

大约在1140年，成吉思汗的曾祖父合不勒成了第一位“管着众达达百姓”的首领，而且也是第一个取得汗的称号的人。在他的权威下统一起来的部落登上了更为广阔的亚洲政治舞台。蒙古人的主要对手是南部另一支崭露头角的力量，一个在其女真统治者采用了王朝称号之后通常被称为金的王国。女真是一个满洲的部落，它在十多年前的快速与辉煌的战斗中，占领了中国的北方。考虑到其北部边境的安全需要，女真人时刻注视着它的两个敌对邻居，合不勒和他的蒙古人便是其中之一。金朝皇帝合剌遣使合不勒汗意欲与之通好，合不勒汗则冒险来到北京——即金人所谓中都——与之商谈。此间不可避免地是大量的饮酒（艾里呼），到欢宴的后期，合不勒感到十分满足，并探身向前去揪皇帝的胡须。合剌的近臣对这样的失礼行为大为震怒，修好自然未成。合不勒作为朝廷原客人被允许和平地离开，并且带着大量的礼物，但金朝皇帝及其臣子却改变了让这个醉酒的、不可靠的首领离开的主意，于是派遣一支队伍去伏击他，而合不勒越过戈壁成功地逃了回去，此后双方既未互相饶恕亦未忘记仇怨。金朝将会记住合不勒的公开侮辱以及捕捉他的失败，直到报复这些无礼的游牧民的机会到来。

就这样，蒙古的首领首次触及到了这样一个问题，它在过去两千余年的过程中一直决定着中亚政治的走向，即定居者与非定居者，游牧民与农民，内陆亚细亚的草原世界与亚洲社会及政治的基石——中国之间的那种充满痛苦的关系。自从公元前300年第一个游牧帝国的兴起开始，这两者就陷入了一种类似噩梦般的婚姻关系中：由于彼此的需要而连在一起，又由于彼此的痛恨而分道扬镳；每一方都认为自己优越，并因而蔑视对方。

对游牧民来说，他们的生活方式是光荣而自由的，而农民只是一些掘地者，价值尚不及马。中国的财富不是在于它的文化而是在于它的物质资产：它的金属、丝、武器与茶（茶在10世纪就已成为游牧民生活的一部分，而且保留至今）。如果通过贸易可以得到这些商品，自然不错；如果不能，它们也很容易通过劫掠而得到。但这种获得却潜藏着危险，当裹在传统生活的甲胄中时，游牧民的灵魂是安全的，但在面对戈壁另一侧的腐化与奢华时，它却十分脆弱。

而中国人从皇帝到官员、商人、知识分子以及农民，都把他们古老而复杂的生活方式看做是真正的文化的基础，游牧民仅仅是蛮夷，是贪婪与毁灭性的贪欲的体现。相类似的名称已被历史学家使用了几乎2000年：游牧民是掠夺成性的狼，贪心不足、贪得无厌、贪婪成性、奸诈、残忍、不足为信。一位一世纪的作家总结了中国人对蛮夷的看法："夷狄无义，所从来久。"贤明的君主认为他们是野兽,既不与他们建立联系,也不去征服他们……他们的土地无法耕种,也不可能作为臣民来统治他们。因此他们总被看做外人,从不能被当做朋友……当他们来袭时就惩罚他们,当他们退却时就重兵守卫。当然如果为了得到他们的马匹,并将其用于击退他们的话,与这些低等生物的交易也是必须的。但这种关系却未被用任何文明到“交易”的字眼来定义。游牧民提供“贡品”,而中国人则高贵地给予“赏赐”。这两者之间的任何联系都只是一种幻想。

许多世纪以来,中国不断更迭的王朝与帝国的帝王都穷于应付“游牧民问题”以及其不稳定的北部边境。尤其是黄河河套内的矮灌木与沙漠交叉的鄂尔多斯地区。怎样才能最好地阻止他们的进犯呢?是通过姑息、谈判、对抗还是入侵呢?从未有过一种单一的解决方案,因为如果他们选择去攻击的话,最终游牧民都会占居上风。农业社会可以被夷为平地;但游牧社会却不会,他们的军队可以像一阵烟似的在草原上散去,而在合适的时机又会再度聚集并卷土重来。

一种理论上的可能性是阻止游牧民的入侵。大约从公元前300年起,许多防护墙就被建在了中国境内彼此敌对的小国之间,这种泥砖的防护墙可谓世界上最经典的防卫工事。在一些场合下,某个新的较大王国的皇帝会把不同的小防护墙连接在一起。某些“长城”的遗迹仍依稀可见。在最古老的防护墙中,有一段在穿过戈壁的南部时经过了内蒙古的包头,而在那里,它那坚硬的泥土中心部分被当做了道路来使用。另一段由女真人自己修建的防护墙则散落于蒙古的东北部。在许多地图上两者均被标注为“成吉思汗墙”,尽管它们在成吉思汗很久之前就已出现了。在中国北方,可以见到很多这样散落四处的长城,它们或穿过沙漠,或分隔麦田,大多数都残破得只剩下了一些残垣断壁,仿佛只是土地的一部分。所有这些城墙都被抛弃并长期受到侵蚀——除了16世纪用石头建造的今日的长城之外，它成了一种古代迫切需要的最后也是最辉煌的证明。然而令人惊异的是，这种迫切的需要对拒游牧民于国门之外来说并不实用。长城在高山与峡谷间的壮丽延伸，显示了它作为防御工事的多余与累赘。游牧民族并不能在山间走马飞驰，长城也从未在战争中遭到猛攻，而它也从未阻止过任何入侵。但它却起到了许多其他的作用：作为军队与观察哨所的架高了的道路；作为迫使农民留在原地并课之以重税的边境标志；以及作为一个统治者征集大量劳动力，从事大规模工程的能力的证明。长城及其前身是权力与特权的象征，就像战斗机与宫殿是现代独裁者的象征一样。

它们也是一种古老偏见的象征，是标志着文明的分界线的精神长城。正如公元前二世纪的历史学家司马迁所谓长城以内是“冠带之国”，长城以外则是“夷狄之邦”。游牧民——所有的美德与理性的对立物，文化的恐怖与邪恶的敌人——简直就是不齿于人类文明的藩篱。与蛮夷作战是一个统治者的天职，是其能力及权力的合法性的证明；而一座长城则成了这种义务外在的、看得见的标志。

由于没有任何政策可长时间奏效，这就成了一种旷日持久的战争。最后无视任何条约的游牧部落或领袖会崛起，并越过长城迫使那些在新近殖民地区的种植者返回他们农业的中心区。甚至在这些地区，游牧民也会渗透进去，攻城拔寨，有时也会推翻王朝，建立他们自己的政权（就像女真人所做的那样），直到被他们所羡慕的文明腐化和城市化，他们自己也与其前朝一样，变得深受“游牧民问题”的困扰了。

那么，当游牧民越过长城后，恶魔究竟成了什么？一种奇特的转化发生了。一旦入主中原，魔鬼就不再是魔鬼，而成了中国的君主。他们在长城内的出现，就变得不再是游牧民族军事力量的证明，而成了中国对甚至是最邪恶的外部力量的同化力的证明了。成吉思汗自己也可能会经历这种他所恐惧的转化，从其蛮夷的蝶蛹羽化为气度恢弘的（在中国人看来）中国王朝的奠基者。1140年代合不勒应邀访金时，金朝皇帝合剌所经历的正是这样的一种转化。那也就是为什么他的群臣对合不勒放肆的举动颇为震怒，为什么他们急切地等待着报复他的原因。

当合不勒的继任者俺巴孩被金朝的仆从塔塔儿部俘获后，这种复仇最终落在了他的身上。在一般情况下，俺巴孩可以被其部民赎回，但塔塔儿人却抓住了这个取悦于其金朝宗主的机会，将其送交给了他们。俺巴孩被金人用一种奇特的令人恐怖的方式处死，他被钉死在了一个称作"木驴"的架子上。俺巴孩被俘后传回给蒙古人的最后遗言，成了对其子嗣的战斗号召："你们将五个指甲磨尽，即便坏了十个指头，也与我报仇。"

成吉思汗的叔祖忽图剌对此做出了响应，发动了一系列对塔塔儿与金朝的攻击，为他自己赢得了像蒙古的赫拉克勒斯（希腊神话中的人物，宙斯之子，力大无比，以完成12项业绩而闻名——译者）一样的声誉。据史书记载他有雷鸣般的嗓音，熊掌般的手掌。他每餐可食一只羊，能把最强壮的人像折箭杆一般折断。但力量并不能确保胜利，大约在1160年，蒙古人为金朝所败，而战败的详情史籍并无记载。他们的部落又一次变得群龙无首，他们也不再是一个国家了。

在接下来的几年间，蒙古人陷入了无政府的混乱状态，这是一个最为黑暗的时期。两代人以后，根据《秘史》，一个热衷于使成吉思汗的功绩显得更加伟大的贤人，追忆了他们的可汗在这些黑暗年代的奋斗：

有草皮的地
翻转着

全部百姓反了。

在这个混乱与贫穷困扰的世界里，成吉思汗的父亲，一个叫也速该的人在一个较短的时期内做了酋长。甚至通常热衷于抬高成吉思汗家庭的《秘史》也未称其为汗。但他是合不勒（那个揪金朝皇帝胡须的汗）的孙子，并且是其自己部族即孛儿只斤氏①的领导人物。由于部族——实际上是扩大的家庭——一代接着一代地进化与分裂，没有多少部族可以长久地保持其身份。但孛儿只斤却是一个非常了不起的氏族，可以追溯到150年前那个记忆与传奇模糊的时代，那个时候他们只是五个氏族中的一个。而到此时，尽管孛儿只斤氏已经派生出了18个其他的氏族，但依然保持着他们自己作为皇氏家族的身份。也速该对遍布草原各地的牧人及今日之西伯利亚边境沿线的山脉森林中的猎人来说，应该是颇有名气的。

虽然境况悲惨，但年轻的也速该尽量地利用了他的优势，并在游牧生活的架构内编织出了后来被证明是非常有意义的模式。他最初的目的就是创建并强化联盟，而潜在的联盟就是西部邻居突厥的克烈部。该部的历史虽不显赫但却与一些奇特的事件相联系。

到1180年克烈部作为名义上的基督徒已有两个世纪了。两个克烈部的酋长父子甚至有着同一个希腊—拉丁语的基督徒名字：巴尔库斯·基里亚科斯。他们的基督教信仰属于一个现在不大为人所知的派别，即以五世纪的主教聂思脱利之名而命名的聂斯脱利派。聂思脱利由于主张基督的神性与人性两重性格的统一而受到了谴责。实际上，这种主张就意味着反对将圣母

① 孛儿只斤是单数词，其复数形式为孛儿济吉惕。就像“蒙古人”一样，它已被英语化了。

马利亚作为上帝之母来膜拜，聂思脱利认为这种崇拜会损害基督的人性。正式的谴责并未结束聂思脱利的异端邪说，他的追随者逃到了波斯并在那里得以发展繁荣，甚至向东传入了中国，传入了中亚。在那里他们使包括克烈部在内的几个部落皈依了聂思脱利教，马鲁主教称1009年他们有20万人接受了洗礼。这个不太可能的消息加上其极为夸张的数字部分地造成了基督教世界的一个长久的、令人惊异的谣传：即中亚生活着一个在欧洲被称为“祭司王约翰”的基督教国王（祭司应是“长老”或“牧师”的缩略式）。用一个在1145年首先记录下这一传言的德国主教的话来说，作为东方三博士（指《圣经》中由东方来朝见初生的耶稣，并带来金冠、乳香和没药的三位贤人——译者）后裔的祭司王约翰，会在需要时疾驰而来帮助西方的基督徒。后来，这个混乱不清的有关一个异端基督教派的记录及其默默无闻的中亚皈依者赫然出现在欧洲时，在圣地遭受着穆斯林围攻的十字军骑士仍然怀着这样一线希望，即一路向西劫掠而来的属于祭司王约翰的军队会来拯救耶路撒冷。而这些人却是成吉思汗统驭下的蒙古人。

此刻，克烈部的首领是脱斡鄰勒（突厥语“鹰”）。他有着一个传奇的经历：在杀掉几个叔父登上部落首领宝座前，曾在幼年时两次遭劫持又两次被赎回。后来，大约在1160年代，一个复仇的亲属迫使其只身逃亡，也速该帮助他夺回了部众。我们不知道这是怎样完成的，但肯定包含集结一支军队，这无疑会是也速该权威的象征。此后，脱斡鄰勒与也速该结为“安答”（盟誓兄弟），形成一个后来证明对蒙古人再次登上历史舞台的中心具有重大意义的联盟。一次偶然的遭遇改变了也速该的生活，也改变了世界的轨迹。一天当他正在鄂嫩河畔放鹰时，遇到了一名男子骑马走在一辆由一头骆驼拉着的黑色两轮小车旁，这是一种专门乘坐富有贵妇的交通工具。也许也速该认识此人，他叫赤列都,是另一个生活在西北部森林地区的部落篾儿乞惕部酋长的兄弟。《秘史》说正是车篷下姑娘的一瞥使得他激动了起来,也速该没有妻子,而她却是个美人。而且,她的衣服也表明她属于传统上与孛儿只斤氏联姻的弘吉剌部,他们居于东部与塔塔儿为邻。也速该疾驰回家,召来他的两个兄弟并与他们一起追上了这行动迟缓的一行人。在三个蒙古人的追逐下,赤列都逃过了山脉,但他并不准备放弃他的新娘。转过小山后,他又返回来救她。顷刻间她便知道,两人共同逃跑是不可能的。难道他没有看见那三个人的脸色吗?“他们要加害你的性命”,她催促道,快离开我,救你自己的性命,找另一位妻子。“只要你保住了性命,就会有姑娘坐在车的前座上”,当兄弟三人远远地飞奔而来时,她脱掉衣衫扔给他说:“只要你活着,记住我的香气。”

在兄弟三人的追赶下,赤列都策马疾驰,越过七道山冈。兄弟三人意识到他们不可能抓住他后才策马返回,抓起骆驼的缰绳,慢慢地走过草原,车上自叹命运多舛的年轻妇人诃额仑,放声大哭,她的哭声震撼了鄂嫩河水,震撼了森林草原。

后来的史料略去了这一事件,仿佛作者看到了一些不可信的东西,即绑架一个显然如此爱着她的丈夫,又如此不愿意做“英雄”也速该的新娘的妇女。但《秘史》却展示给我们一种叙述与现实主义的荷马史诗般的感受:抢亲是普遍存在的,各部落间又有着传统的联姻关系,只是篾儿乞惕人恰好成了猎物,而也速该的行为也为日后与篾儿乞惕人的冲突提供了关键的动机。

走在车旁的也速该的一个兄弟, 要诃额仑安静并忘记赤列都:

拥你入怀的人,

已经越过重重山岭；
你所哭泣的人，
已经渡过了无数条河。
即使你放声痛哭，
即使他频频回头，
他也看不到你了。

所以诃额仑没有别的选择，只能接受也速该做她的新丈夫以及这种放牧与游荡、抢夺与被抢夺的生活的保护者。

六个月后，当也速该结束对塔塔儿人的春季进攻，返回他在鄂嫩河的营地时，诃额仑以她怀孕的消息来迎接她的丈夫。

## 第四章

# 野心之根源

19世纪记载的史实表明，成吉思汗降生时，诃额仑的蒙古包门的上方应挂着避邪用的弓箭，而且除了近亲与做接生婆的女性萨满外，不许任何人进入。这个萨满也许还会仔细观察初生的婴儿，来寻找某种吉兆。对她来说，从这个强力酋长的新生儿身上的血污中，解读出某种适当的迹象并不需要太多的想像力。《秘史》说这个孩子是右手握着血块出生的，这在后来自然而然地被诠释为力量的象征。他也应该被涂上奶油，包裹上羔羊皮毛，并被放在木质的摇篮里，摇篮边上钻着孔，以便在诃额仑骑马时，可以把它绑在背上。

接下来就是名字的问题。从突袭塔塔儿部返回的也速该带回了一个俘虏，一个塔塔儿的酋长。按照传统他以被他俘获的仇敌为其子命名（关于此人我们没有更多的信息，也许他已在交纳赎金后返回了他的部落），而未来的成吉思汗则带着一个塔塔儿人的名字铁木真来到人间。

铁木真后来的成功，致使许多人去解读这个名字的意义。有人说它来源于“特木尔”（tömör）意为“铁”，即“特木尔扎姆”（tömör dzam）的第一个义项，字面意思是“铁的道路”，铁路，而

"特木尔津"(tömör chin)意为"铁匠"。这一概念似乎最初来源于13世纪的弗拉芒旅行家,方济各会修士威廉·鲁不鲁乞,他称成吉思汗出身铁匠,但未作进一步的说明。鲁氏这个奇怪的概念是怎样得到的呢?始作俑者似乎是他的译员,一位始终在为蒙古人工作的巴黎金匠的继子。也许就像任何一位有进取心的人类学家一样,鲁不鲁乞问道:"铁木真"的意思是什么,一个颇为随意的回答是:"噢,它听起来像是铁匠……"这个方济各会修士有关其冒险经历的记录,是有关蒙古帝国通向其巅峰时期的原始资料,但在这一点上他错了。因为这是一个塔塔儿酋长的名字,如果说有什么人是铁匠的话,也只能是那个被俘获的铁木真。事实上他也不是。这个名字在蒙古语中没有r音。但错误却无论如何延续了下来,就像语源学将会错误地表现的那样。在波斯语中,出现了另一种拼写,铁木儿真(Temurjin),有了那个多余的r音。这一错误在两种语言中的反复出现,其结果就是使它变得根深蒂固,以至于出现在了许多书中。如果这个世界的征服者与国家的毁灭者真是一位铁匠,就像约瑟夫·朱加什维利变成"斯大林"——钢铁工人——的话,这种解释也许会是恰当的,但事实并非如此。

对蒙古人来说,这一切都准确地发生在什么时候是一件令人十分关注的事情。成吉思汗通常被认可的出生日期是1162年,这也是官方坚持的年份。在2002年的国庆庆典日,报纸的通栏标题也称这一年为另一个特殊的年份,即成吉思汗诞辰840周年。照此计算,每一个以"2"结尾的年份都将会是另一个庆典的缘由。而其他介于金朝大败蒙古的可能日期1160年,或根据成吉思汗去世的年龄来推算其生日的历史学家们,选择了从1155~1167年间的任何时候。现在这个年份已不可能确定了,因而1162年可能会和其他年份一样。

除准确的时间外,成吉思汗准确的出生地也是专家们争论的焦点。《秘史》说它在斡难河(即鄂嫩河——译者)上靠近一个叫做迭里温孛勒答合的地方。意思是“脾脏似的山丘”。普通外来者不会在脾脏与山丘之间看出多少相像之处,然而却有两个“脾脏山丘”在竞争着成吉思汗出生地的荣誉。

一个靠近达达勒,即鄂嫩河与其支流巴勒济河汇流的地方,位于宾德拉附近那个唯一的整洁的蒙古包营地东北80公里。这个地址随着其高达10米的雕像的完成,是官方在1962年成吉思汗可能的800周年诞辰之际所选定的诞生地。这一年也发行了一套邮票,并举行了科学院的研讨会来庆祝,这些都是在内蒙古的成吉思汗陵完工不久之后由官方组织的。今天,它是一个湖滨胜地,是吸引游客的好去处。

另一个竞争者在宾德拉附近,即那个夏日的清晨我在蒙古包营地上方的一个高地所能看到的地方。我站在一个人们用来祭奠这座山的神灵的小敖包旁,并且已从前一夜世界杯的伏特加狂欢的沉醉中清醒过来,在浅滩上快速流动的鄂嫩河,仍躲在我身后冉冉升起的太阳的阴影里,不时在碎石上荡起阵阵涟漪。在这最纯净而神圣的蓝天下,一只百灵鸟和两只布谷鸟欢快地叫着,成了这气势磅礴的森林、缓缓流淌的河流、宽阔无垠的草原与清澈见底的湖泊以及这座作为解开历史之谜钥匙的小山的唯一声音。

我们前一天刚刚驾车驶过脾脏山。它看上去只是像草原海洋上的一个随意的波浪,但它却是值得记忆的,因为沿着它的山脚是一片可怕的狼藉。在一两代人以前,宾德拉就坐落在这座山下,但政府下达了搬迁令,整个镇子向旁边移了几公里,剩下了砖头地基与一些破铁皮堆,并一直保留至今。从我所在的四公里开外的小山顶上,就可以看到老镇的灰暗的影子。环保主义者可能称其为碍眼的垃圾,但草原有其自身的规则,它广阔无垠,没有道路,牲畜可以自由自在地四处游荡,既然没有污染的迹象，又何苦费力去清理它们呢？

这个地方被称为成吉思汗真正的出生地是最近的事。由于完美的历史的原因，这种说法可谓喧腾一时。这些原因是由乌兰巴托成吉思汗大学的苏赫巴特尔教授所总结的，并印刷在前面提到蒙古包营地的小册上出售，而且此前一天我也听到过一位同样著名的人物亲口说过。

我们一直在一片缓缓上升的旷野中行驶着，除天边的几座小山外，看不到任何令人感兴趣的东西，直到远处出现了一个黑色的小木屋。这座小屋只有一个门廊和一间屋子，仿佛来自童话世界。这个微型的西伯利亚式的“达查”（木屋——译者）显然是巴特尔朋友的夏日居所。巴特尔向一个干瘦的妇人问路，她指向一条依稀可见的道路的远方。此刻天空下起了小雨，透过前面被雨淋湿的挡风玻璃，我们看到了一个奇特的身影，车驶到他的近旁时，我们才看出这是一位相当俊朗的七旬老者，他身穿一件破旧的衬衫，推着一辆小四轮手推车，身边带着一条黑白花的牧羊犬。此人名叫巴达玛达希，语言学家、历史学家，蒙古国立大学前教授，并在那里执教30年直到退休。他拉着一桶刚刚从附近取来的泉水，二话没说就接受了巴特尔的突然造访，挤进吉普车，将湿漉漉的狗放在他的腿上。巴特尔将水桶和推车放进车里。我抚摸着狗，它舔着我的手发出了一阵阵令人怜惜的呜呜声。这只狗完全是个另类。在草原上，狗的主要作用是吓退野狼和盗贼，所以它们绝大多数都体形硕大且凶猛异常，并且对于狼、罪犯与善良的陌生人一概不加区别。蒙古的狗就其本性而言是可以吃人的，有的甚至想吞掉过往的车辆。当你接近一个蒙古包时你要做的第一件事就是从一个安全的距离高声叫道：“管好你的狗！”在此之前，我还从未碰到过一只比一匹小马驹还小的狗，当然也没见过任何一条友好的、不让人紧张的狗。

回到一居室的"达查"(木屋)后,巴达玛达希向我讲述了他对成吉思汗的出生地的研究。当然他从孩童时代起就对《秘史》十分熟悉,并且知道成吉思汗出生在"斡难河上"(鄂嫩河)。

"当我初到达达勒的时候,我相信成吉思汗肯定就出生在这样一个美丽的山村,这样宽广、开阔的空间。但是现在我改变了我的想法。"他已骑马在鄂嫩河两岸来来往往走了许多次。《秘史》说成吉思汗孩提时曾在鄂嫩河上捕鱼,所以营地肯定在河的附近。达达勒附近的地点距河20公里,而宾德拉附近的地点距河仅五公里左右。此外,达达勒地面过于狭小,没有空间来集结军队,而成吉思汗的父亲的确曾集结过军队。无疑在巴达玛达希看来,鄂嫩河与喀尔喀河的交汇处,即那个夏天的早晨我从山顶的视角所看到的平原,那个群山环抱的地方就是成吉思汗的出生地。

铁木真八岁时,也速该出门到诃额仑的亲属家为其安排婚事,在他东行穿过草原到达诃额仑直系亲属家的路上,遇到了来自诃额仑的部族弘吉剌部的一对夫妇。他们有一个女儿——孛儿帖,比铁木真大一岁,并且他们也热心于这桩婚配。也速该与德薛禅——智者——用现成的套语达成一致,即这两个孩子"眼里有火,面色有光泽",这意味着他们命中注定会名声大噪。为确认这个约定,也速该将儿子留在了他未来的岳丈家。也许这样他们才能了解他的性格。临别前,也速该告诉德薛禅照顾好铁木真,保证管好狗,因为"我儿子怕狗,我的亲家,别让狗吓着我的儿子!"

西方人可能会大惑不解,这位未来整个欧亚的统治者会惧怕狗吗?实际上,这可能只是一个我早先提到的一般真实情况的反映。蒙古的狗历来都是恶名昭著的。我敢肯定是成吉思汗自己将这个扭曲的细节包括在里面的,这一绝妙的人性化的笔触无疑会使《秘史》的作者大为惊叹。看到了吗？强大的成吉思汗内心深处只是一个普通人，也有常人的恐惧。

在返回途中，也速该遇到了一群欢宴的塔塔儿人，依照草原上好客的规矩，他也应邀成为座上宾。三天后他回到家时已病入膏肓，实际上快要死了。后来，在寻求其病因的解释时，他的后人锁定了塔塔儿人。显然，他所遇到的人群里，肯定有某个人曾是他某次突袭的牺牲品。也速该没有辨认出他们——这个推理就是这样进行的——而他们肯定认出了他，并抓住这个报复的机会将毒药掺进了他的酒里，或许他也只是生病。无论何种情况，就在他死去之前，遣人从德薛禅家召回了铁木真。

诃额仑带着六个3~9岁的孩子失去了保护，四个孩子是她自己的，两个是不知名的“小妾”所生。而家人，甚至是本应支持其嫂的也速该的兄弟们，也未给予她任何帮助。他们的世界，他们在战争中获胜的希望，他们抵御灾难的保证突然间便消失得无影无踪。他们抛弃了这个寡妇，离开了一贫如洗的诃额仑。

但诃额仑是一个坚强的女人，由于没有自己的牲畜，她变成了一位狩猎—采集者。《秘史》描述她撩起衣裙，贵妇的帽子紧紧戴在头上，手持一端削尖的木棍在不儿罕·合勒敦森林茂密的山坡并沿着鄂嫩河畔寻找野果，挖掘草根。男孩子们也学会了制作鱼钩和用网来捕鱼。

> 高贵的母亲用野葱和野蒜
> 抚养的儿子们
> 将成为合罕。
> 有耐心与高尚的母亲
> 用榆树籽养育的孩子们
> 将变成有法度的贤明者。

无疑，故事夸大了诃额仑圣母般的德行，但要点很清楚。在3~4年的关键的时间里，铁木真了解到在社会的底层意味着什么，知道了没有家庭、伙伴与亲密的朋友，没有足够的牲畜提供肉、奶或毛毡来搭建蒙古包又意味着什么。他在感受着贫穷和残酷中逐渐长大，在深陷其中的勉强糊口的生存挣扎中，渴望着草原那种相对的富裕与自由。

在这段艰苦的日子里，铁木真找到了一个最好的朋友，一个叫做札木合的男孩。十岁时，他们彼此交换了礼物。冬天，一同裹在皮毛里抵御风寒，他们交换用绵羊踝骨做的动物骰子(《秘史》作石阿，旁译为髀石——译者)，并在封冻的鄂嫩河上投掷玩耍。时至今日大人与小孩仍在玩这种踝骨骰子，它的六个面都用动物名称来命名，每面的小圆球都有自己的特点。春天，当草在融化的雪水中繁盛地生长时，札木合为铁木真做了一个有鸣哨的箭头，换了铁木真的一个柏木箭头(响哨箭头猎鹿时颇为有用；它令受惊的鹿抬起头来一动不动地仔细倾听，因而将它们变成了不错的靶子)。这两个孩子前后两次盟誓结为类似于血亲的兄弟关系——安答。

这是一个重压之下的家庭——一个单身妇女养育着四个亲生孩子和两个继子。几乎不会令人感到奇怪的是，两个最大的男孩，铁木真与其同父异母的兄弟别克帖儿彼此之间感到了一种日益增长的敌对情绪。一年秋天，这两人因为一只百灵鸟和一尾铁木真抓到的小鱼发生了争执，当铁木真向其母抱怨时，遭到了诃额仑的训斥。他怎么会在这个“除了影子外无伴当，除了尾子外无鞭子”的时候，说这样的事情？为什么他们不能和睦相处呢？铁木真带着他11岁的弟弟合撒儿满心怨恨地走了。此后他们准备好弓箭，偷偷溜到正在一处高地上照看着几匹浅栗色骟马的别克帖儿身后，冷酷地将他杀了。

其他一些后来的史料略去了这一愚蠢、怯懦的行为，很可能是因为它对这位未来的皇帝有着不良的影响。可为什么成吉思汗，或者那些云游诗人，或《秘史》的编者，或所有这些人，会将这段故事包括进来呢？也许因为它说明了两个问题。第一，即使是在孩提时，这位未来的世界征服者就已显示出了为了取胜与保持领袖地位所必需的那种冷酷无情。更重要的是，它还揭示出这个桀骜不驯的孩子还有许多东西必须要去学习。

只有一个人可以因他的这种错误行为而教训他。当诃额仑发现这一罪恶时，她极为震怒。她用《秘史》成书时已变为诗句的语言，发出了极其严厉的痛斥。“你这野兽！”她大吼道：

像野狗
吃掉自己的胞衣……
你们像那疯狂的禽兽！

她用《秘史》中为数众多的当时的流行语，“引述古老的格言，引证老人们的话”，痛斥了他们，然后又一次问他们怎么能在这“除了影子无伴当”时做这样的事呢？此后，铁木真从未失去对他的母亲的尊重，正是她用这样一种烙印般的语言灌输了复仇的冲动与合作和忠诚之间的平衡。这一教训被很好地记取了。尽管铁木真从未表现出一丝杀掉别克帖儿的悔意，但这个家庭却团结在了一起，而合撒儿后来成了其兄长的亲密助手。

除影子外无伴当，但此刻却有着更多的敌人。这一事件后不久，也许是第二年4月，孛儿只斤氏的旁支泰亦赤兀惕，对诃额仑的营地发起了突袭。这次袭击的动机并不明确，很可能他们的首领心生妒忌，已将这个既优秀又有冲劲的铁木真看做了未来的对手。如果是这样的话，别克帖儿之死则给他们提供了一个将铁木真当做罪犯捉拿的借口。当他们到来时，铁木真和他的两个兄弟穿过融雪逃进一条他们经常进出的狭窄的山谷，并受到围困。攻击者大声叫道："叫你们的哥哥铁木真出来，其余的人我们不要！"铁木真独自穿越森林逃走，躲藏了九天，直到饥饿迫使他从山里出来落入泰亦赤兀惕人之手。他被当做囚犯押走了。

这一幕以及接下来的冒险是《秘史》中浓墨重彩描绘的地方，毫无疑问，部分原因是它们是极好的故事，部分是由于它们包含了很多有关草原生活及成吉思汗性格的见识。他自己也肯定把这个故事讲过了许多遍，并且允许将它作为一个显示其成长的力量，成熟以及天赐好运的象征来反复讲述。

大约一至两个星期，铁木真被泰亦赤兀惕的首领乞邻勒秃黑当做囚犯关押着，后者块头硕大，以至于《秘史》用其绰号"胖子"来称呼他。他不愿骑马，常坐在一辆车里。在"胖子"乞邻勒秃黑的命令下，铁木真每天都被从一个营地转到另一个营地。他并未被绑着，但却戴着一个沉重的围着脖子与手腕的木枷。这种可移动的颈手枷是在整个蒙古和中国直到很近时期还在使用的一种限制罪犯的方法。它连着一条链子或一条绳子，用来牵制罪犯或将其捆绑起来。

铁木真的前景不可能比这更糟了，但性格与机会却随时准备帮助他。一天晚上，他发现他与一个名叫锁儿罕失剌的人住在一起。他属于泰亦赤兀惕的一个从属部落，但对于他的胖首领并不那么忠心耿耿。锁儿罕失剌让他的两个儿子松了铁木真的木枷，好让他睡得更为舒服些。于是这里就出现了一个小小的基础，如果时机成熟便可建立友谊。

第二天夜晚是满月，即蒙古人所谓的红圆月日。泰亦赤兀惕人聚集欢宴。可以想见，在鄂嫩河宽阔的河谷，山脊上稀稀拉拉的几棵树俯瞰着草原上吃草的牲畜，几十顶蒙古包炊烟缭绕，每个蒙古包外都拴着马，数以百计的人都扎营于四周，好一派欢乐的气氛。那天下午在欢乐的人群中就有被俘的戴着木枷的铁木真,他被一个“弱小的”男孩看管,而这个男孩的任务就是牵着犯人的绳子,拉着他穿过人群,接受一巡又一巡的“艾里呼”(酒),并为其如此引人注目而感到无比骄傲。

当这个长长的夏日黄昏消退时,人们——他们大多数都酩酊大醉——在一轮望月下向他们的蒙古包走去。铁木真瞅准机会,从他的看守手上挣脱绳索,摆动木枷砸在那个可怜的男孩头上并逃进了森林。在他身后他听到了悲哀的大喊:“拿住的人逃跑了!”铁木真知道他们会来追他。在那明亮的月光下,没有任何迟疑的时间。可这里是鄂嫩河,他跑上岸,找到一处死水湾,跌跌撞撞地走了进去,然后躺下,将戴着木枷的脸露出水面。

追捕他的人钻进了树林,除了一个正在沿着河岸向家里走去的人。此人就是没有真正参加追捕的锁儿罕失剌。他发现了铁木真,于是大为震惊地低语道:“难怪他们说你眼里有火,面上有光,难怪泰亦赤兀惕兄弟忌恨你!你就躺在那里吧,我不会告发你的。”

然后,看到远处的搜捕人员,锁儿罕失剌便向他们走去。在得知他们将要扩大搜索范围时,他建议每个人把搜查过的地方再搜一遍,以确保无遗漏,从而阻止了他们。人群散去后,锁儿罕失剌低声对铁木真说,追捕他的人正在附近咬牙切齿,所以他最好躺着别动。

追捕者又一次走近,锁儿罕失剌再次和他们搭话儿,取笑他们白天的失误,并劝他们散去之前再顺原路返回,把没有搜过的地方再仔细搜寻一遍,然后在次日早晨再搜。当森林与附近的草原再一次陷入沉寂后,锁儿罕失剌告诉铁木真等到岸上人群散尽,再去寻找他的母亲,“如果遇见人,不要说你看见过我”。

但铁木真的头脑却更加冷静。他的处境十分艰难，手被困在笨重的木枷里，脖子和手腕已被磨得血肉模糊，即使有一匹马他也无法骑上去，而步行逃跑则会使他更易于被发现。他穿着湿漉漉的羊毛衣，在冰冷的水里冻得不停地颤抖。夜里的气温接近冰冻，逃跑的最坏结果将会是被冻死，而最好的结果将是再次被抓。所以他步履蹒跚地沿着锁儿罕失剌的方向朝下游走去，寻找着他前一天晚上所经过的蒙古包。他时不时地在月光下停住脚步，倾听着妇女们在深夜捣着马奶制作马奶酒时皮桶里发出的咕唧、咕唧的声音。他循着那种声音一路寻来，找到了那个蒙古包，并钻了进去。当看到浑身颤抖并且湿漉漉的逃犯时，锁儿罕失剌大惊失色，如果搜捕者跟踪而至的话，可以想见他的命运会是什么。他叫铁木真马上离开，不管有多么危险。但他的家人——他的妻子、两个儿子与他的女儿，仍像以前一样富有同情心。他们松开了铁木真的木枷，将它烧掉，烘干了他的衣服，给他食物，并把他藏在一个装羊毛的车里。他睡着了。

第二天很热，泰亦赤兀惕人继续着他们的搜索，并从森林转向了蒙古包，最后来到锁儿罕失剌家。他们在蒙古包里四下寻找，然后来到装着羊毛的车前。就在他们快要发现铁木真的脚的时候——一个被某个云游诗人加进来，用以制造一个增加悬念机会的细节——锁儿罕失剌再也不能保持沉默了。“这么热的天气，”他说，“在羊毛里怎么能受得了？”

搜寻者也自觉愚蠢，便离去了。

锁儿罕失剌如释重负地叹了口气说：“你险些让我丢了性命。”然后他叫铁木真出来。也许接下来就是一次有关怎样做才正确或最好的谈话或争论。最后，锁儿罕失剌确信铁木真有一个很好的逃跑机会，并给了他一些食物、水和一匹马。但却没有给他马鞍、火种或弓箭。铁木真必须没有任何可借以追踪到他这里的东西，也不应有点火的诱惑或冒险去战斗。铁木真骑着马逆流而上，小心地挑选道路，安全地绕过了熟睡的泰亦赤兀惕人，追寻他母亲的行踪来到了她在鄂嫩河上游的避难所，并最终与家人团聚。

尽管这些细节在其他资料中有所变化，但《秘史》的版本听上去应该是真实的，因为它描绘了这段经历，并揭示出了由铁木真的性格所决定的他对这一系列事件的反应。铁木真深知贫穷与被抛弃意味着什么；深知家庭的至关重要性；知道何时采取行动，并如何果断地行动；他有着坚强的意志，并可以有效地克制自己；但关键是，他可以发现一个潜在的盟友，并且知道怎样建立忠诚(铁木真会记住锁儿罕失剌的孩子们在关键时刻所表现出来的善心，并使他们中的一个成为那颜)。在他回到母亲的蒙古包时，他也许会热衷于复仇，但压倒这种冲动的肯定是重建已经失去的一切这一确定无疑的义务。复仇也许会是一件快意的事，但只有它在为最根本的需要服务时才会如此，而这种根本的需要就是安全。

为了达到这一目的，他所需要的绝不仅仅是勇敢，也绝不仅仅是一个勇士所必备的技巧。他需要一个真正的领袖所必需的社会与政治的智慧，一言以蔽之，就是领袖气质。在15岁时，他已很好地踏上了这条路。

《秘史》继续讲述了另一个史诗般的事件。一年过去了，这个家庭有了牲畜和九匹马：足以满足他们的需求，但却不足以称为富有。一天当铁木真幸存的异母弟别勒古台骑着最好的一匹枣红马去猎旱獭时，盗马贼盗走了其余八匹马。铁木真和其他人只能愤怒而又无助地看着。夜晚，当别勒古台回来时，这些男孩子们简短地争论了一会儿谁将去追逐盗贼。年纪最长的铁木真坚持说应该是他，并跨上剩下的那匹马疾驰而去。在接下来的两天里，他一直在草原上追踪着盗马贼。

第三天早晨，他遇到了一个蒙古包和一位正在放牧一大群马的少年，他名叫孛斡儿出，长得“结实而又帅气”。是的，他曾看到过铁木真的白马早些时候从这里经过。孛斡儿出坚持要铁木真留下他疲惫不堪的马，换上一匹新的黑背灰马，并指出了盗贼的去向。此时孛斡儿出留心到长时间的追踪已使铁木真精疲力竭。而且盗马贼是罪犯，应该受到惩罚，于是他突然做出了一个决定，说：“男子汉的艰辛都一样，我愿和你结伴而行。”孛斡儿出没有返回蒙古包告诉他的父亲正在发生的事，便与铁木真一同踏上了追踪之路。

又过了三天，他们赶上了盗贼和他们的马群，包括那些被偷的马，这两个伙伴立刻采取行动，冲入马群赶出他们自己的马并飞奔而去。一个牧人追了过来，铁木真返身引弓放箭，那人便无奈地退了回去。

快到孛斡儿出父亲的营地时，铁木真做出了一个慷慨的姿态：“我的朋友，没有你我怎能夺回这些马？我们来分吧，你想要几匹？”

不，不，孛斡儿出回答道。他不想要这些马。孛斡儿出的父亲很富有，而他又是家中独子，他拥有所需要的一切。此外，他的行为是出于友谊，他不可能接受奖赏，仿佛这些马匹只是些战利品。

当二人返回孛斡儿出的蒙古包时，父子间的重逢感人至深，父亲由于儿子的突然消失与可能的死亡而心力憔悴，而孛斡儿出这个独特的少年却绝不后悔。他回来了，还会有什么问题吗？在一阵责备和流泪的宽慰后，父子俩给铁木真准备了食物，而父亲纳忽则为两个孩子定下了誓约：“你们两个少年要彼此相互照料，从此以往永不相弃。”铁木真将记住孛斡儿出的无私和高尚，而孛斡儿出后来也成为了蒙古最伟大的那颜之一。

接下来就是一个有待履行的承诺和一个需要重新发现的现成的盟友。现在铁木真16岁，返回到德薛禅的蒙古包，如其父大约七年前所安排的那样，迎娶他已定婚的孛儿帖。孛儿帖此时已17岁，做好了出嫁的一切准备，而她的父母也非常高兴。德薛禅对所发生的所有事件已早有耳闻，并且也曾为可能发生的最坏的事情而担惊受怕，而现在有理由庆祝了！

关于婚礼《秘史》只字未提，很可能是由于婚礼仪式只是听众或读者司空见惯之事。这肯定是一件非常重大的事件，因为德薛禅并不贫穷。会有一个萨满来宣布一个吉日，在这一天这对新人将“拜天地”。16世纪佛教成为蒙古占据统治地位的宗教后，婚礼的仪式发生了变化，但一直持续到最近的那些最古老的仪式完全可以让我们想像到这样的情景：穿着整洁的蒙古袍的新郎带着他的弓箭；一个与家庭成员的正式会面；背诵家庭谱系的诗歌用以强调地位和证明新娘与新郎来自不同的氏族；然后庄严地进入德薛禅家；他们会赠送给铁木真一套新衣服和一把新弓箭；接下来是互致美好的祝愿，还有一桌宴席，席间要吃一块象征着婚姻经久不衰的特别硬的羊肉；然后是由仪式性的取笑为先导的告别——新郎坚持要和新婚妻子一起留在新娘家，而新娘的家人则假意赶走他们，往他们身上扔干畜粪（相当于游牧民的五彩纸屑）；最后是分离，新娘要拿好她的衣物，也是她的嫁妆。孛儿帖的嫁妆是一件黑色的貂皮大衣，一件了不起的物品：它乌黑发亮，油一般光滑，袖子长得足以在冬天遮住双手，下摆可以盖住半截小腿。

如果假设此时铁木真已经具备了与其祖先的贵族身份相称的野心应是很公平的，他不失时机地利用了自己作为已婚男子和家庭首领的已提高了的地位。他派遣其顺从的异母弟别勒古台去找孛斡儿出来做他得力的“伴当”。他已可以依赖他自己的家人，两个“安答”和一个蒙古部落——孛儿帖与诃额仑的家人弘吉剌部了。他也可以得到更多的帮助，并知道去哪里寻找。在他出生之前，他的父亲已与克烈部的首领脱斡鄰勒结为安答，现在脱斡鄰勒已强大到足以号令两个“万户”，亦即两个军团的程度了。其势力范围已从中亚延伸至戈壁南端的中国边境，而其老营则在今日之首都乌兰巴托边上的土拉河岸。他是一个真正的实力派人物。

铁木真猜对了：脱斡鄰勒在铁木真提醒他与其父的关系时并未做出任何反应，但礼物却起了作用。“为了答谢你送给我的黑貂皮大衣，”脱斡鄰勒说：“我要为你把离散的百姓聚合起来。”

此后不久，大约在1184年，当铁木真大约20岁时，另一次厄运与另一次成功接踵而至。铁木真兴起的消息传到了居住在森林里的篾儿乞惕人那里。他的母亲诃额仑就是从篾儿乞惕首领之弟赤列都手中抢夺来的，此时赤列都已死。在铁木真变得太强大之前，这无疑是一个绝妙的复仇机会。而复仇则是一个需要将篾儿乞惕的部众带离其营地两至三周的大规模的行动，因为他们居于北部300公里的色楞格河，即今日俄罗斯与蒙古的边界处。

这次奇袭在黎明后不久到来，那时候铁木真的家人正在克鲁伦河源头附近的一条宽阔的峡谷中扎营。这是通往不儿罕·合勒敦的唯一的山谷。它从森林一路成陡坡直下经过草原到河边的柳树丛，如果今天有什么人想到这座山观光的话，该峡谷是必经之路。被疾驰的马蹄声惊醒的一位老使女，大叫着发出警报。诃额仑抱起五岁的小女孩帖木仑，和年轻人一起逆河而上，越过两座山间的一道山梁，沿着合勒敦森林茂密的山坡落荒而逃。这道名为门槛的著名山梁，在《秘史》里可能被认为并不值得一提，因为尽管大车(或汽车，就像你们将在第17章将看到的那样)不易通过，但骑马却非常容易。此刻只剩孛儿帖与老女仆豁阿黑臣无马可骑。豁阿黑臣将孛儿帖推进一辆牛拉的有篷车，在篾儿乞惕人赶来捉拿铁木真时，她们也许正在向门槛走去。她说铁木真的蒙古包在那儿，但至于铁木真在哪她并不知道，毕竟她只是来帮助剪羊毛的，现在正要回家。她应该是可以走掉的，但崎岖的路面折断了车的木轴。篾儿乞惕人又围拢了过来，想知道车里是什么，羊毛？不大可能。其中的年长者让年轻人下马去看看，于是几位年轻人下了马，打开车篷，看到了他们的战利品——“一位像贵妇的人坐在里面”。有两个人命令她出来，并将她拉上一个人的马背，加入了在不儿罕·合勒敦险恶的山坡上搜寻铁木真的行列。他们涉过泥水泛滥的平原，穿过了茂密得足以挡住熊的森林，最后带着他们的战利品撤退了。“我们已经复仇了”，他们彼此相告，开始踏上为期数天的返乡之路。回到家里后，孛儿帖就被交给了赤列都的弟弟赤勒格儿。

在这期间，铁木真一直在沿着他从幼年时即已熟知的鹿的足迹潜藏着，在从坡下柳树丛里折下的树枝下躲了三天。

第四天早晨，当危险过去后，铁木真从躲藏处出来，并为他幸存而感激涕零。至少，他在后来的生活中就是这样来描述这段经历的。他完全可以随心所欲地讲述，因为那一刻没有人和他在一起，因此也不会有人来不同地讲述这个故事：

在神圣的合勒敦，
我是一只虱子，
但我逃脱了，
我的性命未受伤害。
骑着仅有的一匹马，
追寻着鹿的足迹，
搭一个树枝的帐篷，
我登上了合勒敦。

在神圣的合勒敦，
我是燕子，
但我得到了保佑①。

尽管所有的山都是神圣的，但这座众山之山理应得到特别的崇敬。他发誓将在每天清晨的祈祷中铭记它，并把它当做他的再生之地来祭祀，“我的子子孙孙将遵守这个规矩”，面对着初升的太阳，他把腰带挂在脖子上，敬畏地摘下帽子，双手捶胸，对太阳做了九跪之礼，并洒酒祭奠。

也许类似这样的事件根本就没有发生。也许在创建了他的帝国之后，成吉思汗选择了使他的幸免戏剧化的方式，来强调其统治的神圣性，就像中国皇帝所宣称的“君权神授”一样。但这种神授之君权通常只会在一个王朝建立后才会变得显而易见。而成吉思汗却做得更加出色，此举无疑在宣示，在他取得任何成功之前，在他们仍是山边的一只虱子时，长生天就已经和他同在了。对于这样的宣示他不可能找到比这里更好的场景了。这座山一直是蒙古人的“大教堂”。只有作为统治者的成吉思汗才会希望被看做是它的最高祭司，并在年轻时就让自己扮演了这个角色，也只有这样才显自然。

这并不仅仅是一个政治姿态。我认为成吉思汗全心全意地相信它。他并不能透彻地了解为什么和怎么会是这样，这种神秘性也是他性格的一部分，对于那些他所接触的宗教，对于那

① 我的版本在倒数第二行有一些译者翻译方面问题的暗示。鄂嫩与达木丁苏隆作“燕子”，柯立夫与罗依果作“蚱蜢”。在蒙古语中它们是相似的：为kbaratsail/tsartasaa.“蚱蜢”是一个形状像早期虱子的昆虫应该是合适的，而作为自由精灵的燕子不会是悲惨的象征吗？很可能会的，因为正如高瑶所说，燕子是鹰的猎物，也是牺牲品。我查对过原文。中文作：孛额速，第一个汉字不是策，而是孛，与连续出现四行的合勒敦押韵。所以它也可以是“燕子”。

些至今都敬畏他的人来说，这种神秘性也具有一些有趣的暗示。这在他内心也形成了一道奇特的分界线:既有被上苍选中来统一部众、领导国家与征服天下的傲慢,这种傲慢会使他认为,为了实现长生天的目的,无论使用任何手段都是合理的;也有一种普通人的谦恭,而这种谦恭又会使他对大自然不可知的力量充满敬畏。成吉思汗的性格正是由这种存在于他内心深处的破坏与创造、冷酷无情与慷慨大度的自相矛盾的纷乱与侵扰构成的。

从《秘史》的简单叙述来看,他的人民只是从表面价值来看待他在不儿罕·合勒敦山上的启示的。《秘史》的第一句话就说他是“长生天命里注定出生的”,正是这种信念给予了他那种领袖的气度,并且激励着他的伴当、家人、那颜及臣民们。

铁木真接下来的任务就是救回孛儿帖。他求助于脱斡鄰勒——那个他称其为“父亲”的人,并且得到了他的支持。脱斡鄰勒曾承诺过他会帮助铁木真聚拢涣散的蒙古人。现在——

为了答谢你送给我的黑貂皮袄，
我将踏平所有的篾儿乞惕部，
救回你的夫人孛儿帖。

他将派遣他的两个万户；铁木真也有自己的一支小军队，为得到额外的帮助，他也求助于他儿时的朋友与安答札木合。而札木合本人也曾经历过厄运,他曾被篾儿乞惕人俘获,并被迫做苦役,直到他找到机会脱逃重获自由,并聚集起一群追随者。现在他已是部落首领,完全可以被看做是和铁木真一样的人:热衷于向篾儿乞惕人复仇,一心想帮助他的安答。他答应提供两个万户,并且派信使带回了军队集结的时间与地点的详细信息。

《秘史》的作者小心而又准确地记下了接下来发生的事，因为这些事件留下了有关军事行动基本原则的颇有价值的教训。这三支军队将集结在构成蒙古心脏地区的肯特山脉一个群山与峡谷相纠结的地方。脱斡鄰勒部的营地在今蒙古国首都乌兰巴托附近西流的土拉河上，他带领着他的两个万户，向东北长途奔袭160公里，越过海拔2500米的小肯特山脊，来到河谷。与此同时，铁木真也率部逆克鲁伦河而上，进入同一个山梁与溪谷的纠结地。两军会合后一同向下进入一个宽阔的由明吉河源头形成的峡谷，这是一条向北流入色楞格河的河流。他们将在那里与札木合会合。

他们到达时，札木合已在那里停留了三天，并极为恼怒——理由很充分。这里并不是一片宽阔的草原，它在肯特山的中心，草原多为群山包围。粗略估计，养一匹马一个月约需要大约10英亩草场。虽然札木合号称两个“万户”，但一个万户的实际人数并不会超过3000。那么此刻，保守地估计这里已经聚集了6000人，而每个人又有两到三匹备用坐骑，亦即15000匹马。这些马匹平均每天都需要5000英亩草场来放牧——而且还不包括已经住在峡谷里的人家的马匹。可以想见札木合日益增长的惊恐——成千上万的人都在焦急地等待作战，他们露宿荒野，消耗着自己的粮秣，返回其牧地的躁动与不安急速增长，草原正在消失，当地人正面临着毁灭。更不用说这样一个现实：一支如此庞大的力量的集结已不再可能保守任何秘密，每个游荡的篾儿乞惕人都会很容易地发现这里发生的事，并急速赶回去报警。甚至是一天的耽搁也会威胁到整个行动的经济与战略的基础。这既无法保证取胜，也无法保证铁木真夺回孛儿帖。这正是《秘史》，同时也许我们也可以得出的结论：成吉思汗自己——痛苦地强调札木合愤怒的话语的教训。

“当我们蒙古人说‘是’时，”他在他的盟友到达时咆哮道，

“我们不是遵守誓约的人吗？”没有任何借口可找！如果蒙古人答应见面，无论雪雨都不能阻止他们，难道我们没有说——《秘史》用对句讲出了他的论点：

谁不遵守诺言，
就应将他驱逐！

铁木真与脱斡鄰勒痛悔地接受了这顿斥责。他们能说什么呢？ 他们犯了错。札木合可以用他认为合适的任何方式对他们加以训斥，而对于这个国家的未来的领袖——以及倾听这个故事的国家本身——这个教训都应永远铭记。

大约一周以后，这支超过12000人的联军，向北越过崇山峻岭，直赴贝加尔湖，逼近色楞格河的一条支流希洛克(《秘史》作勤勤豁——译者)河，而篾儿乞惕人就扎营于河的对岸。联军每人都扎了一个芦苇漂流筏，牵着马匹乘着夜色渡河。这次行动规模太大已无法出奇制胜。希洛克河对岸的狩猎人已看到了正在发生的事，并疾驰去报信。篾儿乞惕人溃散了，沿色楞格河岸仓皇逃窜。

铁木真也在这些追逐逃难者的人当中，他呼喊着孛儿帖的名字。作为一个价值连城的人质，她也在一辆逃亡的车上。听到喊声后，她跳下车跑了回去，抓住了他的马笼头，并在他下马后投入了他的怀抱。这的确构成了一个浪漫的场景：在一片混乱中，这对年轻的爱侣在月光下紧紧相拥，肃立不动。

这对铁木真来说已足够了，“我要找的人已找到了。”他说，并下令停止追击。

这是一次著名的胜利。篾儿乞惕人被击溃，许多妇女都被掠做小妾与奴仆，孛儿帖被解救，而铁木真也就成了几乎与札木合难分伯仲的蒙古领袖。而唯一的阴影是孛儿帖回来时已身怀六甲。尽管孩子父亲的身份从未得到过确认，孛儿帖的第一个孩子术赤还是被其可能的篾儿乞惕种的身份所玷污，以至于他从未真正地被放在成吉思汗的继承者之列来加以考虑。

在取胜篾儿乞惕人后的一年半时间里，铁木真的家人与札木合的家人生活在一起。两人形影不离，如其在孩提时代一样。他们互换腰带、马匹，一起欢宴并同卧一榻（这并不意味着同性恋，在铁木真称汗后所颁之法典中，鸡奸可犯死罪）。

但在4月的一天，当两个家庭的人群正在转向鄂嫩河沿岸的春季草场时，这种牢固的友谊突然恶化。两个朋友正在车队前骑行，札木合突然提议他们各自扎营。铁木真顿了顿，有些困惑，想知道是否札木合在建议分开。他寻求诃额仑的建议，但说话的却是孛儿帖：每个人都知道札木合很快会喜新厌旧，她说，很可能他已厌烦我们大家了。

在这一暗示中，怀疑很快变成了残酷的现实。如果他们俩不能结为一体，接下来会怎样呢？ 如果他们分离，他们就不能成为伙伴，如果他们不是伙伴，他们就会成为对手，如果成为对手，他们中的一个就必须居于支配地位，而铁木真当然不准备只做一位追随者。于是他做出了决定，带领他的部众沿河岸逆流而上，根本就没有宿营，而是昼夜兼程离开了札木合。

也许他只是独自率部离开，给历史留下了一个注脚。但是到这些故事被讲述与书写时，会有许多事件需要解释，《秘史》通过把一系列的小规模的征服与投降压缩为一个戏剧性事件的方式做到了这一点，随之而产生的必然是一种庸俗的合理性。

黎明时分，奇怪的事情发生了。三个兄弟及其家人带着一个小部落的部众赶上了铁木真。然后又出现了另外五个部落，接下来便是更多的人、更多的家庭与更多的部落——塔儿忽、巴牙兀、巴鲁剌、忙忽、阿鲁剌、兀良合、别速惕、速勒都、扎剌亦儿——所有这些人都选择了铁木真而抛弃了札木合。他们并不是最伟大的家族,因为札木合已经拥有了那些有地位的首领们的忠诚。但铁木真却可以提供一些札木合无法提供的东西:对所有依赖他的人的极度忠义,给前途渺茫的人以希望。

在蒙古各部落中，有关年轻的铁木真是未来正主的谣言不胫而走,而谣言逐渐强化成了希望,希望则演化成了预言。后来的人报告了一些迹象与祥瑞之兆。甚至有人说他听到过一头牛咆哮着说:"天与地商量着,让铁木真做国王。"人们依旧涌来,格里格思、撒合亦惕、主儿乞,甚至有一些人来自札木合自己的部落札答剌,他们都扎营于铁木真营地的附近。还有一些是亲属,譬如铁木真的堂兄忽察儿以及他的其他两个远房堂兄阿勒坦(原文有误,阿勒坦应为铁木真之叔祖——译者),传奇性的人物忽图剌之子,以及撒察别乞,合不勒的重孙,他们在家族等级中地位都高于铁木真,最终都被这样一种感觉吸引到了这里,那就是铁木真才是那个让蒙古人恢复他们失去的统一所需要的人。

他的三个年长的亲属实际上也把这一决定本身公式化了,他们必须要去平衡效忠于一个强有力的领袖的好处与臣服于一个晚辈的屈辱。他们选择了效忠,并且发誓要追击他们新汗的敌人,给他带来最好的女人与最好的马匹,并且为他而狩猎。如果他们在战争中违令:"让我等妻离子散家财散尽,并将邪恶的头颅弃于荒野之地!"

这个吸收同化过程长达十余年之久,其细节大多未加记录,到1200年已近完成,蒙古人的主体又有了他们的新汗。他们又一次成了一个国家,并且已经准备好将目光转向他们的邻居了。

# 第五章

# 通往权力之路

铁木真的出生地只是与他的兴起有关的许多历史遗迹中的一个。还有许多其他地方,而确认它们已成了蒙古的一个小工业。地图集、咖啡桌上的照片集以及大量的旅行公司的小册子精确地界定出诃额仑在哪里被抛弃,铁木真在哪里逃脱了泰亦赤兀惕人,他再次找到家人所行走的路线。大多数这样的确认都是推测与一相情愿的想法的结果,因为地名是变化着的事物,会随着部落的迁移、结合或离散而从记忆中消失。河流和山脉可以保留它们的名称达数世纪之久,但小山丘、平原及森林却不会如此。如果不儿罕·合勒敦本身就值得怀疑的话,谁又能说是否“蓝色之此”或“黑色之彼”现在还会和从前一样呢?

但确实有一个地方把过去和现在联系了起来。也正是这个地方,一个湖泊、一座山和附近的草原,即铁木真在其传奇性的逃脱之后与家人聚居的地方,才有可能是他从部落酋长转变为皇帝的地方。蓝湖,现在和过去一样都是他的中心地的中心。这个地方如他所希望的一样安全,它坐落在不儿罕·合勒敦南部山麓,在克鲁伦河与喀尔喀河之间的高地,是一个距延伸到阿布拉格开阔的平原60公里的安全之所。那也就是我们要去的方向:逆喀尔喀河宽阔的峡谷而上,穿过森林茂密的山丘,越过这条河的源头，经过一片空旷的有稀疏冷杉树的林地，在那里星星点点的黄水仙似的花朵形成了一抹黄色，最终到达铁木真变为成吉思汗的湖边竞技场。

铁木真年届30时已控制了一半的蒙古部落。探究他怎样统领整个部落以及后来统治邻近部落，就像是进入一个复杂的在不断变换的背景下展开的游戏。在欧洲，寻求权力的王子们以城市、领土、家庭以及所继承的法律为基础，而在草原上，一切都是流动的。传统要求酋长们切勿将家庭、部落及安答间的誓约当做儿戏；但如果有更强的理由来背弃它们的话，这种传统的要求便会随风而逝（否则就必须忍受这种行为所带来的可怕的后果）。其他不太重要的规则主要与欢宴、婚姻、联盟、军事行动以及战利品的分配相关。但除了权力与生存之外，没有任何其他底线。世界本身的变化是丰欠相间的，而社会结构也在随之发生变化。中世纪的草原历史就如一个云室（原子核物理或基本粒子研究的观测装置——译者），部落粒子彼此间的碰撞、分裂、分离、毁灭、重组以及消失，完全是以一种随机的方式进行的。家族成员可以与敌人联合；人们可以一天狂奔150公里去刺探敌情，帮助盟友，或者背叛誓约，没有人可预知接下来会发生什么。对部落首领铁木真来说，到他以国家的创造者成吉思汗的身份出现时，已整整过了15年，而这位领袖则具有最为确定的直觉，最坚定的抱负，基础最为牢固的性格特征。事后认识与就其本身而言亦属事后认识的原始资料，会让我们去探寻哪些事件与性格特征可以诠释铁木真的勃兴。而我们可以看到的一个性格特征就是他对长生天指引的信念，随之而产生并且更为强烈的就是他的忠诚观念。

在1190年代早期，铁木真仍然至多只是第二强大的部落首领，而且很可能还达不到这种程度。预料到不可避免的暴力冲突并对自己的力量有充分认识的札木合首先采取了行动。这并非突然事件，在用一年的时间使牲畜休养生息，确认属下忠诚，并调度军队之后，札木合以在有关马群的争斗中一个亲属被杀为借口，派遣了一支20000至25000人的军队去进攻铁木真。在得到两个边远部族成员告急后，铁木真几乎没有时间去集合自己的队伍，其灾难性的结果就是：他又一次落荒而逃，躲进了鄂嫩河上游迂回曲折的峡谷，并再次得到了不儿罕·合勒敦山麓丘陵的庇护。《秘史》对这一过程的叙述前后并不一致，但从一系列混乱的描述中，还是可以理出一些重要的头绪的。此时，克烈部的首领、铁木真的庇护者脱斡鄰勒也陷入了一段艰难的时期。在乃蛮人的帮助下，脱斡鄰勒之弟废黜了这位老人，并四处追杀他。乃蛮人现在统治着克烈部，而走投无路的脱斡鄰勒只得求助于他的盟友铁木真，他们俩又联合起来。那些投靠札木合的部落由于惧怕铁木真日益强大的势力，遂形成了一个联盟，并以札木合为首，推其为“古儿”汗（普天下之王）。这些部落就包括泰亦赤兀惕，即铁木真戏剧性地逃离的那个部落。

此刻，很可能是1202年，当大批军队云集在蒙古东部平原为一场大战做准备时，故事又一次变得重点突出起来。如果说《秘史》在政治、战略、军事细节方面的描述着力不够的话，那么它的作者在记录表现忠诚这种品格特征的例子时，却是不遗余力的。铁木真无疑将忠诚的价值置于所有价值观之上，在他看来忠诚是草原生活最基本的美德。应该永远记住的是，这些故事很可能是由成吉思汗本人认可的，再加上《秘史》编辑者的一些渲染用以强调他们所要表达的信息。我们看到，在与札木合的联盟作战时，铁木真有两次死里逃生，这似乎也开启了以神圣的誓言将当事者联系起来以显示忠诚的先河。

在战斗中，一支利箭偏过铁木真，射穿了其坐骑的脖子将它杀死。在他换马匹之后，一支毒箭射中了他的脖子。那夜下营时，由于没有食物和水，他陷入昏迷。他的随从者勒篾吸吮干净他的伤口，并潜入札木合的营地偷来了一些奶豆腐。当铁木真苏醒时，者勒篾用水调和奶豆腐来喂他。黎明时分，铁木真恢复了气力，他发现是者勒篾救了他的性命。

后来，随着战斗的胜利和札木合的溃逃，铁木真在敌方营地清理被俘者时，遇到了锁儿罕失剌，即那个在他试图戴着木枷逃离泰亦赤兀惕部落时曾给他以庇护的人。现在他可以自由地与铁木真相聚了，并且还带着一个伙伴，铁木真问锁儿罕失剌他是否碰巧知道谁射死了他的坐骑。

正是锁儿罕失剌的伙伴只儿豁阿歹开口说道，射出那支箭的人就是他。此人的思维可谓异常敏捷。作为敌方的一个几乎置铁木真于死地的勇士，他完全可以想见随时可能发生的处决。但他与这位年轻大汗曾经的救命恩人锁儿罕失剌在一起，他们两人都知道实情。如果只儿豁阿歹保持沉默，一旦被揭穿，他的行为就会像一个胆小鬼和骗子。最好还是讲出来，甚至冒着被处死的危险。而这一危险也已被他的献身于铁木真的忠诚降到了最低点，他承诺服从任何命令，无论有多大困难。他说，如果你杀掉我，我只会弄脏你手掌大的一块地面，如果你饶恕我，我将为你横断深水与高山。在生命后期的其他场合下，铁木真没有时间来处置变节者。但这里却不涉及背叛问题，他们都曾被敌人所奴役。锁儿罕的在场使他改变了主意，铁木真称赞只儿豁阿歹的诚实与勇气。“这是一个可以做伴当的人。”他说，并且为纪念他的行为，当即赐名于他。“就给他起名叫哲别(箭矢)，而我将把他当做为我作战的箭矢。”

者勒篾和哲别两人后来成了这位汗的最伟大的那颜。

这次战斗后不久，泰亦赤兀惕的首领、曾经俘获铁木真的“胖子”乞邻勒秃黑也被一个从属部落的人及其两个儿子俘获。这三个人将乞邻勒秃黑仰面放在车上，然后三人坐在被俘者的大肚子上，带着他们的战利品去投降。然而在路上，他们想起了铁木真的绝对的忠诚观，并且开始怀疑他们这样做是否合适。他们毕竟曾发誓效忠这个现在是其俘虏的人。于是他们中止了背叛行为，让俘虏走掉，而后自行去投靠铁木真。这是一步好棋，尽管铁木真会残酷地处死乞邻勒秃黑，但他还是将对首领的忠诚置于复仇的愿望之上。“你们不忍背弃你们的君主，”他告诉这三人，“这样做是对的”，并接纳了他们（乞邻勒秃黑最终也得到了应有的惩罚，被锁儿罕失剌的一个儿子杀死）。对铁木真来说，君临这一地区还剩下两个重要障碍。其一是依然强大的部落联盟的首领札木合；其二即是他不稳定的年迈的盟友脱斡鄰勒。

脱斡鄰勒此时既衰老又不可靠。在对乃蛮的一战中，他临阵脱逃并为敌所追赶，眼看着自己的妻子和儿子桑昆被掠走。然而他却依然厚颜无耻地请求铁木真的帮助。铁木真又一次答应了他的请求，并派出他的四个最杰出的勇士（四杰）去拯救脱斡鄰勒的家人。对此他自然感激涕零，并再次发誓说铁木真对他来说就像是自己的一个儿子。“当我们与敌厮杀时，我们一起冲向一个目标，当我们围捕野兽时，我们合围住同一群野兽。”

为确保联盟，铁木真建议他的儿子术赤迎娶脱斡鄰勒的女儿，而他自己的女儿则嫁给脱斡鄰勒的儿子桑昆。虽然铁木真对桑昆有救命之恩，但桑昆却忌恨铁木真的权势，并唯恐他作为部落领袖的继承权要旁落于这个其父最近常称为“儿子”的人之手。所以，他断然拒绝这桩婚约。脱斡鄰勒陷入了相互冲突的有关忠诚观念的困境中：对他的儿子和继承人桑昆的忠诚，以及对他的安答之子，他的救星铁木真的忠诚。在这种进退维谷的境况中，他完全成了一个悲剧性的角色。

如果年轻的盟友铁木真遭到拒绝的话，那么脱斡鄰勒在其他一些酋长的心目中就似乎成了那个很有可能君临草原的人。

部落间的联盟又一次重新组合。札木合进谗言于脱斡鄰勒称：铁木真不值得信赖，如果与他兵戎相见，我会拔刀相助的。为安答誓约所束缚并深知铁木真之忠诚观的脱斡鄰勒一筹莫展，完全不知道如何解决这一矛盾。桑昆两次致信其父，乞求他起兵反对铁木真。难道这位老可汗看不到这样一个事实：铁木真意欲执掌凌驾他们所有人之上的大权吗？脱斡鄰勒依然按兵不动，而《秘史》亦煞费苦心地揭示他左右为难的痛苦。"我怎能背弃我的孩子，我的儿子呢？"他绝望地说："上天必定不会护佑我们！你们怎么可以要我背弃我的儿子呢？"

桑昆无奈只能诉诸阴谋诡计，假意答应他姐姐的婚事，邀铁木真赴喜筵然后捕而杀之。在得到两个探子的密报后，铁木真和一小队人沿哈拉哈河奔逃到一个叫班朱尼的湖（或者可能是条河）边。接下来发生的事可谓意义重大，因为就军事角度看，它标志着铁木真的最低点，但就领导地位而言，则可谓一个转折点。奇怪的是，班朱尼究竟在哪里，并无太多的线索。学界争论可能的地点有数处，彼此相距数百公里之遥。也许它只是越过西伯利亚边界150公里处，即今日之巴勒齐诺附近的一个小池塘；或者是在蒙古的远东端，靠近哈拉哈河；或向西500公里，在巴勒济河附近，1962年被选为成吉思汗出生所在地。无论它在哪儿，这个未来的皇帝又一次濒临绝境，就像许多在19世纪晚期被重新发现并翻译的中文史料所记录的那样。根据这些史料，铁木真带着19个伙伴，忍受着极度的困乏，他们所有的人都屈尊去饮用班朱尼河的浑水。有两则史料对此的记载几乎完全一致，其一称：

至班朱尼河，糇粮俱尽，荒原无所得食。会一野

> 马[①]北来，诸王哈札儿射之，殪。遂刳革为釜，出火于石，汲河水煮而啖之。太祖举手仰天而誓曰："使我克定大业，当与诸人同甘苦，苟渝此言，有如河水。"将士莫不感泣。

这是铁木真人生中相当于亨利五世（1387~1422年，英格兰国王，曾大败法军于阿让库尔，征服诺曼底，迫使法国接受特鲁瓦条约，成为法王继承人而摄政——译者）的时机，在这种时刻，愿与其伙伴分享痛苦、失败与死亡的领袖铸造出了毫无二致的誓言：

> 今天与我一同流血的人，
> 就是我的兄弟。

未来的成吉思汗很可能也会同意亨利五世的誓言。"同饮班朱尼之水"的经历是成吉思汗的圣克里斯平（罗马的基督教殉教士，鞋匠之子，为罗马皇帝斩首——译者）日，它团结起了一帮在艰苦时期将主人与勇士们连接起来的以忠诚为荣的兄弟们。在后来的生活中，那些学界所谓之"班朱尼誓约者"，在提及这段经历的时候都会趾高气扬。这也会是一个宅心仁厚之辈经常讲给他们的儿子们的故事。

尽管意义非常重大，这一事件却并未出现在《秘史》中。由于其前、后的事件均有记载，这种排除应该是蓄意而为。而对个

---

① 作为家马亚种的野马通常被猎取，是因为它们难以驾驭并可以与家马杂交。它们变得非常稀有，并且直到19世纪才由俄罗斯探险家尼古拉·普热则瓦尔斯基正式分类。许多野马被捕捉并被送往西方的动物园。"塔比"，蒙古人所称之普氏野马，已于1960年代从荒野中绝迹，但现在已被成功地重新引进。

中原因我们只能加以猜测。也许这一事件被省略恰巧是由于它的意义，作为参与者保守其秘密誓约的一种方式。也许共饮班朱尼河水者之间形成了某种形式的心照不宣，极力保护他们的特殊地位，不愿让云游诗人去演唱或被书写下来供世人欣赏。我还可以想像到一个更为利他主义的原因，到25年后这段历史被书写时，许多其他勇敢和忠诚的人已加入帝国行列，而公开渲染那段经历将会排除许多有价值的东西，这在政治上亦会是相当缺乏远见的。

经过1203年夏天，铁木真与其幸运的伙伴在班朱尼恢复了元气，此后便遣使向脱斡鄰勒送去一个长篇的、感人至深的口信，实际上是在建议国家的统一，但以谁的名义呢？这个口信原本说了些什么已无人知晓，我们所拥有的一切只是未来的成吉思汗与《秘史》编造的故事，自然而然，这种故事又一次使他在道义上处于居高临下的地位。我的汗父，铁木真悲伤地问道，为什么要责怪你的儿子呢？难道你不记得我们曾怎样发誓结为联盟了吗？我与你如车的两辕，一辕折了，牛能拉得动吗？我与你如车的两轮，一轮坏了，车行得了吗？难道我的父亲也速该没有帮助过你吗？你们俩难道不是安答吗？难道你没有说过"我要为你的恩德，报答你的子子孙孙"吗？当你被追赶，穷困得靠挤几头山羊的奶、刺骆驼的血度日时，我没有帮助你恢复你的部众吗？当你被乃蛮人劫掠，我没派我的"四杰"去帮助你、拯救你的儿子吗？所以，我的汗父，你为什么要转而与我为敌呢？

从道义角度看，成吉思汗的地位是强大的，脱斡鄰勒也了解这一点。"唉，我可怜的儿子，我老糊涂了，"他低声咕哝道："我不该和他分离！"然而从军事角度看，铁木真依然是虚弱的，只能等着与盛夏的草原一同到来的恢复，以及他妻子的部落弘吉剌部与当地其他部族增援的到来。

他的等待是正确的，在他消失期间脱斡鄰勒的联盟分崩离析。总是对脱斡鄰勒缺乏耐心的札木合计划暗杀这位老人。脱斡鄰勒发现了这个阴谋,密谋者逃跑投奔了乃蛮部。铁木真不失时机地对不幸的脱斡鄰勒发动反攻,并且在持续三天的战斗中取胜,但有关这次重要战役却没有任何其他的细节。札木合、脱斡鄰勒及其子桑昆均逃往西方进入乃蛮人的地盘。

脱斡鄰勒在那里被一个拒绝相信这个逃亡者就是克烈部伟大的汗的卫兵杀死。后来,当他的身份被确认后,头颅被带到了乃蛮部大本营,在那里太后命令祭奠这个乃蛮人的前盟友。这颗头颅被放在洁白的毡子上,人们洒酒与奏琴对他进行祭奠。乃蛮人的太子不欲鲁,汉语的名号太阳,被这一奇怪的仪式弄得心烦意乱,他紧盯着这颗被割下的头颅,突然大叫道:“他笑了”,于是飞奔上前把这颗头颅踩踏得血肉模糊。他的父母被吓得魂不附体,尤其是太阳的父亲。当一个萨满把狗的吠声解释为灾难之兆时,这个年老的汗陷入了沮丧之中。“我老了,”他低语道,“我的儿子生性懦弱,”除放鹰打猎外别无他能。他为在这个多疑且无能的儿子统治下的人民的前程而担忧(此处似有误,太阳汗之父早在其即位前就已去世,此番话是对他早年之言的引用——译者)。

与此同时,桑昆却东躲西藏,而札木合则仍留在乃蛮部,桑昆后来在畏吾儿之地,即中国西部边疆的喀什(史称可失哈耳——译者)被杀。

现在只剩乃蛮人尚未被征服,尽管他们住在遥远的西部,但依然是个威胁,因为他们庇护着他们的新盟友札木合。铁木真知道将会有一次决战。他又一次东撤,回到哈拉哈河,并重新组织军队,制定计划,为未来的战争做着准备。当一切都完成后,约在1204年5月中旬,他开始率部沿克鲁伦河行进至肯特山脉,而乃蛮人在多疑的太阳汗统领下扎营于此。蒙古人遇到敌人了，一支具有压倒性优势的敌军力量，而此时他们已是人困马乏。在对对手进行一番打探后，一位新的那颜建议宿营以恢复体力，同时又让每个人点燃五堆火来威慑对手的进攻，这一方法果然奏效。那天夜晚，位于前面高地上的乃蛮守将向他们的国王报告说，蒙古人的"篝火多如繁星"。

软弱的太阳汗变得焦虑不安，并意欲撤退隔日再战。这里我们头一次听到了太阳汗暴躁的儿子古出鲁克的意见，我猜他大约二十多岁。古出鲁克完全不同意，并且出言不逊，称其父就像一只捆住了的牛犊一样无用，"连比一个孕妇撒尿更远的地方都没去过"。太阳汗的一位将军也同样直言不讳：我们如果知道你是这样胆小，我们就将派人请你的母亲，你真是无用。在一阵勃然大怒中，太阳汗下达了作战令。

在今日乌兰巴托以西约200公里处平原上的预备性的小规模战斗中，铁木真的先头部队赶走了乃蛮的外围部队。现在，《秘史》开始陶醉于快要到来的胜利了。当太阳汗问到他的人为何一路逃窜时，札木合提醒这位国王铁木真有四个伟大的伴当，他的"四条恶狗"即哲别、者勒篾、速不台、忽必来（不要与成吉思汗的孙子，未来的汗忽必烈相混淆），他们是被用人肉养大的，他们

额似铜铸，
嘴像凿子，
舌如锥子；
有铁一般的心，
以弯刀为鞭子；
饮朝露解渴，
骑疾风而行。

“啊！”紧张的太阳汗低声道，“让我们离这些野蛮人远些。”他边说着边从山麓丘陵退到山坡上。

“那边的那个又是谁？”太阳汗刚到一个新的安全之所就问道。“那个身披铜衣铁铠甲、像饿鹰一样的人吗？”札木合回答道，“那就是我的安答铁木真。”

一阵短暂的沉默。

“太可怕了！”太阳汗说，“让我们爬上更远的山，并留在那里吧。”

现在札木合开始发挥他的专长了：看到铁木真的兄弟合撒儿了吗？他们的母亲曾用人肉喂养他。他可以一顿吃一头三岁的牛，并能吞下一个带箭筒的活人而不会卡着喉咙，他可以射穿10或20人，即使是他们在山的另一侧。

如此一番话，直到把太阳汗吓退到山上。然后札木合给铁木真送了一个口信告诉他说，忠诚的札木合如何把这样的恐惧植入那个太阳汗的心中，以致他已经撤退。“至于我自己，”他撒谎说，“我已和乃蛮人分开了。”

无论这次史诗般的战斗的真实特点是什么，它以铁木真的胜利而告结束。太阳汗死于创伤，而古出鲁克逃往了西方(到了哈喇契丹，在那里他建立了自己的新生活，并活到与铁木真的另一次作战)。

札木合也带着五位幸存者逃进了西北的深山，寻求篾儿乞惕人的帮助，即20年前抓获孛儿帖的人。最后的决战又以篾儿乞惕人的彻底失败而告结束。札木合为其伴当所背叛，并被抓了起来。根据《秘史》，成吉思汗以背叛其主人的罪名处死了札木合的伴当，然后他又给了札木合一次公开认错的机会，回想起了他们的旧誓言，“我们应该，”他说：

相互提醒忘记的事，

熟睡不醒时，相互唤醒，
你虽离我而去，
但还是我吉祥、受尊重的安答，
每当生死存亡之际，
你的内心深处还是很关心我。

实际上，铁木真是在寻找机会来显示仁慈。札木合虽说过与我为敌，他说，但是“我尚未听说过他想害我的性命”。但札木合知道他气数已尽，毕竟，他已证明了他自己是卑鄙小人、阴谋家和叛徒。“既然天下已定，做你的伴当又有何益处？相反，我的安答，你会夜里睡不安稳，白天心神不宁。”

我会成为你领口的虱子，
我会成为你衣服里的尖刺。

对他来说，除了寻求一种有尊严的死亡外，别无他求。“但愿不流血死去，将我的尸骨埋在高地，我会长久保佑你的子子孙孙。”

至少这是《秘史》的故事，从故事看来，札木合似乎是一位迷途之人，并在生命的最后时刻找回了尊严，也证明了铁木真早期信任的合理性。而铁木真也是一个明智而慷慨的领袖，他决不愿放弃对其结义兄弟的誓约。札木合给自己定了死罪，并被赐予诸王的扼死之刑，他的尸体没有像罪犯的尸体一样被弃于荒野，而是像一个贵族一样被厚葬。

铁木真现在已完全成为现今蒙古绝大部分地区的主人了，成了“统一毡帐里的人民”的人。在1206年，一个全国性的忽里台——那时使用的词，现被用作指称蒙古国的议会（呼拉尔）

——在蓝湖举行，宣布他为这个新近统一的国家的领袖，并上尊号为成吉思汗。

这个称号也是一个争论颇多的问题。这里已经有了为数众多的传统的称号，一些是由中国北部的辽与女真统治者慷慨授予的，哈喇契丹的领袖是“古儿”或“普天下”之汗，脱斡鄰勒一直是“王”(汉语国王之意)汗。但是对铁木真来说，没有一种传统的称号，不管它是突厥的、蒙古的还是中国的名号，会是恰如其分的，因为在此之前没有一个蒙古人曾经完成过这样的伟业。也许其他人曾有过这样的功绩，但是蒙古人却从来没有过，因此某种新的东西无疑是必需的。

“成吉思”一词是一大发明，前无古人后无来者，而有关它的原意也有很多不同的解释。一种传统的观点是，它是由蒙古最重要的萨满或最年长、最受敬重的男性所授予的，但关于其含意却未做任何解释。也许它会与叫“腾汲思”的“海洋”有关系，因为海洋与湖泊是受到特别敬重的事物。在16世纪，一位后来的汗，阿拉坦希望将伟大赋予佛教的最高显贵，他造出了一个西藏喇嘛称号的蒙古语版本，即达赖喇嘛，其意也是海洋或大湖。或者成吉思一词，意在使人想起“天堂”或“天空”的“腾格里”，从而使得这个新皇帝成了“神圣的统治者”，与中国的“君权神授”的皇帝相类似，如果成吉思一词里有一个“r”，而“腾格里”有某个合适的—is的语法的词尾的话，也许会是这样的，但它们并没有。或许它亦可以向前追溯数世纪至回鹘的丹吉思，或甚至到阿提拉之子丹吉齐克，不知这些词是否可以等同于现代蒙古语的“腾汲思也可(大海)”。但假使民间记忆中会有这样默默无闻的前辈，为什么不会直接追溯到其创建者乌古斯和阿提拉他们自己呢？没有任何一种说法具有真正的说服力。在那一时刻，如果当时在场的某个人知道该称号的源由的话，他们也保持着沉默。没有人觉得有任何解释它的必要。

这是铁木真忠实的伴当们一直在为之努力、战斗与等待的时刻。大量的赏赐到来了，就像《秘史》冗长的记录所表示的那样，回顾了将他们所有的人都带到这一刻的历程与征战。那些站在他身边的人都变成了一个或更多的“千户”的那颜，其中有88人在连续的称赞中被提名。这看似一支总计达到了“95000户家庭”的军队，但尽管假定一个“千户”的数字大约是确定的，大概也不会超过5万户。那些受到特殊眷顾的人将会九次犯罪而不被惩罚。孛斡儿出、木华黎、孛罗忽以及赤老温变成了成吉思汗的“四匹战马”，忽必来、者勒篾、哲别、速不台是“四条猎狗”，在这位新皇帝从泰亦赤兀惕那里逃跑时曾救过他的命的锁儿罕失剌变成了忠诚的助手，可以带箭上朝，他的每个儿子也都获此殊荣。

这次人员的任命在游牧帝国的管理史上标志一种全新的变化。在过去，蒙古统一的基础，总是被部落间的对抗所削弱。成吉思汗自己在童年时曾受到过它们的摧残，在他缓慢地通往权力之路的过程中，也常常受到它们的威胁。现在一场革命到来了，任命不再是以部落内部世袭的等级制位置为基础，而是取决于个人效忠情况，其中忠诚是关键。锁儿罕失剌及其子并不是唯一由默默无闻而跃上权力阶层的人，许多牧羊人、牧马人以及工匠都位列其中，者勒篾和速不台就是铁匠之子。

一个新的社会，尤其是这等规模的社会，需要新的规则和新的管理方式，尤其是需要一种“书面的”管理。随着成吉思汗征服的扩大，他已经预见到了这种需要。在那些被俘的人中有一个名叫塔塔统阿的畏吾儿人，他一直是乃蛮的首席管理官员，并使用回鹘字母保存着相关的记录。现在成吉思汗命令他为他的新主人做同样的事，并且教授年轻的诸王们使用这种字母。

萌芽中的大法官必须要由一个家族成员来承担，一个比俘

**成吉思汗的加冕**

拉施特的世界史手稿《史集》中的一幅微型画。作于该事件后约一个世纪，并不以真实性为目的。右侧的白牦牛尾战旗，是成吉思汗家族权威的象征，但其他因素——服饰、帐篷和树木——均为中国和波斯式的。

驯马

骆驼载物

夏季是丰裕的季节，而冬季则是荒凉的美丽与严酷的结合。

乡村蒙古

蒙古的乡村和成吉思汗时代一样，是一个毡帐和马匹的世界。

## 铁木真的世界

主图：一座敖包俯瞰着铁木真——未来的成吉思汗最为可能的出生地，靠近鄂嫩河（从右侧蜿蜒流过）与小河喀尔喀的交汇处。

右上图：成吉思汗的父亲也速该首次看到他的母亲，坐在赤列都的篾儿乞惕驼车里面的诃额仑。1220年由成吉思汗引进的旧竖体蒙古文书写的《蒙古秘史》有一段描述该事件的引文。这幅油画（B．蒙克金作，并由作者在1996年购得）表明成吉思汗及其所有的相关主题一如既往地给人以灵感。

右下图：这种临时代用的枷锁或可移动的颈手枷，应与铁木真当年做泰亦赤兀惕人的俘虏时所戴的一样。

铁木真在哪里加冕为成吉思汗

蓝湖（上图）的黑心山（右下图）顶鸟瞰图，铁木真很可能在这里加冕为成吉思汗。下面的雕像就是这种说法的宣示，并得到了其后漆成白色的成吉思汗字样的石块的支持（下图）。

## 穿越戈壁

成吉思汗向南穿越戈壁进入西夏的路线很可能使他经由三美人山脉（主图）。他的毁灭性战役反映在一幅波斯的微型图画中（左图），该图显示出了一支装备良好的军队，有弓、剑及人与马匹的铠甲。他的军队掀翻了西夏统治者陵墓上的瓦，只留下了光秃秃的墓冢（右上图）。照日格图的图像表明了这一遗址的规模。背景山脉为贺兰山。成吉思汗在其最后一役中摧毁了西夏的北部要塞哈喇浩特（右中图），在这里，20世纪早期数以千计的文件与绘画的发现揭示出了西夏文化的价值。

## 进攻伊斯兰

到成吉思汗进攻花剌子模的伊斯兰世界时，蒙古人已精熟于攻坚战，在攻击像这样的城市时（上图），双方都使用了短小的但却强有力的反曲弓。但蒙古人却在像那个戴着伊斯兰头巾的反叛者或俘虏的帮助下，使用了投石机来投掷石块。他们也带来了攻城器具，包括可移动的云梯（右上图）和巨型的三弓床弩（左下图）。在乌兰巴托附近可以看到仿制的床弩展品（右下图）。它是为蒙古历史巨片《成吉思汗》而造。

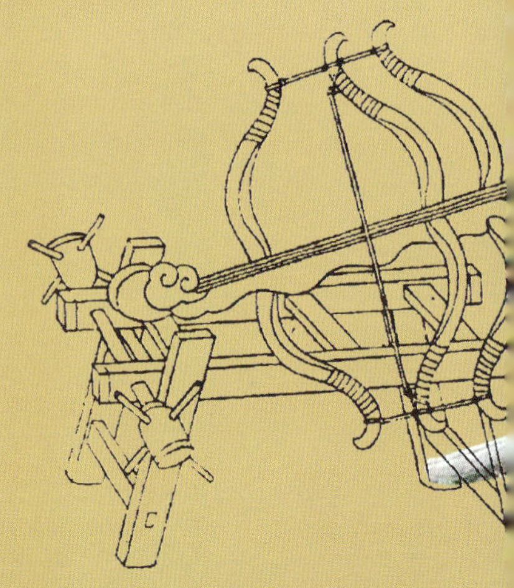

اولیک المدابیر مشی الی سجستان فی عشرة الاف فار
الطائی زعیم العرب فحاصروا اولیک المردة فی قلعة
لما رای السجستانیون زیادة قوة السلطان وفرط شوکة

## 在不花剌

大光塔（主图）位于不花剌的中心，建于1127年，历经成吉思汗的攻击与数不清的地震而幸存下来，成为该城最负盛名的标志。在攻占该城后，成吉思汗对不花剌的名流们发表了演讲（右图，源自一幅波斯微型画）。成吉思汗告诉他们，他就是对其罪恶的来自“上天的惩罚”。

## 马鲁的废墟

尽管现在已被放弃，古代马鲁仍然因为它的几处令人惊异的遗址而成为考古学家心目中的宝藏。桑机儿算端的陵墓（右图）是它那个时代最伟大的建筑物之一。对布鲁内莱斯基佛罗伦萨大教堂的圆顶建筑形成了挑战，但要比它早将近300年。建于约1150年的这座陵墓的圆顶曾经有着绿松石色的瓦，仿佛沙漠中的灯塔熠熠闪光，但在蒙古人的攻击下只有内壳幸存了下来（左下图）。大少女城堡（主图，左后图）与其相对应的较小城堡的奇特的栅栏形的墙壁，可以追溯到公元7世纪。同样著名的还有其陶瓷业（下图中的碎片便是成千上万种陶瓷器皿中的典型），马鲁也曾经是伊斯兰世界的铸造厂，甚至在公元9世纪就可生产钢，要比这一技术的广泛传播早了数世纪之久。

训练中的武士

波斯人眼中运动中的蒙古军队。这似乎是在训练过程中，武士们在练习射艺，包括著名的过肩式帕提亚射术。人们并未使用箭，其中的一个人（右下第二人）甚至没有弓。

获的官员和成吉思汗关系更近的人，最终的选择落在了成吉思汗收养的兄弟失吉·忽秃忽身上，他是在10年前从塔塔儿人那里拾来的。“蒙长生天护佑，平定全国百姓，你就是我看着的、听着的耳目。”成吉思汗告诉失吉·忽秃忽，“划分毡帐里的百姓……该惩罚的就惩罚”，并将财产的划分、法律和判决都记录在“青册白纸上”。这将是未来儿孙们的永久的记录，而每个试图改变它的人都将受到惩罚。失吉·忽秃忽的青册即是人们后来熟知的“大札撒”(后转化为蒙古语的政府或法律文书一词，听起来像dzassag)。这本书本身已消失——很可能是由于它从不符合中国的法律体系，甚至是在蒙古征服之后——但它的一些因素还是可以从中国和波斯的史料中看到。

在前一节中，还潜藏有另一个新事物，它标志着成吉思汗对其神授天命的日益增加的自信。传统上说，蒙古人敬仰蓝天，而此刻首次提到了成吉思汗是在长生天的护佑之下。准确地界定这种转变发生于何时是很困难的，但这里却是成吉思汗及其追随者们随着梦想变成现实，开始将信仰看做合乎情理之事的证明。一个部落在变幻莫测的“蓝天”的支持下所取得的短暂成功可能会持续一个季节，而一个国家的创造则表明了某种更加长久的支持，又有什么能比经久不变的神灵对成就一个帝国更有帮助呢？

成吉思汗的革命渗透到了整个社会，使之走出了部落的统治，进入一种效忠于那颜的体制。有一些体制依然是部落的，这的确不假，但只是在对成吉思汗的忠诚得到了保证的情况下。变化体制将会被处以死刑，达不到要求的那颜们也可被废黜，而整个军队及社会结构的基础都由于成吉思汗组建他的万人精英护卫队的决定而得到了强化，并且护卫军们都被授予了某种特权。这是绝妙的一招，因为这个军团包括了千户那颜的儿子们，他们的身份与其父相当，此外，在发生争执的情况下，儿子地位要高于父亲。如果不说是绝无仅有的话,这也算得上是一个聪明绝顶、极具独创性的决定。在一个那颜怀有不忠诚的想法之前,他会想到他的儿子是大汗的人质,而背叛无疑会牵涉到他们父子两人。个人的忠诚高于部落的契约,这就缔造出了一个崭新的持久的社会组织,而这一组织也只致力于一个目的:征服。

征服是至关重要的,因为草原经济不是货币经济。除用实物外,军队无法得到报偿,权力本身买不到任何东西。一旦被征服的部落被分解,即男人被分配至各千户,年轻的妇女被瓜分,儿童被当做奴隶,丝绸、酒杯、马鞍、弓箭、马匹和牲畜群都被均分,武士们就会满怀新希望翘首等待着他们的首领。旧的方式已被破坏,新的方式已形成,但准确地说怎样为之效忠呢?只有展望财富的终极源泉,这也同样是未来的挑战之源:戈壁以南定居的土地。

※　※　※

蓝湖并不是铁木真成为成吉思汗而举行汗位仪式的唯一可能的地址,但它的美丽、地理位置和布局都有着令人信服的说服力。我真的很希望它就是铁木真选作举行其加冕礼的地方。一片开阔的草原平台高出湖面约6米,而它的东岸缓慢抬高形成了良好的牧场以及一个天然的可供军队集结和扎营的场所。如果哪位那颜想检阅他的军队,他可以登上对面100米高的草木茂盛的山峰——黑心山。

持有这种看法的并非我一人。蒙古人长期以来就已经把它当做了举行加冕仪式的最可能的地点,并据此来加以纪念。在一块大致呈圆形的平地上,青苔覆盖的石头显示着某种非常大的建筑的基础,也许是一个移动的宫殿,无人知道何时或为什么矗立在那里。把它当做一个加冕的宫殿是十分具有诱惑力的，但是根据什么呢？它也可能是某个后来为纪念这次加冕而修建的建筑物的遗址，并且还有一些更新近的添加物——一个小小的大理石柱，周围有几块散落的石头和祭祀杯，而里面是一尊表情严厉的肖像(即本书封面上的像)。围绕着它的是一条依稀可辨的由参观者举行绕行三周的仪式而形成的路。微风中飘舞的蓝绸带上用竖体蒙古文写着："在黑心蓝湖，铁木真加冕为成吉思汗。"

在湖的对面，黑心山自身也用巨大的白色旧蒙古文竖体字母说明着其声名卓著的原因，这就是：成吉思，然后旁边还有一个小一点的"汗"。我很想知道这些标记是怎样做成的，也许是通过除去表面的草而露出下面的白土，就像英国丘陵上的白马一样。第二天清晨会有机会弄清楚的。

那里的夜晚甚至在盛夏也是寒冷的，而我的夜晚则是痛苦的，没有枕头、没有铺地的防潮布，只有一个轻而薄的睡袋。黎明时分，颤抖驱走了睡眠。我爬出了露水湿透了的帐篷。初升的太阳勾勒出了山丘的轮廓，在它的斜照下，黑心山脚下的湖面上升腾起一片像干冰一样的飘浮而变化不定的迷雾。而正南方的"成吉思"标志，也被东升的旭日染成了橘黄色。我为了暖和被朝露湿透的双脚而快步行走，跨过水边由旱獭和田鼠洞穴弄得崎岖不平的地面。没有风吹动冷杉或搅动水面上缓缓升起的面纱。远处一只布谷鸟和在蛋青色的背景下看不到的百灵鸟唱响了这里唯一的声音，旱獭正在酣睡，谢天谢地苍蝇也在酣睡。唯一移动的东西就是我和这正在散去的薄雾。

脚下咕唧作响的软泥警告我，湖的东边是一个沼泽。我沿着旧的湖岸线来到一片高地，顺着我极大地向正西拉长的身影，看到了一条流入湖泊的小溪。此刻薄雾正在散去，蓝湖反衬着蓝色的天空，仿佛一件上天赐予的完美的礼物。

那个成吉思汗标志原来是用巨大的石块砌成的，可能有

150块之多,都漆成了白色。当苍蝇开始袭扰时,我步量了一下那个标志,从顶端到底部约37米,接近于我所能量到的那个山坡的高度。石头大小不一,既有重达一吨的巨石,也有我可以举得起来的石块。我很想知道的是谁在什么时候做了这个标志。它被维护得很好,而且油漆还很新。那么它应该是一个新近的创造,因为在当今蒙古,成吉思汗只是在原政权不复存在后才重新复活。霜、雨、融化的雪水及吃草的羊群已开始对它造成了一定的破坏,几块石头已滚落到山下。第一个字母左上角那块石头是新近补上去的,在旁边的草地上还能看到原来那块石头的裸露的印迹。如果这是官方的,尽管这值得怀疑,那么它也是一种出于爱戴的良苦用心。

多美的景色啊!我气喘吁吁地爬到了顶峰,发现了一个敖包,一大堆石块挂着一条长长的蓝绸带,还有常见的一堆空瓶子四下散开,回头望去,在正南方向,我看到了树林,一个山脊连一个山脊绵延不断,大片树林被多草的山坡所分割,这一切就仿佛是一位园丁用无限的资源所创造出来的展示前进中的军队的景观。这个湖的西面又软又绿,是与东边一样的泥沼地,几片泥泞的绿草带和柳树丛将主湖和一个小池塘分隔了开来。

后来,当我对这永恒的景色做出一番老调的评论时,巴特尔对我解释了这些沼泽和柳树。"你认为没有什么可以改变现在看到的这一切吗?我年轻时,这里的湖面看上去要比现在大得多。"这一切都与全球变暖有关系,他解释道,这些湖泊都坐落在永久冻土带,而在西伯利亚边境,永久冻土带正在融化,这些湖水都流走了。"不久,它们将全部消失。"

黑心山、蓝湖:这些颜色也是神秘的。从上面的敖包旁,我可以从更陡直的角度向下看,湖水看上去一点都不蓝,而是棕色的。然而现在,当我在写作时再看我拍的照片,这座湖简直就像蓝天一样蓝,似乎这里并不仅仅只是个角度问题,照相机和眼睛看到的是光的不同波段。后来当我走进湖中洗去满身汗水时,我发现水是透明的,一直可以看到它富于泥炭的、深棕色的湖底。我用手捧起了一些水喝了下去,它的清澈、纯净足以装瓶。这种奇特性似乎可以解释这个地方的名称,一个有着黑色湖心的蓝色的湖,因为哈喇——"黑色"——一词在蒙古语中也意味着"深色"。这个名字让人们想起了古代的一些相互对立的观念:高与低,深与浅,天堂与地狱,仙境与尘世,它提醒人们新卫冕的成吉思汗将是这个尘世帝国的最高主宰,而在这个帝国里,如果正确地去看,就会看到它的神圣性。

GENGHIS KHAN

成吉思汗

# 02 — 帝国

# 第六章

# 白上之国(西夏)

我们凝思的目光追随着成吉思汗向正南方越过600公里的草原和戈壁，经由沙石地逐渐变为草原的山麓丘陵，到达两座山脉之间的黄河，然后又逆这条宽阔而淤满泥沙的河流上行250公里，便来到了银川市。

从一座11世纪的高塔顶部环顾四周，今日宁夏回族自治区首府银川的概貌便尽收眼底。这座塔远远高于掩映着市博物馆绿草如茵的院落的树木。由于一览全景往往会得到某种深刻的启示，于是我爬上了高塔陡峭而又昏暗的内楼。然而，这次却并非如此。银川这座几乎有100万人口的城市，乍看上去就像一个巨大的、浅褐色的、战后低矮的近郊，且正消失在一片迷雾中。西边起伏的山峦隐约浮现，我想我可以看到远处的一抹黄色：沙漠中的黄沙。这片迷雾就来自于尘埃滚滚的沙漠，夹杂着自行车、三轮黄包车的车流，以及由平原延伸到北部的星罗棋布的工厂。

但也有另外一个银川，从这座高塔、周围的树木以及我脚下11层楼下的草地就可窥见其全貌。街道两旁绿树成荫，种着草的路边绿化带由洒水车喷水浇灌。当驾车穿过那雾蒙蒙的平原时，满目所见都是小麦、蔬菜、果园等农作物，这一切都是由一套古老而又复杂的灌溉系统从黄河引水来浇灌的，而黄河则流经其东12公里处。博物馆的这座高塔时刻提醒着人们这座城市悠久的历史及一度为佛教中心的地位。的确，另一座唯一的高层建筑，是一座54米高的砖木结构的角塔，其历史约有1500年。这座塔被关闭了，不是由于忽视而是恰恰相反，整个遗址正在进行修复。为了保证更美好的未来，银川正在重新发现它内涵丰富的过去。

那种过去存在于一种非常不同的且非中国化的世界中。一千年以前，位于从东海岸穿越三分之一的现今中国疆域处的银川，是任何中国统治者都鞭长莫及之地。它是一种异域文化的中心，其奇特、神秘的遗迹，使最初的来访者叹为观止。我和我的朋友兼向导，内蒙古大学的讲师照日格图乘火车由内蒙古自治区的首府呼和浩特来到这里。如果沿着一条新的高速公路由银川向西行驶半小时，雾蒙蒙的山脉转化成了坚硬而崎岖不平的岩石墙：贺兰山。与大山遥遥相对的是路旁树顶的上方赫然出现的子弹头似的奇特建筑，它们高约30米，看上去就像风雨侵蚀的土地上的一些巨大的白蚁巢穴。这里共有九座这种建筑，但乍一看只能看到三四个。其他的已被它们周围的空间所吞噬，那是一片绵延10公里从大山低坡冲刷下来的泥土沙砾层。这些圆顶建筑是帝王们的陵墓。

约有八个世纪的时间，这些陵墓就像奥西曼德斯（古埃及王，其墓据称在底比斯的拉米西陵中——译者）的遗迹，神秘并且令人敬畏。英国诗人雪莱曾赞颂过奥西曼德斯断落的无躯干的石头腿脚。这里的遗址自然是一个巨型的残骸，由于成吉思汗军队的光顾，没有留下任何尸骸或人工制品，但现在它们却是考古学家们关注的焦点，对旅游者颇具吸引力，同时亦被誉为中国的金字塔。当然在规模上无法等同于金字塔，但这些陵墓及其方圆超过50平方公里的遗址，却体现了一种文化的力量与影响，这种文化曾对一片面积相当于德、法两国的地区进行了长达200年之久的统治。因而成吉思汗把捕食者的目光投向它应是再自然不过的了。

但是为什么是这些人，而不是他们更加富有的邻居金朝这个蒙古人传统的敌人呢？为了理解成吉思汗的战略，需要对几种可能的战略选择稍加概括。

在13世纪早期，中国是一块分裂的土地。中部及南部地区长期以来一直处于宋朝的控制之下，而且它还经历了某种意义上的文艺复兴。它的南部地区仍在宋朝手里，但北部地区却为两个“蛮夷”占据。雄踞东北部的是一个一世纪前由满洲的女真人所建立的王国，他们给予它一个与朝廷名号相同的名称：金。成吉思汗的曾祖父及曾叔祖都曾与金朝交战，而它最终也将会是成吉思汗的目标。但金朝却是一块难啃的骨头，况且现在又与其以前的敌人宋朝结成了联盟。金朝已忘记了其蛮夷的根源，从北京的难以攻克的城墙背后统治着上百万的中国农民与数十座防御良好的城池。

毗邻金朝的第二个“蛮夷”王国，就是那个有着九座子弹形陵墓的王国。其中文名称为西夏[①]，它更加有前途。

让我们来考虑一下成吉思汗所要发出的暗示是什么。在这里，三个相互竞争的政权金、宋与西夏处于一种微妙的平衡。在其两翼又有两个其他的政权：西藏与（始于12世纪早期的）哈喇契丹（亦称西辽——译者）。而夹杂在这些主要政权之间的又是一些追求着各自目的的半独立的部落与部族，而所有这一切都被一条通商路线维系在一起，尤其是我们特别称作丝绸之路的

① 过去以X为声母的名字看上去极为怪异；现在情况并非如此，由于拼音用X代替了旧的维氏拼写法的Hs，这两者大约与英语的sh相当。西夏用以与五世纪存在于更为东部的另一个夏王国相区别。

那条商路，尽管此时丝绸已是一件非常小的商品。这条路线把中国与中亚进而最终与欧洲连接了起来。此间的宗教与语言的差异是可想而知的，西边是伊斯兰教、佛教、儒教、聂思脱利基督教和萨满教等相互混杂。主要的语言有：汉语、藏语、阿拉伯语、唐兀惕语（这一点后文将论及）。这片区域无疑是一个成吉思汗将把他自己及其人民投入其中的大熔炉，这意味着把一支军队注入语言、文化与宗教迥异，天生就有着不稳定性的混合体中。长期的结果完全是不可知的。

这并不是说一个未来的征服者可以承受得起对长期的后果的担忧。他的首要任务是找到一个最薄弱的可以带来最有利可图的，也是最快的回报的攻击点，并在王国的等级制度中建立起一个不可动摇的位置。在这两个可能的选择中，金朝太强大，有着太多的设防城池，路途上又要翻越太多的山脉。相比之下，西夏则门户大开，蒙古人只要数天时间就可穿越其赖以屏蔽的戈壁和沙漠，它的城池较少，军队规模亦较小。从战略角度看，首先确保对弱者的胜利然后再转向强者应是最佳的选择。当然也有金朝会介入冲突的危险，但此刻金朝却恰巧由于统治者死亡的困扰而自顾不暇。如果胜利可以快速取得的话，这个风险则值得一冒。

我说过成吉思汗选中的受害者以其汉语名称而著名。事实上，除少数专家以外，西夏几乎不为人所知，因为成吉思汗尽其所能将这个国家、文化及其人民从这个地球的表面抹去了。需要说明的一点是，这是第一个记录在案的有预谋的种族大屠杀的例子，当然也是一起成功的种族灭绝。西夏后继者的文化——蒙古和中国——没有兴趣保留它的记录、阅读它的文字或者保存它的遗迹。对西夏文字的解读和理解工作是由其他国家，主要是始于俄罗斯的学者。中国人直到最近才开始寻求在这一领域的主导地位，建立了研究所，找回了一些艺术品，恢复了一些碑铭。直到现在这种古老的文化才重新出现在公众关注的舞台，而它正是被极其残酷地从这个舞台上抹掉的。

西夏人自称为弥药，但就像通常一样，占统治地位的术语占了上峰。中国人称其为党项，而在蒙古他们变成了唐兀惕（党加上一个蒙古语的—ut，表示复数），西夏的唐兀惕：那就是他们今天的称谓。在西藏人的压迫之下，古唐兀惕人在七世纪由西藏东部的山区向外迁徙。300年以后，他们的根据地在黄河河湾内的鄂尔多斯地区，其首领在那里统治着唐朝边境地区的夏的故地，并因此而得名。

当宋朝960年建元时，唐兀惕人抓住了这个天赐良机。1020年，他们在黄河西侧今银川或其附近建立新都，然后又进一步向西发展，越过贺兰山，成就了一个东西1500公里，南北600公里的帝国。西夏国土的脊梁是一条狭长的水草丰美的路线，在南部的藏北山麓丘陵区与北部可怕的阿拉善沙漠荒地之间向西延伸。从地理角度看，阿拉善沙漠是戈壁向南突出的部分。这些草原绵延向西，直到塔克拉玛干沙漠东缘的敦煌及其四世纪复杂的佛教洞窟与庙宇。丝绸之路途经这里的部分长约1000公里，某些地方仅有15公里宽，被称为河西走廊（河西意为大河之西，即黄河）；而今它更经常地被称为甘肃走廊，以其经过的省份而命名。就在银川与敦煌的正中稍过一点的地方，一条岔路沿着今日称黑河而蒙古人称额济纳的河流径直向北穿过了沙漠。这条河穿过沙漠流到了广为人知的额济纳边境要塞或哈喇浩特（Khara-Khoto，“黑城子”的蒙古语名称，尽管最后的O是多余的）。

作为西夏这个独立帝国的真正创造者李元昊是一位野心勃勃且足智多谋的统治者，他采用了多种方式来确定其人民的身份[1]。西夏皇族被他重新命名为嵬名(或诸如此类的称呼:这应是唐兀惕语的中文译名),他的国土变成了伟大的白上国。李元昊通令其男性国民削去顶发,只留四周的头发遮住前额与耳朵,以便与邻国之民相区别,并且只给臣民三天的时间来遵从此令,否则就会被杀掉。李元昊于1038年正式称帝。这些举措招致了宋朝的激烈反对,从而引发了为期六年的战争,并最终以李元昊诱敌深入将宋军彻底击败而告结束。故事是这样的:在选定一个峡谷作为引诱不断逼近的宋军的伏击圈后,唐兀惕人撤退了,但却面临着这样一个问题:如何获悉宋军已进入准确的攻击地点。李元昊的答案是:网住大批鸟,并将它们关在盒子里沿路摆放。当宋军到达时,被盒内奇怪的声音所吸引的好奇的士兵打开了盒子,鸟飞了出来。从伏击点看到大群飞鸟的唐兀惕军队发起了攻击,歼灭宋军2万余人。1044年,宋朝与唐兀惕盟约,答应“岁赐”135000捆丝,2吨白银与13吨茶。

重新定居于黄河岸边的银川地区是一个明智之举,因为它让唐兀惕人占据了面积约为2万平方公里相当于马萨诸塞州或威尔士的肥沃的土地,而其核心部分,接近一百万英亩,则由古代的水利工程灌溉,据一位中国历史学家估计可以养活4~5百万人口[2]。

李元昊也强化了其前任有关唐兀惕应有文字记录的命令,因为他知道——就像两个世纪后成吉思汗所意识到的那样——文字不仅是行政与宗教的基础,而且还是民族认同感的基础。为了与他的抱负相匹配,这种字母必须是西夏文明的最

① 唐兀惕语的名字和汉语一样复杂。李是他的皇家的姓氏,元昊则是他的本名;皇帝们也有和中国一样的封号和庙号。当然所有这一切汉语拼音与维氏拼音的音译法都不一样。

② 吴天墀:《西夏史稿》,1980年。

优表达,因而也应该是独一无二的。挑选与采纳何种字母模型就成了一个艰巨的任务。他可能曾尝试过相对简单的藏文,因为唐兀惕语是与之相关的语言，而且藏文也是一种字母文字。那时他可能也会像蒙古人一样最后确定几十个字母。但最终他却转向了这一地区占统治地位的文化:汉语。在汉语中,成千上万汉字中的每一个都与一个音节相对应,构成一个方块。其他受汉语影响的文化——朝鲜语和日本语——也使用了汉字符号来记录他们自己的语言。但是李元昊指示他的学者野利仁荣通过设计完全独创的字符，来确保唐兀惕语的非汉语的特性。所以那6000个唐兀惕字符看上去很像汉字,但它们与汉语截然不同,甚至那些取自汉语的字符也作了很大的改动,以至于没有中国人可以阅读它们。而且语音亦没有什么帮助,因为唐兀惕语与汉语的关系就像英语和匈牙利语一样遥远。

正是这样的一种字符被用来记录法律、翻译佛经。而佛教则是由唐兀惕人的祖先从西藏带来的,并且从一开始就成了他们的国教。的确,对于唐兀惕人来说,佛教绝不仅仅是一种宗教:它是皇族用来对抗中国的儒教并且维护西夏的民族身份的一种意识形态。一位企图通过行善来积德的皇帝从宋朝得到了一部佛教经典文献,6000卷本的完整的《大藏经》抄本,并责令将其翻译成唐兀惕文。在这方面,西夏的成就不仅可以赶得上宋朝,亦可与辽国和朝鲜相媲美,他们在一个世纪以前就已出版了各自的《大藏经》版本。这也不仅仅是一个翻译与书写的过程。唐兀惕人也和宋、辽与朝鲜一样,以在木板上雕刻出整页反字的方式来印刷他们自己的材料。《大藏经》需要 13 万块印版，每块印版都有多达数百个字符,并可印制出两页文本。这也只是由唐兀惕人制作的或是长期以来可以得到的成千上万佛教著作中的一种。当约公元1000年被封闭的敦煌附近的莫高窟在1907年被打开给英国考古学家奥里尔·斯坦因爵士时，他买到了(就像他后来回忆的那样,只花了130英镑)“高达10英尺的大堆手稿,而且就像后来的测量所显示的那样,接近500立方英尺”。这些文献总计大约有4万件手稿,数百幅画,正是这一切构成了大英博物馆、英国图书馆及其他地方的大量藏品的核心部分。在唐兀惕文化达到鼎盛期前就被掩藏起来的汉文、藏文、回鹘文及梵文文献,表明了唐兀惕人在开始保留他们自己的记录时可以得到的佛教传统的分量。当1908~1909年,俄罗斯探险家彼得·科兹洛夫探险西夏被放弃的北部边陲重镇哈喇浩特遗址时,这种印象就变得十分清楚了:1万件文献,许多都是唐兀惕文,被装车运往圣彼得堡,现在它们仍存放在那里,仍基本上是未经解读的唐兀惕佛教文献的珍贵藏品。

如果说唐兀惕文献的量是令人吃惊的话,他们的技巧、组织与技术亦是如此。比如印刷《大藏经》,完全可以想像为制作你自己的《大英百科全书》的版本,在木板上刻出31卷的每一页来制作印版,而且还必须是反字体①。

长期以来,对中国的学术界而言,大量的唐兀惕原始文献旁落于“帝国主义”的博物馆一直是一件尴尬的事。现在,作为中国人重新取得主导权的努力的一部分,银川的宁夏大学有了一个非常不错的西夏研究室,它由杜建路(音译)来领导。杜向我们展示了西夏的法典——“中国第一部少数民族完整的法典”——仿佛这个圣彼得堡原件的拷贝本一直是他自己的一样自豪。过去的一个世纪人们已做了大量的工作,但那些为数不

① 唐兀惕人甚至也和宋人一样进行了活字印刷的试验,几个残存至今的唐兀惕语的佛教宣传小册子就是这种印刷的最早例证,比古腾堡的伟大发明早了400年。活字印刷证明是效果不佳的,因为汉语和唐兀惕语都缺乏字母基础,而印刷和纸张都需要这一体系。但是假如有如此大的佛教文学市场,而唐兀惕人又以藏语为基础设计出了字母类型的字符,而不是由汉字所启发的单字字符,那么会怎样呢?那时我们也许会将印刷术的真正发明人的荣誉授予唐兀惕人。

多的可以解读这种字体的学者，仍在发现新的材料来复活唐兀惕文化：“在这里我们发现了有关衣着的法令，甚至有关普通人衣着的颜色亦有规定。还有一些有关居住地点、农田如何灌溉、水渠如何修建、渠水应怎样分流的法令。”

中国人主导这块神秘领域的努力，依重于一个人一生的工作，他就是李范文，他的身体状况已不容许见我。李对这种几乎不为人知的语言的热情始于1955年，自那时起，他就一直在致力于这一复杂事物的研究。在6000个字符中，许多都是由俄罗斯学者解读的，但字符只是问题的一部分。李还必须全力对付语法，然后用他的理解去开启多重的语言符号——即由字符的组合与颠倒所创造出的新概念。“木头”加上“雕刻”构成“凿子”只是简单的一种。谁会猜到“心”加上“邪恶”会意味着“伤害”，“膝”加“手”再加“行走”则意味着“攀爬”呢？或者“手指”反写就是“脚趾”呢？在这个领域内辛勤工作近50年，编辑了3万张卡片，抄写了超过3000块墓石后，李于2001年看到了他的巨著《西夏—汉语词典》的问世。

白上国发展出了一种给人印象深刻的文化，它有六座重要城市，每个城市都有技术熟练的纺织工、皮匠、建筑工和冶金工。它的商人在整个中亚地区进行贸易，为其精英阶层提供了奢华的生活。1980年，考古学家发现了1万枚窖藏铁币，均造于12世纪的西夏。尽管有大片沙漠，西夏在沿祁连山北麓灌溉良好的甘肃走廊有着很好的牧场。它的财富给驻扎于12个军事分区，每个分区由一位皇族成员指挥的一支强大的军队提供了资金。战时，皇帝可遣信使持银牌令地方军政要员征召所有15~60岁的男丁，这样可以征集起一支达30万人的军队。

在接下来的150年中，嵬名的皇帝们一个接一个地从事着家族的统治事务，他们的统治权也曾被派系争斗、偶尔的叛乱以及沿西夏不稳定的边疆的争夺势力范围的战争所中断。1125

年，契丹人逃离入侵的女真人时亦曾带来麻烦，1140年代的饥荒与地震也曾引发过暴动。不过总体而言，这也只给一个稳定的、复杂的、繁荣的王国以短时的不安定。没有人会认识到，西夏的力量也恰恰是它的弱点。因为这个王国是一个由学者和官僚统治的国家，其军队也不像蒙古的军队一样得到乡村广泛的支持，而只是由农场主和以城市为活动中心的商人为基础。

成吉思汗出生时，西夏已经有了一个全国性的国家学校系统和一所太学，并有300个培训官僚与学者的地方，还有一个翰林院，书写并保存历史记录。仁孝皇帝与其前任一样是一个半神一样的佛教人物，通过扮演寻求教化的有德行的统治者角色来保证其权威。1189年，仁孝皇帝为纪念其登基50周年，颁发了10万部有关五世菩萨马特莱亚升天与再生的经文（《观弥勒上升兜率天经》——译者），其他一些经文也各分送五万部，所有经文均以唐兀惕文和汉文印刷。但仁孝皇帝却是最后一位伟大的统治者，他死于1193年，把一个帝国留给了无能的后继者。

通往墓群的宽阔的石头通路，径直通向了由西夏的创建者所修建的三号陵墓，它现在位于一个巨大的，到处都是由考古挖掘形成的深坑的围栏内。这是观光者应该来的地方，但总体上仍是很小的一部分。离平原很远的地方，就像遥远的沙堡一样的是另外八个皇陵以及二百余个较小的为一些将军与家族成员修建的建筑。所有体力充沛，穿着合适，时间充裕的人都可以到达那里。我们的司机很帮忙，在售票处旁有一条土路，穿过一片砾石遍地、杂草丛生的荒地和夏季洪水留下的干涸的河床直通1号和2号墓，它们是李元昊为追忆其父与祖父之荣耀而修建的。工人们正用木头和水泥忙碌着，准备将未来的访客挡在外面。只有我和照日格图与沙石、低矮的树丛、远处的山峦及这些奇特的建筑呆在一起。

这些饱受岁月侵蚀的圆锥体不像我以前见到过的任何一种建筑。它们使我联想到与大批星云相遇时所形成的麻坑般的火箭头体部分，风蚀造成的碎片在它们的地基周围形成了脏乱的边缘。但自然对这些圆锥体的侵蚀并不均衡，八个世纪的风雨所形成的破坏有一种模式，其上的条纹既有水平方向也有垂直方向，而且还有很多的洞。

“你认为这些洞是什么呢？照日格图？它们看上去像鸟巢。”

“不是鸟巢。”

“也许它们是风洞。”我说。他揶揄地看了看我。“不，我说的是真的。这是陵墓，中间肯定是空的，里面肯定有空气。”

我的这两种猜测完全是错误的。事实上，证据就在那儿，在我们的脚下，推土机已平整了地面，我想是为某一天会走到这里的大批游客做准备，但在砾石中有一些瓦片，一些淡绿色或棕色的瓦片。就在3号墓旁已堆积起了完好无损的证据：长约50米的半圆形瓦堆，我估计应有两万余块。瓦片就意味着屋顶，而洞与条纹则表明椽木曾在这个地方插入那个建筑。所以建筑根本不是中空的，而是由成包的泥土方块直接在陵墓及其进入的坡道上堆积而成的塔。椽木无疑曾被用来支撑有瓦的屋顶，这些瓦片还很可能彼此重叠并略微上翘，呈现出中国塔的建筑风格。

在西夏权力的鼎盛期，即13世纪早期，这个地方一定看上去十分辉煌，九座塔与其院落的颜色，以及与其伴随的“陪伴墓”交相辉映，而且这九个宫院似的建筑群都由小队的军队与卫兵来守卫。

所有这一切都由一个在3号墓入口处的新的时尚的博物馆表述得十分清楚，该馆称其为“中国历史与文化宝库中的一颗璀璨的明珠”。这似乎是一个恰如其分的说法，并且得到这个遗址的原型——成百座雕像、瓦片、画卷、铁币、印刷的书目以及器皿的支持，这一切至今都在讲述着西夏的故事。

西夏的疆域横跨现今的新疆、甘肃、宁夏和内蒙古的部分地区,而所有这些都是中国的一部分。他们的语言与藏语有关,他们通过击败中国人而建立了自己的国家以及他们在统一的中国出现以前就实际上被消灭或同化就都显得无关紧要了。他们毕竟是被中国的一个民族,即蒙古人摧毁的。所以他们的地位也毫不含糊的是中国大家庭的一个成员。

展览活动的结尾是一幅一面墙大小的中国56个民族的宣传图画,它总结了这个故事。导游回答了我显而易见的问题。“这幅图画告诉我们,56个民族中已没有唐兀惕族。但唐兀惕族已溶入了其他民族中。今天,为把我们的国家建设得更美好,所有的民族都紧紧团结在了一起。”

成吉思汗已经对西夏有了相当的了解,因为蒙古人和唐兀惕人就像彼此猜疑的亲属一样,被紧紧地联系在一起。唐兀惕人与他的老盟友与敌人克烈部的脱斡鄰勒汗有过密切的联系。脱斡鄰勒之兄弟札合曾在幼年时被唐兀惕人俘获并抚养成人,后来,他们甚至让他做了敢不(大将军或顾问)。札合的一个女儿成了成吉思汗的一个养女,并且最后成为两位蒙古的中国皇帝和第一位波斯的蒙古统治者之母。而脱斡鄰勒之子桑昆逃亡时,也是经过唐兀惕领域而逃脱的,这给蒙古人提供了1205年的首次进攻的口实。所以蒙古人了解唐兀惕的一切:他们的丰富经验,他们的文化成就,以及他们根深蒂固的佛教信仰(他们称所有的唐兀惕皇帝为“不儿罕”,意为活着的佛陀或圣者,与他们的圣山不儿罕·合勒敦相同的名字)。然而所有这一切都不重要,重要的是唐兀惕既富裕又脆弱。

此时致力于降伏其宿敌篾儿乞惕人之战的成吉思汗,应该说还没有帝国的目标。他所需要的是为其军队寻求战利品,如果可能的话,最好有大量的赏赐,而西夏显然就是源泉,这也就意味着在金朝介入之前，尽可能快地将西夏转化为提供贡赋的仆从国。他也可能没有占领西夏的想法，很可能只有一个模糊不清的将其财富作为从金朝掠夺和敲诈更多财富的铺路石的计划。

1209年夏季，合适的入侵机会到来了。对于这首次大规模的军事行动，成吉思汗也可能挑选过许多不同的穿越戈壁的路线。他也很可能从阿布拉格出发，向西南行进500公里，然后沿新近开河充满融化的冰水的翁金河而下，目标直指三美人山（蒙古语音译为固尔班赛罕——译者）的禁猎区。在这里阿尔泰山最终消失，出现一片椭圆形的山峰、山谷、高地草原、沙地与砾石交错的两万平方公里的土地。西面是连绵不断的沙丘，即著名的鸣沙，因风卷沙粒而产生奇特缥缈的嗡嗡之声而得名；东面是一片满目沙石的低地，那里水源奇缺，野生动物稀少。但在沙地与平原之间，拥有小溪、草原和野生动物的三美人山，无疑是一支运动中的军队的理想的集结待命区。许多世纪以来，野生动物随着牧人们的前进而日益后退，但此地现在已是一个国家公园，野生动物正在返回，仿佛在宣示其先前的权利。在最近的一次访问中，我看到过岩羊在山石上跳来跳去，也听到过牧人们抱怨有狼，还看到过一头被雪豹伤得很重的马驹。甚至有人报告看到了戈壁熊，这是最为稀有的哺乳动物之一，它是在数千年前被扩大的沙漠将其喜马拉雅表亲隔开的一种残存的亚种。在13世纪，三美人山也是一个野驴的天堂。野驴不仅是一种不错的食物而且还可用来训练军队，因为它们总是成群奔跑，而且在速度与机动性方面堪与马匹一争高下（有一次在一辆四轮驱动的越野车中，我看到一群野驴在遥远的西戈壁以每小时70公里的速度在狂奔。由于受到保护，野驴已返回到那里）。

从三美人山向南再行进300公里就到达了构成阿拉善东缘

的贺兰山。在地图上这并不是一条最佳线路，它本应沿黄河而下，在现今的铁路线上。但这将意味着穿过人口稠密、河渠纵横的农耕区。而行动快捷的骑兵则更喜欢艰苦而开阔的阿拉善，而且它还有着巨大的防卫空当。当蒙古人攻占了一个要塞小镇时，唐兀惕人紧急求援于金朝，希望它能摒弃前嫌，协助唐兀惕对付共同的敌人。但成吉思汗选择的时机非常完美。金朝此刻正处于一个新的领导人卫王的控制之下，他冷漠地拒绝了唐兀惕统治者，并反问道："敌人相攻，吾国之福，何患焉？"

在右边的沙漠与左边的山峦之间继续向南前进，蒙古人来到了一个扼守着由山里通往唐兀惕都城、今银川市(时称中兴府——译者)的唯一通道的要塞。今天驾车半小时即可驶过这一通道，是一段很容易的行程。但在成吉思汗时代，这条道路可能沿着一条夏季的干河床，或不时还有冲下山坡的洪水，而地面本身只缓缓地上升了100米或200米。牧人们可以越过陡峭的山丘，但既不快又不容易，所以这个通道就像今天一样成了唯一的穿越之路。因而这个有七万名唐兀惕军人的要塞，又匆忙增援了五万名士兵(应该牢记的是，这些都是估计数，而且几乎总是有所夸大)。

即使是有一支攻城的军队，攻击这一点也是不可能的。成吉思汗的唯一希望是诱使唐兀惕人出来到平原上。在僵持两个月后，蒙古人使用了他们在这种情况下所惯用的伎俩：他们佯装撤退，但事实上却隐蔽在山麓丘陵中，只留下小股部队做诱饵。当唐兀惕人出击时，蒙古军队纵马杀将过去并取得了令人震惊的胜利，通往银川的门户顿开。

他们现在面临着一个问题，银川城防坚固，而蒙古人是快速运动的游牧骑兵。他们以前从未尝试过去夺取一座城池。他们没有金人或宋人所使用的三重弓的攻城床弩，这种床弩能够将电线杆一样的箭发射出去，也没有大型弩炮，没有装满低级别火药或熔化的金属以便引起燃烧的炸弹，而且也没有被俘的专家来教他们长期的攻城战的技术。他们的经验在于机动性与速度。他们或许也可以靠土地供养一阵子，但军队想要的是迅速的回报，而且他们也经不起等到从西夏帝国边远地区到来的足够数量的增援部队。

补救办法就在眼前：银川古老的引黄河水灌溉西夏粮仓的水渠系统。蒙古人并没有兴趣来保留这样一笔投资，只把它当做受到藐视的土地耕种者的东西来对待。所以他们掘开了堤坝，试图用洪水迫使这座城市投降。但这并不是一个好主意，银川周围的农田和荷兰一样平坦。洪水很快泛滥但却很浅。在城市里，建筑物可以阻挡浅洪水，但蒙古包、马匹和大车却不能。蒙古人淹了自己，并被迫退回到较高的地面。

唐兀惕的统治者们也焦虑不安，他们的敌人就在附近，他们的庄稼被毁，而且也不会得到金朝的援助。

战况陷入僵局。

为打破这一僵局，双方都作了让步。唐兀惕皇帝屈服了，将女儿察合嫁给成吉思汗，并送上骆驼、猎鹰和织物作贡品。成吉思汗在确信其已得到了一个顺从的会按要求提供贡品与军队的仆从国之后，下令撤退。

这是成吉思汗的第一个国际条约，但它却缺乏说服力，就像后来的事件所显示的那样。他是自己一相情愿的想法的牺牲品。唐兀惕人确实曾俯首称臣，但也得到了喘息的机会。暴风雨似乎肯定过去了，狂妄自大的野蛮人会勒索成车的战利品和成群的骆驼，但却绝不可能占领一个屹立二百余年，有着坚固的城防和一支数十万人的军队的强大帝国。可问题是：他们会吗？

# 第七章

# 进入中原

当金朝遣使成吉思汗汗庭,宣布新皇继位并要求举行臣服仪式时,据说成吉思汗轻蔑地唾弃道:“我说中原皇帝天上人做,此等庸儒亦为之耶? 我如何向他叩头? ”

他有足够的理由来藐视。这个新的金朝皇帝统治着一个不安定的国家,在这个国家里,他的300万女真人统治着4000万中国农民,他们正在因饥荒与经济的崩溃而虚弱不堪。一些金朝高官和一个仆从的契丹领导人,意识到了风向的变化,已叛逃到蒙古,并带来了一些重要的信息。跨居于牧民的草原与农田过渡地区的边境部落旺古部,亦给蒙古人提供了畅通无阻的通道。而得益于成吉思汗日益扩张的帝国所提供的安全保障的穆斯林商人,则源源不断地带来了金朝的防御信息。与通常情况一样,受到破坏的“长城”系统并未对游牧勇士构成真正的障碍。而成吉思汗的军队也正因对西夏的胜利而士气高涨。

但进攻仍非易事。从10倍于蒙古人的人口中,金朝皇帝可以征招数十万的骑兵与步兵,而其城市也设有坚固的防护。两个巨大的堡垒守卫着通往北京(时称中都大兴府——译者)的道路,而北京对于正面进攻实际上可以说是固若金汤。

成吉思汗在入侵计划上可谓小心谨慎,行动上可谓胆大妄为。1211年春,蒙古人集结于肯特山南部的河谷,越过戈壁,为了不饮干稀疏的水井与融雪水塘,他们分几批依次展开。无论从任何标准而言,这都是一次大规模的行动:可以想见当这支军队穿过800公里的沙石平原时,那10万勇士与30万匹战马以及也许是10到20队每队5000到1万人的规模的梯次行进,每队都有骆驼拉的大车,队与队之间都有行动迅捷的信使保持联系。然而,《秘史》的编纂者们却忽略了它,也许理由很充分。没有什么地方出错,以前的游牧与中国的军队也都是这样做的,而且还会继续这样做。对于一个热衷于个人以及逸事的蒙古听众来说,这应该是例行公事。唯一的史料来源是中国方面的,而且它们也非常的稀少。

当蒙古军队涌进中国北部并且逼进当时叫獾儿嘴的通往北京的隘口时,金军统帅执中(胡沙虎)似乎犯了一个致命的错误。他本有一个乘蒙古人忙于抢夺战利品之机而发动突然袭击的机会,相反,也许是为了争取时间,他派遣了一位名叫明安的官员与成吉思汗议和。明安即刻叛变,并带去了金军正等在隘口的另一端的消息。夹在两山之间的金军被飞蝗似的箭雨及蒙古人的冲击所击溃,溃逃的骑兵反过来又践踏他们自己的步兵。如《秘史》所言,尸体"像烂木头般地堆着",沿山谷散落了五十余公里,直到内蒙古高原与中原平地间的边境城镇张家口。蒙古人会永远将獾儿嘴之战当做他们最伟大的胜利之一的。

10年后,当道教圣人长春真人在去见成吉思汗的路上途径此地时,被屠杀者的骸骨在两侧陡坡上仍然依稀可见。"北渡野狐岭,登高南望,俯视太行诸山,晴岚可爱",长春真人的一个弟子兼此次旅行的同伴写道:

> 北顾但寒沙衰草,中原之风,至此隔绝矣。道人之

心，无适不可。宋德方辈指战场白骨曰：我归，当荐以金箓，此亦余北行因缘之一端耳。

在1224年早期返回的路上，长春真人在金军逃跑路线距战场南100公里处的一个镇子里停了下来。在这里，眼看着为战争所毁的村庄依旧残破，他履行了他的诺言，设醮二昼三夜“济渡孤魂”。

接下来的小规模战斗，将金朝的将军们赶回了北京，并占领了几座主要的城堡。被分割的北京依然固守，使得蒙古人可以随意游荡与抢掠。当成吉思汗再度南进300公里抵达黄河时，他的爱将之一哲别，却进一步向东深入到了满洲，并越过封冻的辽河进攻旧满洲的首都穆克登（今沈阳——原文如此，但此处解释似有误，哲别所攻占之城是东京，应为今日之辽阳——译者）。对这个金朝北京以外的第二大城市采取正面进攻的战术亦是难以攻破的。所以哲别重施蒙古人之故技，佯装撤退，留下了一些仿佛混乱中散落的包裹。当金朝的探子确信蒙古人已远在150公里之外时，兴高采烈的市民们以收集他们未曾料到的意外之财的方式，开始了庆祝1212年的新年，这也诱使他们更加远离城市。蒙古人杀了个回马枪，在不停顿地骑行一天一夜后，他们发现了三两成群的居民与洞开的城门。结果是完全出其不意，他们像摘取一颗熟透的果子般攻占了东京城。

满足于其胜利的成吉思汗北撤回到草原与戈壁的边境地带。胜利对他及他的军队来说仍然只是意味着战利品、破坏和统治的宣示。在精神上，他并未超过一个地盘之战的帮派首领，对于占领与管理没有丝毫兴趣。但他却无意识地进入了一种新形式的战争——攻城拔寨，这将完全把他变成另一类型的领袖。

在1212年秋，当成吉思汗为箭所伤，并下令撤退休养时，新的进攻一直在断断续续地进行着。第二年夏天他又返了回来，重新攻占沿路的城镇、重新攻击獾儿嘴及其两大重镇。史料说这周围方圆50公里的地方布满了铁蒺藜——一种用于刺穿马蹄的带着四个刺的铁球——但是成吉思汗的两个最杰出的战将，哲别和速不台却率队沿山梁骑行占领了隘口南侧的堡垒，迫使北侧的堡垒投降，最后通往北京的道路又一次被打开了。

此时的金朝笼罩着一种动乱不安的气氛，成千上万的士兵死于沙场，而且随着蒙古人所到之处的大肆掠夺食物，平民亦陷入饥荒。在被困的城堡中，居民们甚至人人相食。北京陷入了一种政治的混乱中，野心勃勃、性情古怪且又受宠于皇帝的将军执中，已被宽恕了獾儿嘴灾难性的惨败，并用他的私家军队在都城附近组织了一次狩猎活动以显示对蒙古人威胁的轻蔑。但当蒙古人逼近时，他意识到这样的炫耀几近自杀，但又不打算将自己置于一个不可靠的皇帝之手。于是发动了一场政变，屠杀了500名守卫禁城的士兵，谋杀了皇帝，另立傀儡为帝，自封为摄政王，并以一个京城最有名、最漂亮的妓女参加的宴会来庆祝这些令人发指的叛逆行径。

两个月后，当蒙古人包围这座城市时，执中派遣高琪率约6000名士兵与之对抗，并威胁高琪说，如战败必赐死罪。高果真战败，为避免被赐死罪，高琪只能诉诸暗杀。他全速赶在坏消息到达之前返回京城，很可能与他的扈从围住了执中并取其首级。执中首级在手，高琪向皇帝坦白了一切。皇帝或许是因摆脱了自封为摄政王的执中而十分高兴，或许是被这可怕的情景吓得魂飞魄散，他即刻封高琪为帝国的副帅。

此刻金帝国已所剩无几。由于皇帝被困于都城，而大多数城镇又因惊恐而瘫痪，成吉思汗只派出了小股部队去掠夺乡村，占领城镇。此时蒙古人仍然是一支游牧民的军队，没有重型的攻城设备，但成吉思汗却在学习。蒙古人像其他人使用弹射器一样滥用了残忍。他们围住成千的俘虏，并迫使他们走在进攻队伍的最前列。而金朝守军常常在密集的人群中辨认出被困的亲属又不忍攻击他们，于是便投降。就这样10万人的蒙古大军兵分三路，分别向南、向西进逼黄河，向东逼近太平洋，在一片面积与德国相等的长750公里，宽450公里的长方形土地上攻城掠地。"黄河以北的所有地区，"蒙古伟大的将军木华黎的中国传记作者写道，"都可以看见硝烟与尘土，战鼓声直上云霄。"在两个月时间内，现山西、河北、山东皆被践踏。

但北京却依然坚持着，因为早在一个世纪以前，它就变成了一个固若金汤的城市。城墙外有四个非常坚固的堡寨，每个堡寨均有其自己的粮仓与军火库，并均有通道与都城相连。军政领导都已撤入其内，每个堡寨约有4000名士兵。三条由昆明湖供水的护城河构成一个边长约四公里——总计环绕15公里——的长方形来保卫城墙本身，而墙基约有15米厚。一个有雉堞的胸墙高出地面12米，共有13个门，每隔15米还有一个岗楼，总计超过了900个。

在这些难以攻克的防御阵地内部，守军部署了同样可怕的武器。双弓甚至三弓床弩可将一支3米长的箭射出一公里(这一令人吃惊的射程在蒙古人1256年进攻一座穆斯林暗杀团控制的城堡时被波斯的史料记录了下来)。另一种来自唐代的攻城弓箭可将它的七种箭中的一种射出500米，在这个距离，"它所击中的任何东西都会轰然倒下，甚至像防卫土墙和城墙这样坚固的东西"。炮兵应该是那种号称"牵引投石机"的弹弓形式：约10米长的杠杆架在大车上，杠杆的一端装上石头，另一端拴着绳子。在一个站在墙上的炮兵师傅指挥下，六人一组紧拉绳索，可以将25公斤的大石块弧线抛出200~300米。所有这些武器都可被用来发射各种奇特的引火装置，因为这是火药使用的早期。弩弓上的火箭，投石机上的火球，有的用蜡制成来慢慢燃烧，有的带有可以刺进木头的倒刺，有的用陶瓷制成，里面装满熔化的铁水——所有这一切都被用来燃烧云梯与攻击塔（滑车）。中国人已经了解了如何过滤原油来生产石脑油，可以装在锅里泼或装在瓶子里扔出去，就像莫洛托夫燃烧瓶一样。另一种防御手段就是使用蒸馏后所得的汽油，在西方称“希腊火”。一本1044年的使用手册描述了一种粗糙的但却有效的火焰投射器：一个装满希腊火的管子可以被从一个装满火药的点燃仓点燃，将燃烧的火油喷向下面的人。也许中国人还部署了装满化学品和大粪的“毒气弹”。这些装备使得蒙古人无法近身，但也给了他们有益的教训。为了占领和守住城池，在被俘者和叛变者的帮助下这些武器必须被掌握。

到1214年的春季，对北京的围攻已几乎持续了一年。对蒙古人来说，他们也经历了一个艰难的冬天，有史料说他们曾遭受到某种瘟疫的侵袭，而且也不得不人人相食（尽管这些证据均来自非蒙古的资料，他们中的许多人都有兴趣以最可能坏的眼光来提供这类资料）。但到春天，城内的人的情况则更糟。成吉思汗下令撤退并遣使致信金朝皇帝：“天既弱汝，我复迫汝于险，天其谓我何？”他当然也需要说明：“汝不能犒师以弥我诸将之怒耶？”这是一个金皇帝无法拒绝的提议。他同意奉献一位公主，500名童男女，3000匹马以及令人惊异的1万匹绸缎（如果将它们展开据说可以长达90公里）求和。答应和平撤离的成吉思汗令其满载战利品的军队北撤，回到欢迎他们的草原。

金朝皇帝已尝到了苦果。由于被包围并受到现已熟悉攻城战的游牧民的威胁，北京不再被认为是坚不可摧的了。此时已成断壁残垣且侵蚀严重的长城，与其说是抗击蛮夷的力量的象征，不如说是崩溃的象征，而且它也从未提供过对抗成吉思汗之辈的真正的保护。只有在中原之国与游牧民间的真正地理界线的另一端才会有安全。于是他决定迁都，不是回到他们金人的故土满洲,而是向南进入中国的古都开封。金朝最终切断了他们的女真之根,使他们自己无可挽回地成了中国人。

迁都无疑是一项艰巨的任务。史料说满载财宝的3000匹骆驼与装载着档案文书与皇家财产的3万辆大车,历时两月,南行600公里,都是为了寻求黄河以南的安全。但其结果却适得其反,约有2000名帝国士兵是来自满洲的契丹人,他们把迁都看做示弱,而且也不喜欢更加遥远地离开故土进入中国腹地。出北京50公里后,他们即哗变北奔,搭起帐篷,并向成吉思汗送去了臣服的口信。

蒙古军队此时扎营于内蒙古草原的一处湖泊,距残破的金朝首都北四百余公里。成吉思汗对金迁都的消息大为震怒。一则中国的史料记录下了他的话:“既和而迁,是有疑心而不释憾也。”他也突然意识到这是一个天赐良机:北京已被其皇帝抛弃,而反叛的部队也准备好了为蒙古人而战。但他必须立刻行动。开封的新都城会成为金朝未来的进攻的基地,而且会非常难以荡平。9月,蒙古人又兵临北京城下。

但他们并没有进攻的企图,随着秋去冬来,蒙古人只是紧紧地围困。春天到来时,开封的金帝派遣了两支救援部队,但均被蒙古人击溃,并缴获1000大车的食物。更多的北京周边的城镇落入了蒙古人之手,北京开始陷入饥饿。就像被围困的城市常见的那样,生者以死者为食。首领们激烈争论是战死还是逃跑。高琪的副手,该城的文官首领自杀。而军事首领只带几个亲信悄然溜走(他回到了开封,并被以叛变之罪处死)。6月,群龙无首又解救无望的剩余居民打开城门投降。

成吉思汗自己此时则撤向北150公里处草原边缘的营地,正在返回克鲁伦河的路上。没有他的节制,蒙古人陷入了疯狂。他们洗劫城市,屠杀成千上万人口。一座宫殿在火焰中化为灰烬,而这座城市的部分地区燃烧达一月之久。

一年以后，成吉思汗的下一位对手花剌子模沙（波斯语音译词意为国王——译者）的一位使者，来查明是否这样一座伟大的、设防坚固的城市真的为纯粹的游牧民所破时，证据依旧十分明显。他报告说，被屠杀者的尸骨堆积成山，土地亦血迹斑斑，而他的一些随员则死于一些由腐烂的尸体而传播的疾病。他甚至将6万名少女为避免落入蒙古人之手而跳城墙自尽的疯狂的故事也当做了真实的事件来报告。现在蒙古人已成为中国所有北部和东部的主人，他们已将金帝国削去了一半，只留下了黄河以南与满洲这两个残余部分。在新近征服的土地上，几个仍在坚守的城镇也投降了。残存的守城军队背叛了前主人，转而向新主人效忠。100万人口历经蹂躏和饥饿向南逃往开封周围金帝国新的中心地带。但成吉思汗并不满足，因为新近迁都开封的金朝皇帝拒绝最后臣服。致命的最后一击当然是必须的，这实际上是一种双重的打击：金朝在满洲势力的彻底清除与对开封的最后一击。

满洲是一个农民、牧民与猎人的乡村式的与世隔绝的地方，在这里，契丹最强有力的首领留哥于1212年宣布与成吉思汗结盟，并使自己占据满洲大多数地方，统治着超过60万户的人口。在这一地区的其他地方，长期以来一直将年轻人送往金朝军队，满洲的夺取将会易如反掌。

当木华黎和成吉思汗之弟合撒儿于1214~1216年横扫满洲全境时，事实也的确如此。以其强健的体格，鬈曲的胡须，高超的射艺与缜密的谋划能力而著称的木华黎，时年45岁，已伴随成吉思汗15年，成为他最伟大的那颜之一，而且他还将变为征服中国北部长期斗争的中心人物。一个重要任务就是占领旧辽的省府北京（此处疑有误，似应为东京——译者）。该城则是以一种非同寻常的方式落入其手心的。一位既会讲当地的突厥语又会讲汉语的名叫石抹也先的蒙古官员，伏击了一位即将赴该城就职的新金朝留守，夺取其诰命，说服卫兵相信他就是新上任的留守，而且作为该城新的最高首领，命令所有守卫离开城墙。木华黎实际上是未遇任何抵抗地走了进去，夺取了该城的10万人户及其粮食与武器。此后，其他地区的抵抗也迅速荡平。为惩罚两座顽强抵抗的城市，木华黎下令将除木匠、瓦匠，尤其是优伶之外的所有居民一律处死。看来蒙古人也一定是非常需要轻松调剂的。

一支小部队继续前进最后300公里来到了辽东半岛尽头，在1216年秋天到达太平洋的岸边后，分遣另一支人马追击几十名契丹反叛者跨过鸭绿江而进入高丽。在斩获众多契丹叛军后，一位无礼的蒙古使者，来到了开城(时称开京——译者)的高丽王庭。开城是一座位于今南、北朝鲜分界线附近富裕的港口城市。该使节毫不尊重宫廷礼节，带着剑与弓进入皇帝寝宫去见国王，并告诉他高丽已被从契丹人的烧杀抢掠中解救了出来。而国王将以什么作为酬谢呢？在这种情况下，酬谢当然非常丰厚，包括10万张高丽最大的纸张，似乎成吉思汗希望保证他新近有文化的官员们获得良好的文具供给。

今满洲南部的情况就是这样。一块面积为半个法国(或等于怀俄明州)的土地加入到了蒙古的版图，东边还有一个即使愤愤不平但也颇为顺从的君主。

当这些征服的消息传到成吉思汗时，他下令从其新的仆从国西夏征招三万名士兵，并派遣这支军队进入沿黄河南岸的鄂尔多斯，以便从背后进攻开封。这是另一次大规模的、持续一年之久的战役。在这次战役中，人数达六万的蒙古与唐兀惕军队，长驱一千余公里，与大批占优势的对手厮杀，越过堡垒林立的疆域，一直打到开封城边。他们参加了六次重大的战斗，大多数是在冬天，最后因金朝的防御太强大无法攻破而撤退。在这一战役最艰苦的时期，这支部队60天内沿黄河前进了800公里。在前进速度上堪与一支机械化的部队相提并论。1944年8月初，在6月6日的诺曼底登陆战后，巴顿将军指挥下的美国军队，在布列塔尼南部又长又直并且铺设良好的道路上，以每日30公里的速度只行进了三天，而且未遭遇到任何抵抗；而1216年骑马的蒙古人每日行进13公里，穿越乡村，打了四次恶战，并在时刻伴随着遭到进一步攻击的危险的情况下，整整行进了两个月。

毫不足奇，金朝又遣使求和了。一则中国史料称成吉思汗用对其那颜们的提问对此做出了回答。“我们已经打尽了所有的鹿和其他野兽，只剩下了一只兔子，我们为什么不该放过它呢？”这对他的那颜们的精神是一个挑战，他们中的一个答道：只有当皇帝不再是皇帝而只是大汗忠实的仆人时，当然会有和平。这正是成吉思汗想要的回答。战争还将继续，而几乎是在20年后，对金朝的战争才取得了最后的胜利。

如果遥远的西方所发生的开启蒙古征服史另一篇章的事件没有吸引成吉思汗的注意力的话，胜利无疑会来得更快一些。

## 第八章

# 穆斯林大屠杀

蒙古人征服的故事已将两种不同的文化联在了一起，把我们从蒙古草原带到了西夏和北部中国城市化的财富和自信中。迄今为止，其后果一直是血腥的，但并非史无前例。现在这个故事将带着在世界历史上对人类与文化的全新的冲击而涉及到第三种文化：伊斯兰。以前从未有过一种文化像蒙古人一样运用过如此强大的破坏力；也没有任何一种文化承受过穆斯林世界将要承受的痛苦。在中国死亡的人口无疑要以成千上万来计数，而现在将要展现的事件中的死亡人数，至少是这个数字的10倍以上。

这些数字的庞大令人瞠目结舌。它们似乎表明了某种可怕的种族与宗教仇恨的释放，或者意识形态的冷酷应用。但实际情况并非如此，这里没有宣布萨满教的伟大真理高于其他信仰的十字军似的野心，也没有优等民族根除被鄙视的对手或在中亚赢得生存空间的决心。唯一压倒一切的考虑就是征服，因为无论理由多么不明确，那也应该是长生天赋予成吉思汗的神命，而破坏只是一个战略问题。有时候当一个领袖或一座城市引起特别反感时，这会变成个人化的行为，但大多数情况下，屠杀都是冷酷的非个人化的行为，它诞生于一种不是高于某个特定群体而是高于一切的坚定的优越意识。种族主义是有选择的，但蒙古人却没有，在他们看来每个人应给予他们的是绝对的遵从(这是少数的几个民族在其帝国巅峰期所共有的态度，就像1900年代的英国人，18世纪的中国人，2003年的新保守主义的美国人一样)。城市、地区被蹂躏，王国、帝国被推翻并没有其他的目的，只是为了确保下一次胜利，而死亡与破坏只是达成这一目的过程中的附带事件。无论如何夺取胜利都是好的，无论什么原因对它的迟滞都是不能容忍的，问题就这么简单。

许多年前，当乃蛮部首领之子古出鲁克带领少数残余部队逃向西方时，这一系列事件链条的第一个环节就已被铸就。他在另一个庞大的王国里停住了脚步，而这个王国也和西夏一样由于其时间的久远和地理位置的偏僻，在现代人的眼里一直默默无闻。然而无论它是多么的无名和遥远，古出鲁克和他的新基地仍在这个故事中扮演了一个非常重要的角色，因为他们将把成吉思汗引向西方，进入伊斯兰世界，而伊斯兰世界又变成了其进一步西征的基地。

为了理解所发生的事件，我们必须将时钟向前拨一个世纪。1124年，当辽朝统治者契丹人被女真人赶下“龙座”时，契丹皇室成员耶律大石率200名随从西逃2500公里，越过了新疆的沙漠与天山，来到了中国北部的新统治者鞭长莫及的地方。10年之后，在突厥部落与伊斯兰各民族杂居的这片内陆亚细亚的无政府地区，耶律大石创建了一个面积与西欧相等，包括草原、山脉与沙漠的王国。它的中心在今日的吉尔吉斯斯坦，但也包括了今日中国西部的一部分，以及哈萨克斯坦与塔吉克斯坦的南部。正是自封为古儿(宇宙)汗的耶律大石，据其契丹部落之名，将其新王国命名为哈喇契丹(即黑色契丹)。建国后不久，他就开始向其穆斯林邻居征收贡赋。

当约70年后，古出鲁克到达时，他受到了当时的古儿汗的欢迎，并通过迎娶汗的女儿巩固了自己的地位。然后，如13世纪晚期波斯历史学家术外尼所说，他“像强弩所发之矢一样飞驰而去”，迅速夺取了政权。他的背叛没有为自己争取到多少朋友，反而使得情况更加恶化：在其新妻子的怂恿之下，他皈依了佛教并极端仇视伊斯兰教，要求伊斯兰的首领们放弃他们的信仰，因而也疏远了他的新臣民。当新疆南部和田（史称忽炭——译者）的伊玛目咒骂他“让尘埃塞满你的嘴，你这信仰之敌”时，古出鲁克下令将其钉死在了他自己创建的学院的门上。显然在成吉思汗看来，这个不安分的狂徒总有一天会利用他的新基地为他的父亲与祖父复仇。为了蒙古未来的安全，古出鲁克必须被消灭。

在中国为期数年的艰苦征战之后，这看上去并非一个艰巨的任务，1218年，成吉思汗将这一任务交给了哲别。对于他的两万人马来说，将不会有太大的攻坚战。地理环境也许才是最大的挑战：26000公里的长途奔袭，首先穿越蒙古草原，然后要翻越3000米的阿尔泰山，之后还要经过天山的高高低低的山地，那里的山峰会高达5000米。沿丝绸之路的一条小路前进的这支军队可能也经过了伊塞克湖（时称亦思宽海——译者）。这个世界第二大高山湖泊有其独特的生态体系，深层的地热活动与盐度相结合，使得该湖成了一个热源，给山谷提供了足够温和的气候来种植葡萄或种桑树养蚕。距伊塞克湖西80公里处是古出鲁克的都城八剌撒浑。该城现已完全消失，除其唯一残存的遗迹：名为不剌那塔的一座11世纪尖塔的25米高的残端。

就军事而言，正如成吉思汗所料，胜利来得很容易。蒙古人的逼进使得古出鲁克南逃400公里，很可能是通过3700米的托鲁加特山口越过了高耸的天山，来到了丝绸之路上的一个商业中心，塔克拉马干沙漠西缘的喀什（史称可失哈耳——译者）。

当哲别一路追踪而至时，他下令军队禁止抢掠，这就意味着喀什的畏吾儿居民会十分高兴地欢迎他。古出鲁克再度出逃，越过沙漠逃向喀什西南100公里的帕米尔，很可能是打算沿盖孜河陡峭的沟壑，顺流进入今巴基斯坦境内。正如术外尼所描述的那样，被蒙古人"像疯狗一样追赶着的"古出鲁克及其随从进入一条死谷。追踪而至的蒙古人遇到了当地猎人，并告知他们追踪之人，猎人们看到了这个既荣耀又有利可图的机会就抓获了古出鲁克，并将他交给了蒙古军。在支付了赏金后，蒙古军砍下了古出鲁克的首级，而且为了确认他们的征服，蒙古军带着古出鲁克的首级列队经过新占领的城市。并由此结束了成吉思汗与乃蛮统治者跨越三代人的战争。

蒙古人对古出鲁克的胜利使他们与他的伊斯兰邻居：一个横跨今乌兹别克斯坦、土库曼斯坦大部分地区，以及与伊朗、阿富汗一部分王国发生了联系。这就是以其核心省份命名的花剌子模。这块伊斯兰东部边境的难以驾驭的地区，曾臣属于塞尔柱帝国长达两个世纪之久。此前半个世纪成了一个新帝国的核心，并陷入了连续不断的有多方参与的战争，包括曾一度控制花剌子模大部分地区，并仍向其强取贡赋的哈喇契丹。到12世纪末，花剌子模也已扩张至其邻近省份呼罗珊和河中地区，并因此也控制了丝绸之路的主要商业中心，如撒马尔罕、不花剌、玉龙杰赤、忽毡、马鲁、你沙不儿以及传统的界河阿姆河，古称乌浒水。河中地区约绵延500公里跨越基兹利库姆沙漠到锡尔河(古称药杀水)荒凉的两岸。该地区由于有来自帕米儿的溶雪水源，因而有肥沃的农田、丰美的草原以及丰富的矿藏与商品交易。但有关该地区的争夺却鲜有记录，历史学家们只能从这里的钱币来推断他们可以推断的一切。这是一个混乱而又野蛮的时代：仅撒马尔罕一地就曾遭受过哈喇契丹军队的70次攻击，几乎是一年一次。在这种压力下，约1210年，花剌子模沙摩诃末曾与处于上升期的古出鲁克结为短暂的同盟。结果,当古出鲁克在哈喇契丹夺取政权后,摩诃末开始自由地建立其帝国,并因此开启了导致成吉思汗随后跨大洲的征服之旅的一系列事件[①]。

接下来所发生的事件的关键在于花剌子模沙摩诃末的性格。对这个给其人民与宗教带来了灭顶之灾的可怕的人物,史界鲜有好评。对管理后宫的摩诃末之母秃儿罕亦是恶评如潮。很可能就是在她的鼓动下,这个性格暴躁并且缺乏安全感的突厥人才会用武力把他的意志强加于其主要是伊朗人的人民。一位苏丹,显然是一位奥斯曼在撒马尔罕领导了一次起义,在短暂的起义中,他们杀尽了城里所有的花剌子模人,实际上是肢解了他们,并将其尸块悬挂于市。当摩诃末重新夺回该城时,有一万人死于非命,其中就包括奥斯曼。所以当这位沙将撒马尔罕定为首都时,完全可以说这里都是心怀怨恨的居民。此外,他亦曾与巴格达的伊斯兰教最高首领哈里发频起战端,所以也没有机会将自己装扮为伊斯兰教的保护者。最后,他还是一个臭名昭著的淫荡之人。术外尼称他"沉迷女色,花天酒地"。如果你心怀慷慨,你可能会说在试图为这一战乱频仍的地区带来和平时,他正在尝试着不可能成功的事业。另一方面,你也可以将他称作一个不受欢迎、寡廉鲜耻、孤立无援、受母亲支配、沉迷女色的酒鬼:一个灾难在等待着。

成吉思汗并没有兴趣卷入这种纷乱,可以说他想要的一切只是贸易联系。然而摩诃末沙已从那位报告过白骨堆积成山、鲜血汇流成河的使者那里,听到了北京被攻陷的消息。像成吉

① 史料关于所有这些事件的顺序的记载各有不同。也许,正如术外尼所说,蒙古人与花剌子模的联系要先于击败古出鲁克。但尽管叙述不同,战争的原因以及导致成吉思汗西进的原因与结果的链条却是一致的。

思汗这样血腥的首领，会有可能真的突然转向和平事业吗？正如事实所示，答案很可能是肯定的，原因是中国的北部还未被征服，且再有20年也未必可被征服。但摩诃末的反应却是愚蠢五元素的典范，这五种元素就是软弱、幼稚、无知、仇外与傲慢。这些偶像崇拜者都是一丘之貉，摩诃末傲慢地宣称："对我来说，古儿汗和古出鲁克没有区别……就让战争来临吧，在战争中宝剑会被折断，长矛会被粉碎。"

成吉思汗仍然坚持他的通商意愿，因为这里的战争将意味着蒙古国土的另一次扩张，进行另一次大规模的战役，以及有更为广阔的边疆去守卫，也许还会有失败。此外，这时也恰巧有一个绝妙的通商机会。三位来自不花剌的商人已抵达蒙古，他们热衷于探索随着蒙古人在中国北部的进展而突然打开的商路。当他们返回时，成吉思汗让他们带领着由100人（如《秘史》的记录）或许是450人（如其他史料所载）组成的庞大商队去伊斯兰世界通商，他们除一位蒙古首领外全都是穆斯林。在为期数周穿过草原2700公里的长途旅行后，这支商队把成吉思汗的另一个口信带给了这位沙，他们来这里是"为了获取该地之珍宝，而且从此以后，邪恶想法的毒瘤可以被关系的改善而切除"。

或者还有其他一些诸如此类的说法。至于成吉思汗究竟说了些什么有许多不同的版本，它们都来自伊斯兰方面，无一显示出公然的敌意。有一则史料说成吉思汗宣示了平等，或称摩诃末"我最亲爱的儿子"，虽然这对任何一位首领来说都可能意味着一种屈尊俯就的刺伤，但也决非宣战。然而摩诃末却将它当做了挑战书。

1217年，商队到达了锡尔河边的讹答剌。该地现称讹提阿剌，在哈萨克斯坦的西部，除几座杂草丛生的小山丘和几处散落的遗迹外，几乎没有什么东西。但在13世纪初期，它却是一个占地20英亩的繁荣的边境小镇，由一位名叫亦纳勒术或哈只儿汗的恶棍来管辖。根据史料，亦纳勒术(小主人)或哈只儿汗(强有力的汗)之名可能源于其官阶或称号。这位长官是摩诃末专横母亲的一位亲属，即便如此，他也不敢冒险自行其事。也正是此人在主人的示意之下，以双重的肆无忌惮的暴行，开启了通往地狱之门。首先，他指控这些商人为间谍，并将他们悉数逮捕。成吉思汗对这种公然的侮辱大为震惊，但仍然保持着克制。他伸出了最后的橄榄枝，派遣三位使者给摩诃末一个了解其官员的行为并交由他来惩罚的机会。而愚蠢的摩诃末却选择了回以即刻的、不可饶恕的伤害。他下令将一位使者，很可能是三位使者全部杀死。

那时，术外尼写道，“沙未加丝毫考虑，立刻下令将那群穆斯林(成吉思汗在讹答剌的商队)全部处死”，将他们的财产悉数没收。“小主人”亦纳勒术杀掉了整个商队，而这些人除首领外都是信仰相同者。这几乎不是一个刻意设计出来赢得其人民敬慕的行为。实际上在第一次战斗打响之前，摩诃末就已经失去了打赢战争的民心。术外尼又一次像往常一样用近乎诗歌般的语言对这种鲁莽的行为发出悲痛的哀悼，正如事实所示：“毁坏和荒芜了整个世界……他们的鲜血流成了一条乌浒水。”

杀死一位使者就足以引发一场战争了，不用说是100个、450个或不管是多少。当消息传到成吉思汗时，术外尼描述道，他暴怒如雷，盛怒之火使他的泪水夺眶而出，只有鲜血才可以平息它。他“独自来到一座山峰”——我想我们可以猜测，如果他真的那样做了，这应该就是不儿罕·合勒敦——“脱下他的帽子，脸朝地面祈祷了三天三夜，说：‘我并非这场灾难的挑起者，赐予我复仇的力量吧。’”

成吉思汗生活中的一个新阶段就这样开始了。直到这时，传统依然在起着作用。进攻中国是一个蒙古统治者遗产的一部分，而做到这一点，部落的统一是先决条件，这反过来又证实了追击一个敌对首领的合理性，即使他已逃到了一个遥远的国度，譬如哈喇契丹；这也意味着要与西夏打交道，对于任何一个高明的战略家来说，都是可以理解的。但没有一个游牧首领会愿意在仍致力于其基础统一的同时去承担征服一个离家如此遥远的帝国的任务，更不用说这个帝国在中亚还具有统治的地位。但在成吉思汗眼里，他没有选择的余地。他不但被羞辱并受到直截了当的挑战，而且如果不去直面这种威胁，他将无疑会成为一个热衷于将其权威扩展至中国富饶土地的野心勃勃的沙的牺牲品。如《秘史》所述，他对该做什么没有丝毫迟疑："去远征回回国，去复仇吧。"

成吉思汗的决定似乎在他的家庭内部引发了有关继承者问题的讨论。这个问题是由也遂——他的众多妻子中的一个——提出的。《秘史》里是这样记载的：

> 一旦您那大树般的身体，
> 突然倾倒，
> 您将交由谁来管理百姓？

成吉思汗也看到了这一点，因为按照传统，他的继承人应该是部族中的年长者，只有他可以主张权力，而且他也并不一定需要有最良好的统治基础，甚至有可能不是首领的任何一个儿子。然而现在，这位继承者有着比一个部族多得多的东西要管理，而成吉思汗的四个儿子都靠自身实力成为经验丰富的那颜。传统规则无疑将被修改，他的一个儿子将会继承汗位。但问题是哪一个？成吉思汗将这个问题当众公开给了四个儿子。汗位可能会自然而然地落入年纪最长的儿子术赤之手，但术赤却可能是在他的母亲被掠走时所怀的篾儿乞惕人之子。这一建议引发了《秘史》长篇记载的一次激烈的争论。

次子察合台脱口说道："你是说我们要听命于这个篾儿乞惕杂种吗？"

术赤抓住他的衣领说："我们的汗父从未对我另眼相看。你怎么会这样说？你有什么可以胜过我？只不过是脾气暴躁罢了。"

两位那颜孛斡儿出和木华黎上前分开了他们。与此同时萨满阔阔搠思通过回忆成吉思汗克服困难、平息混乱建立国家所经历的危险，使事态平息了下来：当汗只有口水可以饮用时，他仍在努力奋斗，直到头上的汗水湿到脚跟。而你们的母亲又怎样呢？她为你们忍饥挨饿，抚养你们长大成人，成为男子汉。

察合台接受了责骂，表示愿与术赤同甘共苦，并以建议第三个儿子继位作为妥协，"窝阔台仁慈，让他接受大位吧！"成吉思汗又进一步缓和了紧张气氛。没有必要让他最大的两个儿子并肩为伴，天地如此广阔，河流如此众多，他们每个人都会分到自己的一份国土。小儿子拖雷有可能成为一位出色的大汗，他已在中国展示了他的军事才能；但他的妻子却是一位聂思脱利基督徒而且还是一位克烈部的公主，同时她还是一位有着可怕的野心与聪明才智的女人。

也许在她的影响下，成吉思汗的继承者将不再尊重他们自己的传统（成吉思汗对她的担心不无道理，这位公主唆鲁禾帖尼将作为她那个时代最有权势的女人之一而出现，而且也正是她的儿子们最终分割了帝国的衣钵）。

窝阔台该说些什么呢？他显然知道自己并非最佳选择。聪明和慷慨？显然是的。但"仁慈"只能解读为"不是足够的冷酷"。此外他还嗜酒如命，他谦恭与犹豫不决的回答既是他的力量之所在，又是他的弱点。他会去竭尽全力的，尽管不能保证他的子孙后代。话虽不多，但已足矣。继承人已被选定，这个部族和国家依旧是团结的。

与此同时，政治基础放在了向西方的扩张上。

亲自负责这次需要缜密计划战役的成吉思汗，寻求他可以得到的一切帮助。

尤其是那种蒙古首领以前从未涉足过的帮助：管理被征服的领土。一次又一次地从事相同的征服一定已使成吉思汗觉得颇为愚蠢，就像在中国所做的一样，有些城市已先后三次被围困与夺取。一些已经学习了几年前采用的回鹘字符的蒙古诸王已经有了初步的管理概念，但还没有一个官僚机构。如果成吉思汗不希望重复在中国的战役模式的话，他会需要这样一个机构的。

也许正是在这个时候，成吉思汗或其他人才想到了三年前在北京抓到的一个俘虏，其时，他的养弟失吉正在做一个帝国国库及其他贵重缴获品的存货目录。在被俘的金朝官员中有一人特别突出，他是一位身高八尺(大约6英尺8英寸)的年轻人，25岁，长着齐腰的长须，而且嗓音圆润洪亮。此人是一位契丹人，即那个曾作为辽朝统治中国北部又被金朝所取代的民族中的一员，名叫楚材，而其姓氏耶律则是辽帝国最显赫的姓氏之一，追溯其血缘可到200年辽王朝的创建者。实际上他的父亲是被收养的，但楚材却认为自己是个完完全全的耶律氏。他的父亲曾为金朝效力，先作翻译——他会讲汉语、契丹语和女真语——后来成了宫廷高官，变得既富有又有影响力。出身条件优越的楚材是一位优秀的学者、诗人和偏爱佛教文学的管理人才。当成吉思汗入侵时，他是一个省的副文官（左右司员外郎——译者）。后应召到都城，并一直服务到北京陷落。北京的屡遭劫难对楚材来说是一次可怕的经历，于是他决心以自己的方式通过学习佛经来弄懂这一切。在一位佛教圣人的指导下，他隐居三年。再次出山时，其信念已得到了进一步的强化，这就是真理与德行只有将三位圣人——孔子、佛祖和道教创始人老子——的学说结合起来才能是最完美的。现在他发现自己已应成吉思汗之诏，而后者则需要有人来建立并运行一个帝国的官僚机构。这是一个荣誉，而且楚材也被希望表现出适当的谦恭以回报从其前主人那里得到的解放。

在那次后来变得非常著名的交谈中，成吉思汗对他说："辽、金世仇，朕为汝雪之。"

楚材以令人惊异的镇定回答道："臣父祖尝委质事之，即为之臣，敢仇君耶？"

这给成吉思汗留下了深刻的印象，并把建立帝国官僚机构的工作交给了这个沉着机敏的年轻人。而这位被成吉思汗称为"长髯"的人，也将征服看成了天授君权于成吉思汗的证明。从那时起，楚材就在塑造大汗的性格及其帝国方面起着重要的作用，影响着其主人对精神世界的好奇心。几乎肯定是耶律楚材在1219年给中国的圣人长春真人起草了一篇长篇吁请文，将其作为执著于艰苦的生活，只为加强德行而战斗的苦行斗士介绍了成吉思汗。

> 天厌中原骄华太极之性，朕居北野嗜欲莫生之情，后朴还淳，去奢从俭。每一衣一食，与牛竖马圉共弊同餐。视民如赤子，养士若兄弟，谋素和，恩素畜。练万众以身人之先，临百阵无念我之后。七载之中成大业，六合之内为一统。

回归到游牧的简朴中吗？当然不可能，因为统一与德行尚未普及，长生天的意愿还未完成。

成吉思汗向蒙古疆城周边的仆从国发出征兵的要求，在畏吾儿地域、在中国北部、在满洲以及最后在西夏。他曾征服过西夏，曾收取过贡赋；西夏的佛徒国王不儿罕也曾答应过必要时会提供帮助；这是一个仆从国最好的、恰当的当然也是符合其仆从地位的回答。成吉思汗遣人送去了他对国王的要求：还记得你曾答应过做我的右手吗？我需要与摩诃末决一雌雄，所以“来做我的右手，和我一同出征吧！”

然而成吉思汗得到的却是一记响亮的耳光，和花剌子模沙摩诃末的一样响亮，这记耳光并非直接来自西夏国王，而是来自其军事统帅或敢不，皇位之后的权臣阿沙。当成吉思汗的使者去解释需要什么及为什么时，对阿沙来说这似乎是天赐之重获西夏独立的良机。蒙古人尚未取得在中国北部的最后胜利，而又将面对西方2000公里以外的另一次战争。因此绝对不会有力量同时在两个如此遥远的战线上作战。阿沙抢在国王前轻蔑地回绝道：“如果成吉思汗真的如此软弱，他为什么还要当汗呢？”

当这个回答传回给成吉思汗时，他无以表达想表达的愤怒。他的首要任务是征讨摩诃末。但然后，“如果蒙长生天的护佑”的确将会有一次惩罚。

1219年成吉思汗率军西进，沿途剿灭了几个小部落。这支军队既不同于越过戈壁横扫西夏与中国北部的那支军队，也不同于哲别所率领的追击古出鲁克的蒙古骑兵。10万至15万名士兵，每人拥有两到三匹马，使它仍然保留着游牧军队长期形成的快速机动、昼夜骑行的灵活性，它可以派出日行百余公里的部队，穿过沙漠，涉过河流，魔幻般地突然出现或消失。同时现在它还有了一支全新的中坚力量。北京与其他中国城市的陷落给蒙古人提供了最好的攻城技术与专门知识。绑在马背或骆驼身上，用大车拉着或借其自身的轮子行进的是攻城槌、云梯、四轮的移动盾牌、抛石机及其各种不同类型的燃烧弹或烟雾弹、喷火管以及大型的双弓或三弓的床弩，它们可将桅杆一样的箭射出一公里远，在土坯墙上砸出大洞。可以推断，蒙古人是在中国取得的这些武器及其随员的；40年后的1258年，1000名中国的床弩弓箭手就参加了蒙古人对巴格达的攻击。这种游牧骑兵与攻城武装的可怕的结合应该是前所未有的。

更重要的是，运动中的军队总是要通过抢夺与掠杀来借以养活自己。无论对军官还是普通士兵来说，那毕竟是唯一可得到的报酬。以前的军队，无论游牧民族的还是定居民族的，都受到了他们的专门知识的限制。移动中的牧人是超级专家，除了将工匠送往老营、杀掉男人、强奸妇女、奴役儿童之外，对他们的牺牲品却没有太多作为。俘虏与奴隶必须依靠监督来让其进行生产，而这总体上说，又会破坏那种使得征服成为可能的灵活性。那就是为什么传统上，游牧民来了，看到了，征服了，然后离开。相比之下，来自农民或城市的军队，本质上是侵占疆域的机器，占领其他的农田和城市，因而有兴趣避免那些不久将成为他们的财产的物品被彻底毁坏。此刻这支蒙古军队有了一个新的在中国得到的议程，这就是游牧习俗和军事技术的致命的结合。现在俘虏有了三重用途：作为专业工匠的奴隶劳动力；作为非游牧部队的士兵；以及作为炮灰，这是一种特别令人作呕的方法：平民被驱赶在军队的最前面去填满护城河，承受所有的防御打击，很可能还会被当做防护物来避免使蒙古军自己化为灰烬。

所以，1219年向西滚动的是一支由骑兵操纵的骇人的毁灭性力量。它是一个带着武器与攻城器具的笨重的野兽，它需要道路与桥梁的修建，尤其是在穿越阿尔泰山和天山时。但这支军队又不仅仅是笨重的、自给自足的，而且还在不断地增长。旧的骑兵团队的机动性没有受到任何损失，而随着城市的被攻占，其非游牧民的军队在财力、数量、武器和力量方面都得到了加强。一旦获得最初的成功，它就会爆炸般地滚滚向前，只有地理环境、气候及其最高统帅的行动日程才可限制它。

那时没有一个人看到了这一切，或预见到了其后果。最高统帅也没有长期的规划，更不用说修正错误，给他的军队与被保护人提供安全了。成吉思汗不可能意识到他正在从事着一件没有自然界限的事情，因为，什么样的首领尤其是曾经被抛弃者会说他已足够富裕与足够安全呢？

当蒙古军队到达花剌子模边界时，它遇到的是一支可能比它强大得多的力量。但这支力量的首领、花剌子模沙却是孤家寡人。他不敢冒险去组建一个在某个将军之下的统一指挥机构，因为这位将军可能会对他反戈一击。所以当蒙古军队包围讹答剌时，这位沙的军队却分散在一些重要城市里。成吉思汗从投奔蒙古的不忠的穆斯林官员那里对情况了如指掌。他也将这种离心倾向利用到了极致，鼓励穆斯林商人向当地居民保证，给城镇和要塞提供和平投降而免遭蒙古军队洗劫的机会。

抵抗中心则完全是另一回事儿，其长官引燃了这场血腥战争的讹答剌则受到了特别的关注，对它的攻击在中亚亦以“讹答剌灾难”而著称。成吉思汗想活捉这位长官，以使他受到恰当的公开处决。这些攻击持续了一个月，直到一位高级军官试图从一道边门逃跑为止。阿拉木图历史博物馆有一个描述该事件的戏剧化的立体模型展。这位军官的行为既加速了他的灭亡也加速了这座城市的灭亡，他立刻就被蒙古人俘获，并因其背叛而被处死。蒙古人通过逃跑军官的同一通道攻入城中，他们的猎物“小主人”亦纳勒术与几百名守军退守内堡。由于蒙古人下令活捉亦纳勒术，所以接下来的又是一次为时近一个月的缓慢而有条不紊的进攻。守卫者已意识到他们必死无疑，因而发动了对蒙古长矛手与弓箭手的自杀式攻击，每次50人，直到最后亦纳勒术和他的几个幸存的卫兵被围困在楼上，在那里，他们从墙上拆下砖头砸向进攻者，攻击随着亦纳勒术被捆绑起来带去执行死刑而结束。有史料说死刑是通过将融化的白银灌入他的眼睛和耳朵来执行的。我以为这是一个不可能的而且也不必要的昂贵的死刑，应该有某种更加有效的方式。

与此同时，成吉思汗兵分数路，派遣术赤以一个巨大的钳形运动横扫北方，这最终将会把整个花剌子模的北部地区剪掉。1220年1月，成吉思汗在派遣第二支部队扫平讹答剌的同时，自己率领钳形运动的另一侧直接穿越基兹里库姆沙漠——一片仅450公里的寒冷的沙漠与杂草丛生的荒原——直扑不花剌。在跨过封冻的锡儿河时，他来到了小镇匝儿纳黑，并在那里申明了他的政策：抵抗即死，投降即生。匝儿纳黑的居民并没有花费多长时间就选择了一条明智的道路因而也幸存了下来。城堡被毁掉了，一小队年轻人被召入军队而每个人都被允许回家。第二个小镇努腊塔，时名讷儿也只犹豫了片刻便做出了同样的决定。

当蒙古军队1220年2月或3月逼近不花剌时，一支两万人的卫戍部队进行了一次先发制人的进攻，但却被阻挡在了阿姆河两岸。剩余的部队急忙撤回到内堡，不愿意为他们所鄙视的沙而被杀死的居民打开了城门。成吉思汗骑马走了进去，穿过两端有木屋的普通百姓的小巷，经过砖砌的宫殿进入内城，来到其最大的建筑物前，因而也生平第一次处在一个他也许不会知道的富裕的城市里。

现在躺在成吉思汗脚下的是一种足以和中国相比的文明，尽管相对而言要稍晚些。这种文明在此前500年即已被创建，那时阿拉伯人奉伊斯兰教创始人穆罕默德之神谕，向外扩张至波斯、叙利亚、伊拉克、埃及、北非、中亚，甚至西班牙，直到阿拉伯人短暂控制了从比利牛斯到中国西部的大片疆域。

一段时期，这个帝国被它的新宗教以及伊斯兰的圣书《古兰经》所统一，而《古兰经》就像詹姆士国王的《圣经》之于英语一样，在一种语言进化的关键时刻凝练并促进了它。穆斯林将它的美当做是安拉存在的象征。在这一基础上出现了另一种教义的文献《奈逊》(圣行)，即先知及其继承者的言行。这两种教义潮流一起渗透到了伊斯兰世界的每个角落——政府、法律、知识、行为及创造——因为伊斯兰教在教会与国家，神圣与世俗间并没有明显的区别。与其软弱的竞争对手基督教相比更为强烈的伊斯兰教，可谓“信仰者的兄弟会”。

统治与建立一个帝国是完全不同的两回事，地区与教派为他们自己争得了财富与权力。什叶派主张以穆罕默德之婿阿里系为基础的统治权。而另一支持穆罕默德的叔叔阿拔斯的派别则在帝国的边缘伊拉克兴起。在阿拔斯王朝期间帝国的权力中心东移至巴格达。至公元1000年由阿拉伯人创建的伊斯兰世界，已分裂为五个重要派系和几十个更小的派别。时至今日，某种程度的统一仍然持续着。从兴都库什到西班牙南部的穆斯林学者们都崇拜着相同的神，敬仰共同的先知，共用作为通用语的阿拉伯语，继承相同的令人吃惊的丰富的知识体系。所有的伊斯兰都共享着它用贸易将北非、欧洲、俄罗斯、中东、印度和中国连接在了一起的经济力量。由于接受非穆斯林的奴隶制，因而也都从有利可图的奴隶贸易中获利，不管是非洲的、土耳其的、印度的还是斯拉夫的。阿拉伯的硬币可沿商路北上到芬兰被发现，而穆斯林商人所签的支票在从科尔多巴到撒马尔罕的各主要城市的银行中均可承兑。一个商人可以在伏尔加河有货栈，另一个货栈则可以在不花剌附近，而第三个却可能是在印度的古吉拉特邦。

由于得到大量财富的支持，中世纪的伊斯兰热衷于学问，造就了辉煌的学术成就。纸张取代了纸莎草，书店林立，图书室装点着富人的家庭。由于阿拉伯语是神圣启示的语言，所以它的文字得到了敬重，书法成了一种价值高于绘画的艺术形式。这并不是一个内向型的原教旨主义的世界，由于对其优越性深信不疑，中世纪的伊斯兰教富于创新精神、好奇心及令人吃惊的容忍。从希腊人那里探求科学与哲学基础的阿拉伯人，翻译了大量的希腊古典著作。许多其他语言与宗教教义也构成了这一内容丰富的结合体中的一部分，譬如波斯语、梵语和古叙利亚语，基督教、犹太教及琐罗亚斯德教。

艺术和科学也繁荣了起来。城市文明造就了诗人，历史学家赞颂伊斯兰的成就，建筑师建造的圆顶清真寺比意大利文艺复兴时的圆顶建筑早了好几个世纪。粉饰与湿壁画装饰的宫殿创立了一种伊斯兰世界竞相效仿的装饰华丽的风格，就像欧洲后来发现的那样，源于印度的“阿拉伯”数字提供了一种比以前任何体系都要强有力的运算工具。阿拉伯的科学家深信黄金可以通过金属的转化而生成，他们坚持不懈地对导致这一过程发生的“点金石”的寻求，在炼金术与现代化学之间建立起了桥梁。穆斯林的旅行家写了很多有关中国、欧洲及非洲大部分地区的报告。由阿拉伯语翻译成拉丁语而得到丰富的欧洲语言仍保留着许多反映当时阿拉伯科学的主导地位的语汇：零（来源于sifr，意为“空”），代数（al-jebr意为“结合”）；星宿名称，比如猎户座（源于bayt al-jawza，意为“孪生兄弟之家”）和牵牛星（“飞行者”）；以及天顶、天底、方位角，等等。

在众多伟大的伊斯兰文化中心，巴格达无疑独占鳌头。它跨踞于底格里斯河两岸，被设计成一个完美的圆形，一道三重的防护墙有360个塔楼来护卫，时称圆城的巴格达不久就吸引了甚至远至西班牙与北印度的商人、学者和艺术家，并迅速变成了富敌君士坦丁堡的世界最大的大都会之一，面积与19世纪末的巴黎相当。这座城市的码头停泊的船只，运来了中国的瓷器，东非的麝香与象牙，马来西亚的香料与珍珠，俄罗斯的奴隶、蜡和皮毛。

四个世纪以来地处伊斯兰东部边缘的古波斯的绿洲城市撒马尔罕、不花剌、马鲁和玉龙杰赤，形成了巴格达的富裕的对手。八世纪时的波斯祖先萨曼·库达特、萨曼尼建立了他们自己的伊斯兰教波斯派，并向西扩张进入阿富汗，抗拒着东边的阿拉伯人和北部的新挑战：热衷于伊斯兰社会财富的突厥游牧民。

这四座城市都坐落在从帕米尔流入基兹里库姆荒地的河边，都由复杂的河渠系统和地下暗渠所支持，并都围有城墙来对抗敌人及逐渐逼进的沙漠，长期以来一直是呼罗珊和河中各省的富裕的保障，都是连接东西方的贸易中心。包裹在雪里的西瓜被急速送往巴格达，用来自中国的技术制造的撒马尔罕纸，在整个穆斯林世界供不应求，并不久就在比利牛斯北部大受欢迎。规模相当于一支小型军队的商队，往来于东欧，用丝绸、铜镜和珠宝来交换毛皮、琥珀和羊皮。从中国来的陶瓷和香料，被用来换成马匹和玻璃。

有30万人口的不花剌几乎可以与巴格达相抗衡。其可用波斯语与阿拉伯语写作的学者和诗人使它获得了“东方伊斯兰大厦”的雅号。它那藏书45000部的图书馆有一系列的房间，每个房间都专属于不同的领域。正如一位11世纪的文选编集者阿塔拉比所说，它是“辉煌的中心点，帝国的神坛，那一时代最杰出的知识界人物的聚会之所。”也许这些伟大的知识精英中最伟大的人物当属哲学家兼医生的伊本·西奈（980~1037年），欧洲人所了解的是他的西班牙语的名字阿维辛那。他的出生地离成吉思汗站立的地方并不遥远。他写过200部著作，其中最著名的是他的医学百科全书《医学原理》。当这本书被译成拉丁文后成了欧洲卓越的医学教科书，并一直保留着这一地位达五个世纪之久。

在突厥人到来的威胁之下，所有这一切都来得过于短暂，而突厥部落在西部的游动也已持续了数世纪之久。但伊斯兰的文明却存留了下来，因为随着突厥人的定居，他们皈依了逊尼派伊斯兰教，获得了伊斯兰的名字与称号。所以，当999年突厥人进入不花剌时，他们是和平地进入的，而撒曼尼兹只是被驱赶了出去，进行了屈辱性的流放。伊斯梅尔·撒曼尼的陵墓是10世纪早期建筑的瑰宝，也几乎湮没在了流动的沙丘下(那也许就是为什么成吉思汗从未注意到它，也就是为什么今日的游客仍可惊羡它那像编织一般精美复杂的装饰有图案的砖结构建筑物)。13世纪早期，在其难以启迪智慧的昏聩的沙领导之下，花剌子模继承了这些宗教的、艺术的与知识的传统。对于这一切，成吉思汗知之甚少，而对于其财富，他却了解得很多。

※　※　※

术外尼用栩栩如生的细节记录下了接下来发生的事。成吉思汗就在一座中世纪伊斯兰的一个光辉的建筑旁，这就是大光塔，80年前由一位野心勃勃的突厥人阿儿斯兰汗所建。它曾经是，而且依旧是一个奇迹，不但是由于它几乎50米的高度，而且还由于它是该地区许多次地震后仅存下来的几座建筑之一。正如导游告诉今日的游客那样，阿儿斯兰的建筑师马斯特·巴科从经验中得知该做什么。它的地基呈倒金字塔形，并深入地下10米，由沙浆、石灰、熟石膏、骆驼奶和鸡蛋清做成。他让这种奇特的、但试验证明效果良好的“水泥”干了三年，然后加上了一层芦苇，在这个有防震垫子的犬牙交错的基础上，他建造了一个保持中亚最高记录达700年之久的建筑。它有12道条纹的烧制土砖仍在用飞旋的书法体颂扬着巴科的名字。当地人称其为死亡之塔，当我们攀登黑暗的、落满尘土的105级台阶时，导游谢尔盖说，罪犯会被从塔顶扔下去处死。

塔的旁边是一个漂亮的入口，通往一个被多重圆屋顶的廊柱所包围的120米长的庭院。这是宫殿吗？在有关该事件的一个版本中，成吉思汗通过翻译问道。不，他被告知，这是神的场所，礼拜五清真寺。他下了马，进入庭院，在布道坛的台阶上向上走了几步。然后……

或许实际情况要远比这复杂。根据入口处坐在破旧的地毯垫上的管理人员所述，事实上发生的事是成吉思汗抬头看了看大光塔——

“是死亡之塔吗？”我即刻问道，并征询地看了看谢尔盖。

“死亡之塔！”管理员不屑地摆了摆手。“它从来就不是死亡之塔！它是一个神圣的地方。死刑都在大广场执行。但却有这样一个故事：当邻居向一位寡妇求婚时，她说她将永远记住她死去的丈夫，并加以拒绝。恼羞成怒的邻居指控她为娼妓，这个寡妇被判从塔上扔下去，可她的衣服起了降落伞的作用，她幸存了下来，因而也证明了她的无辜。不，不，这不是死亡之塔。”

无论如何，管理员继续讲道，成吉思汗盯着这座塔，当他将目光移向塔顶时，他的帽子掉了下来。他弯下腰捡起了它，并宣布道：“这座塔是让我鞠躬的第一件东西。”

管理员的故事加快了速度也加进了细节，成吉思汗指着讲坛问道：这是宝座吗？不，他被告知这是用来布道的，宝座在内堡里。所以成吉思汗走进堡垒，告诉守卫们投降，杀掉了一些拒绝投降者，返回到清真寺，杀掉200名酋长，把他们的脑袋扔进了清真寺的井里，而这口井至今依然在那个八角形的平台下，而只有在这时，根据这个故事的版本，他才登上了布道坛。

而对那几句完全声名狼藉的话，术外尼、谢尔盖与管理员倒是完全一致的：

“乡下已没有粮了,喂饱我们的马!”

当惊恐万状的伊玛目们和其他一些绅士们牵着蒙古人的马匹时,士兵们已经搬空了谷仓,将草料带到清真寺。

一些历史学家曾将此看做是由成吉思汗本人鼓励的精心策划的亵渎神圣,但那并不合情理,被长生天护佑的成吉思汗,将其他人当做了劣等民族,但并不在宗教的领域内鄙视他们。这只是成吉思汗及其军队都将注意力放在了事关征战的实际考虑上了。

然而在这种漫不经心的统治下还是有一个教训,而且成吉思汗立刻就看到了它。在征服的间隙,有许多他可以相信是长生天支持的证据,他也很想要他的敌人理解并且服从。在他离开城市时他进入了马苏剌,一个节日期间在城墙外用于祈祷的院落。这里他决定对一些仔细挑选的听众作一次讲演[①]。首先,他告诉聚集起来的市民们挑选出他们中间最富有和最有名望的人物。280名我想又恐惧又好奇的人聚集在了马苏剌简陋的院落内。对于这个数字术外尼的叙述是非常详尽的:190名当地居民,90人是来自外城市的商人。成吉思汗登上布道坛,对他们解释了他的兴起和他们的衰落。

“人们啊,你们应该知道你们犯下了大罪,而且你们中间的那些大人物犯下了这些罪孽。如果你们问我说这些话有什么证据,我说那就是因为我是上天之惩罚,如果你们没有犯下大罪,上天就不会让我来惩罚你们。”

作为一个穆斯林,术外尼要表明一种看法,尽管总是要着

---

① 这取决于你是否相信这个来源于术外尼的故事。许多人都不相信,包括如W·巴托尔德这样的专家(见参考书目),他称此事“过于离奇”,尽管并未解释其理由。然而术外尼却有确定的细节,清楚地说明这次说教举行的地点。许多作者将该事件的发生地点转移到清真寺内,很可能是由于这样会增加戏剧性效果。

眼于在其支持下他才得以写作的蒙古统治者。在成吉思汗的话中,没有什么个人的或恶意的东西。事实上,考虑到花剌子模令人吃惊的领导以及近几十年穆斯林与其社会渐行渐远的方式,它们倒是十分符合实际情况的。假定成吉思汗得到了足够的战利品来使其军队保持愉悦的话,那倒不一定必须由他来施加这种无端的惩罚。

那就是所发生的事。他的惊恐的听众是不花剌重要的商人和平民,他们每个人都被卫兵看住以确保他们只会被成吉思汗及其将军们抢夺而不是普通士兵。接下来的几天随着沙的士兵及其家人被困内堡,市民们在其卫队的伴随下出城来到成吉思汗的大帐,并献上了他们的财富——现金、珠宝、衣物和纺织品。

为了完成"上天之罚",还剩下两件事:内堡的攻破,这是摩诃末的中坚力量发动夜晚攻击的基地;再者是居民的处置。为扫清进攻的路线,周围的木质房屋被放火烧尽。除了主要的清真寺和那些用砖修建的宫殿外,城市的大部分都化为灰烬。现在抛石机、弹弓以及大型双弓或三弓的床弩可以被布置到位了。在城墙下方,当地人被驱赶着走在攻击队伍前方,直到燃烧的石脑油的轰击范围内,以便用尸体和瓦砾来填满护城河。战斗持续数日,内堡最终被攻破,守卫者悉数死亡,或战死,或被处死,包括所有"高于鞭梢"的男子。幸存的市民被一起赶到马苏剌来进行分配,年轻男子进入军队,妇女及其儿童沦为奴隶,铁匠、木匠和金匠则加入了蒙古的工匠队伍。

然后,蒙古的毁灭性力量又东进,攻向撒马尔罕,同时亦有足够的部队去附带攻占忽毡这一守卫着费儿干纳河谷肥沃、物产丰盛的边境小镇。撒马尔罕,摩诃末沙的新首都"这个人间天堂最令人愉快的地方"由4万至11万人的部队守卫(或许那是居民人数,各史料差异较大),他们躲避在堑壕、城墙、内堡里,这一切在讹答剌攻城战开始的几个星期内都匆匆得到了加固。守卫者包括一队20头大象，很可能是由某个有事业心的商人从印度带来的。蒙古人驱赶着大批俘虏，并让每队的第十个人挥舞着旗帜，以造成蒙古军队声势浩大的印象。他们在城边扎营，而后来自讹答刺的最后一支军队也加入进来。在一次徒劳的突破包围的企图中，守卫者放出了他们的大象，而受惊的大象在逃到开阔的平原之前又转回身来踩踏了他们自己的人。这又是摩诃末昏聩无能的领导为这座城市所做的事，就像其为他的帝国所做的一样，他自己逃跑了，并敦促沿途的每个人都收集好自己的财物逃亡，因为抵抗是无用的。撒马尔罕的商人和教士们，并不打算为这样一个人去死，于是去求和并得到了和不花剌居民一样的待遇，蒙古的首领们拿走了他们的财产，带走了他们的女人和工匠。

花剌子模的征服当然必须包括逃亡的摩诃末的被俘或死亡，这一任务被交给了哲别和速不台，他们追踪着他穿越了今天的乌兹别克斯坦、土库曼斯坦和伊朗。蒙古人在他的身后只有一天的路程，绝望地寻找着安全之地的摩诃末来到了里海，当地的埃米尔建议他躲到一个小岛。于是他和他的一小批随从(包括其子札兰丁)划船来到了小岛上，留下了大批财物任人抢夺，后来摩诃末因绝望和中风而死于该岛。他那可怕的母亲也步其后尘来到里海南边的一个堡垒。蒙古人围困该堡垒达数月之久，迫使守军投降，她被运回蒙古做了许多年的囚徒。

与此同时，蒙古人的铁钳在一座伟大的城市古耳干赤或如其后来所称(至今依旧)的玉龙杰赤会合。1220年末，作为六座较小城市的征服者的术赤也从北边抵达。察合台和窝阔台在得到孛斡儿出与成吉思汗的个人卫队的增援后亦由东南方向赶到。两军相会总计人数达10万，但却不足以吓退守城军民，他们已为一场至少可以持续五个月的战斗做好了准备。这是蒙古人的一次最艰苦的战斗。在这块阿姆河的冲击平原上没有投石机可用的石头，所以蒙古人只能将桑树砍成小段来做弹药。和往常一样，俘虏们又被迫去填堑壕然后毁坏城墙的根基。随着城墙的倒坍，蒙古人涌进城内进行逐街的巷战，前进途中不得不将由石脑油投入房内而引燃大火的房子逐个夷为平地。当这一切证明进展过于缓慢时，蒙古人决定让河水改道来水攻该城，但这一企图却以灾难而告结束，当地人发动了一场突袭，并将在水坝上工作的3000名蒙古人悉数歼灭。当1221年初胜利到来之时，蒙古人已无宽恕之心情。那些有一技之长的人约有10万被当做俘虏带走了，其余人都被杀掉。术外尼说五万名士兵每人要屠杀24人。总计有120万人被杀。

最后，随着整个帝国几乎归其所有，成吉思汗指派拖雷过阿姆河去扫平西部地区。他只花了三个月时间就征服了三座重要城市：马鲁、里沙不儿与赫拉特。里沙不儿在4月陷落，人民被杀，城市被洗劫后夷为平地。赫拉特明智地投降了，除其1200名守卫军外，人民均被瓜分。而马鲁的命运却值得特别的关注。

在那些遭受过灭顶之灾的城市中，鲜有保留其伤痕者，广岛已在其遭受过原子弹攻击的废墟上建起了新的城市。1902年被火山爆发摧毁的马提尼岛圣皮埃尔遗迹也像广岛一样得到了恢复。今日，小商贩的摊位比比皆是，玩耍的孩子们藏在被烧焦的石头后面。汉堡、柏林，甚至德累斯顿几乎都没留下什么遗迹来告诉人们它们在半个世纪前曾被炸或被烧成一片瓦砾。

但旧马鲁却不是这样。在13世纪早期，这座绿洲城市是中亚的一颗明珠，是一座清真寺与高楼林立的城市，城中有城，土坯房的郊区面积达100平方公里，所有这一切都借穆尔加伯河上的一座大坝来维系，其水渠系统提供了清凉的河水。马鲁的10座图书馆共藏书15万册，是中亚最大的收藏。在成吉思汗到来前的一个世纪，奥马尔·哈亚姆就曾在马鲁年久失修的天文台工作过。然而今天,旧马鲁却只是一个影子。如果你站在靠近其中心的一个小土堆上,你就被成片的瓦砾堆和积满尘土的屋脊所包围。这里唯一复活的是西边约30公里处的新马鲁——马里,它正在把工业浓烟排向天空。在城外的平原上,高低不平的堆积物构成了一片荒芜的景象,而一个光秃的、凋零的桑机儿算端12世纪陵墓的圆顶遗址,更强化了这里的苍凉感;这座曾覆盖着青绿色屋瓦的陵墓甚至在还有一天路程的远处,都可看到它奕奕的光彩,它也是中亚最伟大的建筑奇迹之一。"少女城堡",一个有着管风琴一样的无顶的长方形建筑,则仿佛外星人置于此地的一件艺术品,既奇特又令人困惑不解。

这里发生的事件使城镇变成了荒漠。没有任何线索表示这些事情究竟是什么。就像不了解原子弹、火山或是爆炸为何物的人来观看广岛、圣皮埃尔或德雷斯顿的遗址一样。围绕着这里的一切都是一种爆炸的迹象,然而其原因却不得而知。为理解这里发生的事情,必须去挖掘过去,挖掘地下[①],挖掘那些文字的记录。

这里的一切并不都是一次性地发生的,大多的荒凉都是风雨所致,但这一过程却开始于1221年4月蒙古人兵临马鲁城下之时。这座城市的精神在一位前沙的将军带领下得到了恢复。此人名叫抹智儿木勒克,是一位自命不凡的贵族。术外尼是这样谴责他的算端梦的:"在他的内心深处,这一幻觉变得如此根深蒂固,仿佛天空没有他的准许就不能旋转。"当800人的一小队蒙古军进攻马鲁时,他们被击退了,但有60人被俘,并在游街示众后被处斩。当成吉思汗和拖雷听到这一羞辱后,也就决定了马鲁可怕的命运。

① 详情见乔治娜·赫尔曼领导的"国际马鲁计划",一项在中亚最具野心的考古遗址之一背后的动力。

蒙古人的军队并不大，大约7000人、每人都装备有弓箭和刀，每人都穿着厚重的皮铠甲，并备有数匹备用坐骑。就像通常那样，他们的数量被极大地高估了。他们所面对着的是一支12000人的军队和一座正常人口约7万，但附近村庄的避难人口使其数目增加了10倍的城市。马鲁的领导者们已经犯了抵抗的错误，而其市民则深知这对他们意味着什么。整个城市笼罩在恐怖的气氛中。士兵和平民都关好门窗，一动不动地等待着。“世界穿上了悲痛的长袍，”术外尼写道，“蒙古人将城池团团围住。”

整整六天时间，蒙古军首领都在绕城寻视。在一个地方，有200人企图突围，但被赶了回去。抹智儿木勒克眼见无其他选择，便纳款请和，蒙古人要求交出200名城里最富有、最有影响的豪门旺族，他们被送了出去，其财产状况亦被蒙古人悉数掌握。然后在兵不血刃的情况下，蒙古人进入城内，开始了他们的复仇。在四天的时间内，他们将顺从的人群赶到城外的平原上。

然后，屠杀开始了。这个地方被洗劫一空，房屋被推倒，书籍被烧掉或埋掉。广岛在数秒钟之内被摧毁，圣皮埃尔的灭亡持续了4分钟，德累斯顿的毁灭则在一夜之间，死亡者都是成千上万。而马鲁却花了数天时间慢慢地死去，几乎丧失了每一样东西、每一个人。

> 蒙古人传令，除了他们从人群中挑选出来的400名工匠，以及他们掠为奴隶的童男童女外，其余所有居民包括妇女和儿童都被杀掉，不管男女无一人幸免于难。马鲁的居民接着在士兵和应征者之间进行分配，简言之，每人要杀掉300~400百人。

然后，在蒙古人撤离后一位著名的教士做出了他的估计。

“他和其余13人夜以继日地工作了13天，清点在城内被屠杀的人。只计算了那些容易看见的,而那些在洞里、低凹处、村庄里以及沙漠上的被杀者并未算在内，他们算出的数字超过了130万人。

130万人？在玉龙杰赤可能被杀的120万人之外？许多历史学家对此持怀疑态度,因为它听上去很不可信。但我们从上世纪恐怖的大屠杀可知,有意志,有领导,有技术,这个数字很容易达到。在1915年亚美尼亚的大屠杀中,土耳其人杀掉了210万亚美尼亚人中的140万；纳粹在大屠杀中杀掉了600万犹太人；1970年代中期,柬埔寨红色高棉的残暴统治使(约800万人口中的)170万人丧生；1994年的卢旺达种族仇杀,80万人死于非命(总人口为580万)。

所以130万要远远多于马鲁可能的死亡总数，而且是以比上述任何一个例子都要短得多的时间达到的。纳粹的大屠杀超过了五年,红色高棉的谋杀超过了三年,而卢旺达的萨曼沙政府的所谓“世界所知的最快速的种族仇杀”[①]也刚好超过三个月。但是,除非我们重新定义“种族仇杀”,否则上述的大规模杀戮行为无一可与蒙古人在马鲁的所作所为相比。对一个蒙古人来说,杀掉一个放弃抵抗的俘虏要比屠宰一只羊更容易。为了不将肉弄脏,杀羊必须要小心。需要在胸口割一个小洞,将手伸进去,抓住心脏使之停止跳动。羊似乎并没有感觉到什么,而整个过程也只是半分钟多一点。对马鲁的一个居民并不需要如此麻烦,在蒙古人看来,他们的价值并不比羊更高。切断一个喉咙只需几秒钟,接下来就是下一个。我们这里谈论的不是年或月,而是小时。对7000人来说,杀掉10万人应该是非常艰苦的一个上午的工作。

---

① 《纽约书刊评论》,2003年1月6日。

玉龙杰赤的死者过百万，马鲁亦过百万，其他几个城市同样也是成千上万，这无疑是史无前例的大规模的屠杀。考虑到蒙古人对非蒙古人的态度，他们的服从及屠宰技巧，在他们入侵穆斯林帝国的两年过程中杀掉300万人或更多，在技术上是可能的。

但这些数字是真实的吗?

看一下术外尼130万人大屠杀之后有关马鲁命运的记录应该是颇有教益的，而这个数字无疑应该包括城内及周围的每个人。此事发生在1221年的2月，同年11月，有关札兰丁抵抗的谣言，引发了一次叛乱。蒙古的地方长官巴儿马思命令"工匠人等"进入城外的营地，并试图召集"贵族们"，于是"杀了一些他在门口看到的人"，并带着更多人去往不花剌。在马鲁城内反叛者与亲蒙古力量为争夺统治权而战斗。一个反叛者"修理了城墙和内堡……改良了农业和修缮了水坝"。而当另一个反叛者，札兰丁的一名手下到来时，"普通人都造反倒向他那一边"，他也转而接管了农业的计划和水坝的修建。失吉自己赶来镇压这次叛乱，因为"各地的陌生人被它大量的财富所吸引，从他们各自的角落站起身来，奔向了马鲁"，市民同样也加入其中。新的攻城以迄今为止相同的方式结束："将骆驼缰绳套在信徒头上，(蒙古人)将他们10人或20人一串带走，投入血河(即处死)；他们以这种方式使10万人殉难。"一个被蒙古人留下的当地的长官想到了一个号召幸存者祈祷的馊主意，"所有从洞穴里出来的人都被抓住并囚禁起来，最后被从屋顶上扔下去。更多的人被以这样的方式消灭了"，直到"全城不到四个人活下来"。然而一个新的埃米尔阿儿思兰篡夺了领导权——我们不禁要问是谁或从哪里？——聚集了一支一万人的军队，统治了六个月。一个蒙古将军返了回来，"杀掉了他所遇到的所有人"。然后失吉又回来"开始折磨和迫害居民"，而又一次"除了10个或12个印度人之外……城里没剩下一个人”。但在1240年代，守城长官阿儿浑来到马鲁附近的村庄，并在那里“连续几天在皇家宫殿大摆筵席，每个大臣……开始修建花园，建造宅邸”。1256年马鲁位列那些“葡萄酒和其他无限的供给品像水一样被吸取”的省份中，这都是蒙古统治者旭烈兀索取的。在这个灭顶之灾不断重复的童话中，总是有更多的人要被屠杀，总有经济的利益仍旧值得争夺，如果这是真实的话，只能表明每一次的灾难都不会像术外尼所描述的那样带有世界末日的性质。

死亡人数究竟是多少已不可能说得清楚。没有人口统计，所有的数字也只是猜测，但却有一些可供思考的线索。在整个花剌子模，实际上约有20个城市，就算每个城市平均有10万人口，总计应有200万城市居民。巴托尔德所引述的地理学家列出的札拉夫善河富饶的河谷中有223个村庄，如果假定每个村庄有1000人，总计为25万人，而不花剌与撒马尔罕就在这个河谷中；再假设其他并非很富裕的地区有750个村庄，总计有100万村民，这样城乡人口合计300万。现在来看一下曾为花剌子模疆域的更近的数字：20世纪早期，时为“俄罗斯突厥斯坦”之一部分的乌兹别克斯坦和土库曼斯坦约有200万人，而伊朗的呼罗珊地区也只有约100万人，总计的人口是300万（现在整个该地区的人口为3000万）。所以，如果术外尼是正确的话，假设那时候的数字与共产主义推行之前的数字相一致，那么蒙古人不但杀掉了重要城市中的每个人，而且也杀掉了他们新版图内的每个居民。

但他们并没有。即使在最极端的情况下，城市依旧在运转，依然有叛乱需要镇压，依然有军队可征调，依旧有赋税可收取，重建工作依旧得以进行。以现存史料为基础对破坏程度作简单的估计，几乎不可能对事件的复杂性做出正确的判断。所以这些假设或者史料肯定是有错误的，使得真相被掩埋，并且无法恢复。也许我们所能做的一切就是假设一个较高的人口水平和一个较低的死亡程度，比如500万的25%，这是一个可以让被破坏或遭受残酷对待的社会可以继续某种生活直到流逝的岁月将他们从压迫下解救出来的程度。

保守地估计也仍留给我们两年之内125万人口的死亡。

无论从绝对数字而言，还是从比例来看，它们是历史上大规模的屠杀之一，也许是最大的，与欧洲最大的灾难黑死病造成的25~30%的人口死亡率相当。

花剌子模的大屠杀有现代的相类似的版本。发生在马鲁、玉龙杰赤以及整个这一地区的事，可以和纳粹的大屠杀作一比较，因为拖雷的蒙古人与那些实施最后解决方案的德国人的态度，有惊人的相似之处。最令我震惊的是汉娜·阿兰德有关这种邪恶的著名的陈词滥调。蒙古人总的来说是屠宰动物的高手，杀羊对他们来说完全是例行公事，而杀掉这些人也只是一件应做的工作，就像安排毒气室和焚尸炉对于奥斯维辛的长官鲁道夫·赫斯来说也只是一项技术的和例行公事的挑战一样。但这种比较却无法进行到底。纳粹的大屠杀是国家政策的结果，它被执行了许多年，除满足希特勒的反犹情绪外，并无经济的或军事的目的。而花剌子模的屠杀却是用恐怖来支持这一战略决定的一次性运用的总合：它完全不是种族的仇杀，而是城市的屠杀，并有其自己的术语：屠城战略。

马鲁的屠杀并不是结局。摩诃末之子札兰丁与其父完全不同。他收集残部向南退却，在成吉思汗的追逐下进入了今天的阿富汗。1221年春，在喀布尔北部的八鲁湾，他让蒙古人遭受到了这一战役以来的首次失败。（顺便说一下，这位蒙古将军是成吉思汗的弟弟，《秘史》可能的编者，失吉。成吉思汗非常理解。他说失吉以前从未经历过命运的打击。这对他是有益的教训。）

尽力保留抵抗核心的札兰丁继续战斗到他又后撤400公里经过兴都库什山穿越锡伯山口到达北印度令人窒息的平原，一直到他被印度河和尾追的蒙古人所困。这是他的军队的末日，但并非他的结局，在术外尼戏剧性的叙述中，札兰丁驱马跳入水中，并安全地到达了远处的对岸。成吉思汗吃惊地以手捂嘴看着，并为他的勇气所折服，因而放走了他，说："每个父亲都应该有这样的儿子。"札兰丁仍在战斗，尽管没有太大的作用，但却使自己成为了传奇故事中的英雄。没有人确切地知道他是怎样死去的。他很可能是在1231年被不知道他是谁的库尔德强盗所谋杀，有关他的传言继续流传了许多年。术外尼记录了两个伪札兰丁，而他们俩都由于其伪称而被处死。

成吉思汗并未乘胜进入印度。有一个故事说他是被一头他所遇见的会说话的"独角兽"所阻止。那很可能是一头犀牛，一个如此令人敬畏的景象，以至于当成吉思汗听到楚材聪明的解释——立刻回兵时，他撤退了，并且将注意力转向了其他方面，转向他的使命：那些在此次战役开始时敢于挑战他的仆从国；转向更加遥远的西方那片未知的土地。

# 第九章

# 大征伐

历史的唯一法则是它没有其他的法则，但却有那么一点点近乎确定无疑的事，那就是：

帝国是会扩张的，只要它们有力量这样去做。

新的征服在创造了新边界的同时也显露了新的威胁。那些对历史上的罗马人、英国人、俄罗斯人、法国人、中国人以及对现在的美国人是真实的东西，对蒙古人也是真实的。

随着摩诃末的死亡及花剌子模帝国即将成为历史，速不台、哲别及其获胜的军队此刻正站在黑海岸边环顾四周，寻找着新的挑战。1221年早期，当速不台回马驰往撒马尔罕向成吉思汗领命时，伊斯兰以外的领土征服并不是成吉思汗心目中最重要的事情。伊斯兰世界本身就已是一个足够的挑战了，它的中心巴格达将不会轻易陷落，而在西北部还生活着自称为不里阿儿的穆斯林民族。作为皮毛商，他们和花剌子模有着良好的贸易关系。人种学家猜测他们与另外一种南部不里阿儿人，即后来的保加利亚人有着远亲关系，但在这一时刻，这两种人之间早已失去了联系。这些自10世纪起就已皈依伊斯兰教的不里阿儿人是一个原始的猎人与渔民的国家，他们通过与俄罗斯人及伊斯兰世界交易皮毛而使自己富裕了起来。作为穆斯林及花剌子模的联盟，不里阿儿人当然成了合适的猎物。但是他们住得有多远呢？在里海另一边的高加索的崎岖山脉之后会有谁或什么等在途中呢？成吉思汗同意弄清楚这一点。而他本人此时却要动身向南追击札兰丁，拖雷则要给马鲁更加密切的关注。成吉思汗可以抽出速不台一到两年时间。没有人比这个中国、满洲、哈喇契丹和花剌子模战场上的45岁的独眼老兵更合适了。他和哲别可与在花剌子模暂时无进一步任务的术赤相会合，然后他们三人绕黑海前进来评估一下在不里阿儿可获得什么样的财富。就战利品与信息而言，这次远征注定要得到多倍的回报。

军事史上最令人惊异的冒险就这样产生了：一次75000公里的奔袭，使蒙古人首次与基督教世界发生了联系。

前进路上的第一个王国是格鲁吉亚，它成为基督教国家已逾千年，而成为独立的国家亦有百年之久。此时，它正处在其势力与威望的顶峰，由于其英雄女王塔玛拉，这一帝国从黑海沿高加索山脉扩张至今日的阿塞拜疆。格鲁吉亚人将塔玛拉王朝(1184~1213年)看做为一个黄金时期，是文学、建筑、学术、艺术的复兴期。这一切都由富饶的土地和商人提供资金，这些商人们把第比利斯变成了连接欧洲、俄罗斯和花剌子模的货栈。拉斯特维利熟知希腊与中国哲学，他的民族史诗《穿黑豹皮的武士》在蒙古人到来前几年就已完成。格鲁吉亚及其宫殿、修道院与圣像，镶金的福音书，正是哲别和速不台所需要的为其巨大的冒险提供资金的物品。

实际上，就是在1221年，基督教欧洲听到了有关中亚正在发生的事情的最初传言。在那一刻，基督教恰巧也需要帮助。在过去的三年中，由法、德两国军队组成的第五次十字军一直在试图征服埃及，但却被萨拉森粉碎。教皇转向富裕而强大的基督教兄弟格鲁吉亚人寻求帮助。但塔玛拉的继承人辉煌的格奥尔基并非唯一可能的援助之来源。来自法国十字军城镇阿克尔的主教雅克·维里写给欧洲基督教在罗马、伦敦、维也纳和巴黎的领导人的消息称，“一个新的强大的基督教保护者已经兴起”。他的名字是印度的大卫王，是传说中的祭祠王约翰的孙子，而对这两个人这位主教立刻就混为一谈。显然，大卫或祭祠王约翰已应巴格达的聂思脱利教会首领之请，从亚洲深处出兵，在其拯救基督教欧洲及使耶路撒冷恢复到其真正的主人之手的路上，并且已经击败了穆斯林的游牧部族。这一反映着旅行者从花剌子模和格鲁吉亚得到的故事的讹传，将几个事实相混淆，那里确实有过一位聂思脱利教的王（脱斡鄰勒），也确实有过对伊斯兰国家的胜利（哈喇契丹的创建者耶律大石以及此刻的成吉思汗）。

然后，对雅克的谣传的某种间接的证实又接踵而至，这种证实来自格鲁吉亚本身，并且是由蒙古人的到来引发的。进攻以旋风般的速度发起，并且没有明显的逻辑。蒙古人几乎骑行到了第比利斯，将格鲁吉亚的骑士之花砍成了碎片。然后又消失在了伊朗的北部，在决定不对巴格达发动攻击后，折返向北，第二次粉碎了格鲁吉亚的军队（杀掉了辉煌的格奥尔基），此后继续前进翻越高加索山脉，使得格鲁吉亚人并不知晓蒙古人进行的只是侦察的使命，而且对他们自己未受到进一步的攻击而大惑不解。

不管原因是什么，都不可能再有给在埃及的十字军提供帮助的想法了。格奥尔基的继承者，妹妹鲁苏丹给教皇写了一封令人大为惊异的道歉信：“有一种野蛮的鞑靼人，像地狱魔鬼一般，对战利品的贪婪像恶狼，作战像狮子一样勇敢，侵入了我们的国家。他们肯定来源于基督教……"她显然认为蒙古的旗帜上一只展翅的雄鹰是变形的十字架。他们现在离开了,她撒谎道,被勇敢的格鲁吉亚骑士赶走了。"上帝,"她得出结论:"我们已不再能够承担起我们曾向您保证的责任了。"

在高加索北部的低地亦即今日之车臣,蒙古人遭遇到了另一个更为强大的敌人。这是些俄罗斯人称其为波洛维赤、突厥人称其为钦察、欧洲人称之为库蛮的突厥部落,他们统治着从黑海向北延伸,越过顿河到俄罗斯公国以及其首都基辅边境地区的广大草原。和格鲁吉亚、拜占庭和俄罗斯均有联系的波洛维赤人要远胜过蒙古人,他们也拥有重型战争机器和骑马射手的灵活组合。此外,他们在自己的土地上,有着更多的武士,并可得到当地其他部族的增援。有很长一段时间,被强大的军队与冰雪覆盖的高加索山口所困的哲别和速不台面临着失败。他们做了唯一可能做的事,即遣使带着驮满从格鲁吉亚抢来的财宝的牲畜去献给波洛维赤人。而后者为何要冒险去作战而舍弃这笔意外之财呢?他们收取了财宝,并在一夜之间消失得无影无踪,只留下当地较小的部落成了蒙古人轻易获取的猎物。当然,后来卸掉大车、财宝或战争机器负担的蒙古人追上了离开的波洛维赤人,又夺回了他们的财宝。幸存者逃入俄罗斯,使蒙古人成了克里米亚北部草原的主人。

现在哲别和速不台兵分两路,哲别守卫着顿河岸边的基地,速不台则南进克里米亚,扫荡波洛维赤。而在这里,蒙古人首次遇到了欧洲人。这些人来自一个与他们的帝国完全不同的帝国,亦即威尼斯的商业帝国,他们坐落在亚速海入口处的飞地,即威尼斯人在克里米亚的两个基地中的一个,另一个在切尔森,靠近今日之塞瓦斯托波尔,其间隔着对手热那亚的前哨苏达克(时称索尔达亚)和费奥多西亚(卡法)。威尼斯商人立刻就看出了新来者的潜力。蒙古人是富有的,使用着银质的马鞍与挽具，锁子甲下面穿的是绸缎；他们实际上拥有一支翻译队伍，还有一个热情的穆斯林商团；而且他们可以用武力来夺取他们想要的任何东西。对蒙古人来说，威尼斯人也有他们的用途，他们拥有航海船只和进入新商品世界的贸易联系。协议立即达成。速不台赶走了苏达克的热那亚人，给威尼斯人以黑海贸易的垄断权，而后回师顿河与哲别会师。

在1222年晚期，二人共同西进，穿越无防御的草原来到了德涅斯特河。探子带回了俘虏来询问，来自中国的学者雇佣了翻译队伍。官员们则收集着有关民族、城市、军队、农作物和气候的情报。间谍被招募、付给报酬并被送回家做潜伏，以待未来事态的发展。然后哲别和速不台带着大量的情报和战利品返回第聂伯河，为对北部的不里阿儿人所发动的长期艰苦的战斗做准备。

然而情况却并不如意。尽管波洛维赤人与俄罗斯人有着不大稳定的关系，但波洛维赤的忽滩汗还是设法与之结盟，实际上是以成为当地俄罗斯的一位军阀“大胆的姆斯季斯拉夫·姆斯季斯拉维奇”(中文史料称为密赤思老——译者)岳父的形式巩固了自己的地位。忽滩汗建议与姆斯季斯拉夫结成军事联盟来对抗蒙古人：“他们今天夺走了我们的土地，明天就将轮到你们了。”俄罗斯各省的王公纷纷来参战，1223年春，来自伏里尼亚、库尔斯克、基辅、契尔尼果夫、苏兹达尔、罗斯托夫的军队都聚集到了第聂伯河西岸。

面对强大的敌人，蒙古人有些犹豫不决。有消息说，正在黑海北岸向西进发途中的术赤已受命与他们会合，但术赤却一如往常，是一个非常难以控制的人。他显然是“生病了”——很可能是不愿意丧失他行动的独立性。在他持续不断缺席的情况下，速不台和哲别遣使向各俄罗斯王公求和。我们的冲突不是针对你们，蒙古人说，而是针对波洛维赤人。我们所要求的一切就是一个你们不帮助我们的敌人的保证。然而就像四年前摩诃末沙的所作所为一样，王公们拒绝了这个建议，指称这些人为间谍，并处死了他们。与那时一样，这一事件成了一个必须报复的公开侮辱。

俄罗斯军队慢慢集结在第聂伯河岸边，并由此向下游的急流处慢慢散开，这里现已被一座在扎波利兹扎亚（激流远处）修建的水电站大坝所形成的湖泊所淹没。扩散到后来变成哥萨克基地的霍提茨亚岛时，他们的人数已达8万人：主要有波洛维赤骑马的弓箭手，乘船到达的加里西亚步兵，以及挥舞着圣像旗帜，戴着圆锥形头盔、铁质面具，拿着长剑与狼牙棒的俄罗斯重装骑兵。他们的装备与食物都有大车来装载。虽然看上去很可怕，但他们本质上是一支习惯于欧洲式作战的军队，精心安排的作战往往以城堡和防护墙为依托。众多的参战单位是在王公们的指挥下作战的，而指挥官们也准备彼此厮杀，就像对待普通敌人一样。而这一次却既没有时间又没有意愿去结成一个在指挥机构、情报和战略诸方面的统一体。

相比之下，这支20000~25000人的蒙古军队却有着铁一般的纪律，在开阔地带行动迅捷，并且有统一的目的，而这一切又得到了和成吉思汗的大本营保持着顺畅联系的通信系统的保证。蒙古人备有正常的马匹更换和骑手接力的站赤系统，可以日行600公里，这一速度直到铁路的出现才可与之相匹敌，而它的灵活性又远非铁路可比。此外，这些装备优良的骑兵不仅装备有他们自己的良弓，而且还有穆斯林的铠甲及大马士革的轻质钢剑。

对于在第聂伯河西岸展开的俄罗斯人来说，与敌人的初次接触除了轻蔑外不会留下任何印象。当俄罗斯的一队骑兵冲过河时，只装备有弓箭和马刀的成群的蒙古人，胡乱地放了几支箭后便向开阔的草原上落荒而逃。在击溃一小队蒙古军，俘虏并处死其首领后，俄罗斯人的自信心顿时倍增，而那个蒙古首领当时则躲在一个坟堆后面，也许是计划在俄军背后发起攻击。俄罗斯大军随后争相使用浮桥过河。蒙古军依旧在撤退，似乎很乐意放弃他们的牲畜和当地的俘虏。这一切随着俄军的顺利进展均被一扫而空，直到如一位著名的俄罗斯编年史作家所言："整个军队里都挤满了牲畜。"

整整九天，蒙古人都在他们矮小而快速的马上一路狂奔，进展在继续，甚至更加深入到草原的腹地，有骑兵护卫着大车的俄罗斯人对胜利更加自信，而夺回了土地的波洛维赤人也欣喜万分。5月31日，俄罗斯人抵达了一条小河迦勒迦(中文史料称阿里吉——译者)河，它源于低矮的小山，而后流经草原进入南边40公里处的亚速海。自然首先过河的是波洛维赤人，因为他们的速度可以和蒙古人相比。接踵而至的是俄罗斯骑兵，然后是步兵，而车辆和重型装备则被留在了远岸的一条狭窄的通道上，不久这支进攻的军队就像一汪水一样，正在被拉成一条点滴状的直线。

现在，蒙古人以一种完全非传统的方式发动了进攻，重装骑兵追逐着装备较轻的波洛维赤弓箭手，骑兵们接着进攻俄罗斯的骑兵，使用他们的长矛、矛和轻质钢剑一路冲杀，直到两支进攻部队陷入一片混乱的奔逃之中，并冲垮自己的后队，将整个部队压迫进一条浅浅的峡谷。结果六名王公和70名贵族战死。河对岸，古板的基辅人刚刚有时间将其车辆组成防御阵形并开始缓慢撤退，而其他部队则在草原上四散逃命。几天之后，一些到达第聂伯河的幸存者乘船顺流而下逃跑，其他人则在草原上奔逃之际被追杀。俄军首领中，只有加利西亚勇敢的姆斯奇斯拉夫设法逃脱，回到今日之匈牙利与乌克兰边境地区的家。

最终幸存的首领们，包括基辅的姆斯奇斯拉夫·罗曼诺维奇在意识到不该再流血之后投降了。哲别和速不台无意放弃为被屠杀的使节复仇，但信守了他们的诺言，给了对手王公应得的不流血死亡的礼遇。但所挑选的处决方式却是野蛮、残酷和精心策划的，不仅仅是为了给蒙古军首领以施虐狂似的满足，而且还给了严阵以待的西方以严厉的警告。俘虏被捆绑后平放在地上，在那里他们成了一个沉重的木质平台的地基，当速不台、哲别和其他官员在平台上欢宴时，姆斯奇斯拉夫及其同盟者则在他们身下慢慢窒息而死。

就在此时，1223年6月初，一直逗留于黑海北的术赤踏上了驰援之路，在跨过第聂伯河的一次短暂的突袭后，哲别和速不台返回到了伏尔加河，并与术赤会师。然后逆河前进700公里，遇到了他们最可怕的对手，伏尔加不里阿儿人。他们拥有两座城市不里阿儿和苏瓦儿，统治着靠近今日喀山的伏尔加河地区。这里才是蒙古人整个远征的最初的目的，但其结果却几为一场灾难。史料并未给出细节，但不里阿儿人却是非常难以对付的，而蒙古人则在经历了他们的第一次，也是唯一的一次失败后退却了——带着一种羞辱的记忆，而这种记忆则要一直延续到15年后复仇变得可能时为止。

对俄罗斯的大征伐以及其在迦勒迦河上关键的遭遇，有着非同寻常的后果，当蒙古人返回并加入到额尔齐斯河畔成吉思汗的大军时，他们带回了有关这片土地及其资源，还有抵抗情况的丰富的知识。征服边界地区的部落需要更为强大的军队，其后就是缺乏统一指挥的俄罗斯人，可以一个省接着一个省地慢慢夺取，城市亦可被抢掠。

正如他们从波洛维赤俘虏那里所了解的一样，在俄罗斯疆界以外，是另一片富饶得足以支持任何一支西进的蒙古军队的草原。通过缜密的计划，成吉思汗可以追随其天授之命为他的游牧帝国创造出第三个焦点。中心是他的家乡，东边是中国富裕的城市；而遥远的西方则是一个新的目标，匈牙利富饶的平原。而将匈牙利看做一个新的蒙古，欧洲看做另一个中国，且已熟透至只待摘取并不需要太丰富的想像力。

# 第十章

# 寻求永生

这一切的意义究竟何在？显然，对成吉思汗来说，所有的事实都在向他证明他就是被长生天选中来统治世界的人：他正在履行着40年前在不儿罕·合勒敦的山坡上获救时的诺言。但为什么偏偏是他？那种眷顾他，并通过他来提升其国家的神秘力量的本质又是什么？这肯定始终是双重的迷惑，先是从默默无闻中被选中、被护佑，又由于他的忠顺而被授予了史无前例的征服的力量；但后来却未被授予对真神，即宇宙万物内在的本质的认识。

这只是一种猜想。但当萨满教和聂思脱利基督教在蒙古和突厥各部成为竞争对手时，这种沉思就存在于成吉思汗从童年时起就呼吸着的空气中。当他还是个年轻人时，就已经知道蒙古萨满教以及他们的鼓、面具和鬼魂附体，并不是唯一通往精神世界的道路的提供者；其他的神职人员也宣称他们对世界有着更为深刻的认识；而其他的政治领导人则在宣称拥有神授之天命。在成为一个领袖或征服者后，他的阅历更加地宽阔了。中国的皇帝们以神授之君权来进行统治；西夏的国王是不儿罕，圣人，活佛。他在各地所看到的碑铭都是在宣示宗教的信仰。譬如银川的八角塔和皇家陵墓，大同与北京的寺庙。现在通过速不台的书记官书写的由站赤(急递站)送来的信件,他了解到了另一些巨大的纪念碑,格鲁吉亚的大教堂。在他看来,似乎所有这些信仰——萨满教、儒教、佛教、基督教——可能都是在探求着某种相同的模糊不清的真谛。这是一个可以从成吉思汗的一条法令中得出的结论,在该法令中,他命令所有的宗教都应该给予相等的尊重,这一法令构成了成吉思汗以来蒙古皇帝们最令人惊异的特点的基础——宗教宽容。

这种思想开阔的求索及缺少偏见,似乎已在成吉思汗其他的非精神领域的思想中苏醒了。如果说这样的一些不确定的信仰就可以催生出庞大的帝国和隽永的纪念碑的话,那么,如果他可以号令这个真正的"真神",他将能够行使什么样的权力呢?尤其是如果这既包含了对来世的认识和生存的保证,又有更现实的意义,一种延长现世的能力又会怎样呢?

成吉思汗的随从中有两个人比其他任何人都更适于鼓励这样的思考。其一是契丹人"长髯"耶律楚材,他曾经历过北京的沦陷,在1218年觐见成吉思汗并成为其最接近的顾问之前,曾隐居并在佛经中寻求启迪。另一位是他的汉臣刘温,此人也因其精通医术及削骨为鸣镝而闻名于世。当成吉思汗正在集结军队,准备入侵花剌子模时,正是从这两个人那里听到了全真教这一道教派别及其著名首领,圣人长春真人。

古怪与高尚情操相结合的全真教派,是由绰号王疯子的王嚞(名王重阳——译者)所创。据传这一学说是于1159年当王在外行走时,遇到两位仙人指点,得修炼真诀后,遂创此学说。它本质上是由半神化的老子学说经1700余年进化的道教的一支。道教认为生命最好是在寻求并遵循"道"之中度过。通过所谓修行,他们意欲理解人与物的原始的纯洁性——即它们被生活腐化前的"返璞归真"——了解他们上天注定的命运,然后通过履行这种命运来达到人类堕落前的纯洁。王重阳对这一古老学说的两个重要贡献之一是坚持一种极端的、神秘的、苦行僧一样的禁欲主义,包括尽可能少睡,一种“除去黑暗魔鬼”的修炼。在这种思想见识的激励之下,他给自己挖了一个三米深的洞穴并在里面住了两年,后又变其住所为茅屋。在又经过了三四年与世隔绝的生活后,他放火烧了茅屋,而且有人看到他在灰烬上舞蹈。此后,也许是精神和身体都得到了很好的修炼,他创立了一个名为金莲会的机构来传播他的调和学说,即三教合一,将中国的三种重要宗教——儒教、佛教和道教结合起来,而又以道教为基本信仰。对于其伦理、行为和政府理想,全真道加进了一种社会福利的责任;而它的所有教义都一律平等地适用于男人和女人,将妇女包括在内亦是它最为独特的特点之一。

王疯子的门徒之一是一位姓丘的十多岁的少年,此人由于其非同寻常的记忆力和优美的诗句博得了广泛的赞誉。当王1170年去世时,年仅22岁自称“长春真人”的丘处机成了王学说的传播者之一。他精通道家博大的炼丹文献,而且坚信某些物质——玉、珍珠、珠母、朱砂、黄金——如果可以人工制造的话,便可用来造出长生不老之药的信念。就像许多伊斯兰与欧洲的炼丹术士一样,长春真人对炼丹术的象征意义而不是其实际运用更感兴趣,而这一切都与精神的修炼相关。但也正是这种更为长寿的观念,部分地解释了这一教派何以日益流行的原因。全真道得到了北京的辽王朝的支持,并开始拥有其自己的道观,此外,在对宋战争期间,当城市被焚毁、土匪横行乡里时,这一教派的仁爱原则也在普通民众中赢得了众多的皈依者。

像长春真人这样的人可能会由于一些原因而引起成吉思汗以及他的一些官员的兴趣。耶律楚材的日程中就包括把任何一种有可能给上苍以援助之手,将这位嗜杀的蛮夷首领转化为文明的、神圣化的帝国管理者的思想体系介绍给成吉思汗。就政治而言,成吉思汗应该也已经看到了笼络一个对其不安分的中国臣民有着如此良好影响的人的意义。然而最终起决定性作用的还是炼丹术的实际应用。成吉思汗此刻已年过60，而且也不再可能继续亲征，除非他从刘温那里听到的传说是真实的，即长春真人已超过了300岁，而且也可以教他人这一长寿的秘诀。

1219年，实际年龄七十多岁且为教派首领的长春真人也曾收到并回拒过宋朝的邀请。而此刻，一个来自遥远的西北的代表带着一封更为急迫的邀请函，一封由耶律楚材用中文起草的长信，来到了他距北京500公里的山东半岛莱州之道观，这封信就是被刻上数座石碑的成吉思汗采信这位修行的道家圣人伪装的那封信。此信是刘温在20个蒙古人的陪伴下带来的。当刘温得到成吉思汗的命令时，正在蒙古中部的一个乃蛮营地。穿过草原、戈壁及饱受战乱的中国北方到长春真人的道观花了七个月的时间。

起初在意识到这次旅行可能会涉及到些什么的时候，这位老术士颇为犹豫。成吉思汗对花剌子模的入侵进展顺利，而他每天都在远离中国。如果这位老人就像回绝宋朝一样拒绝这次邀请该如何是好呢？刘温变得更加地焦虑不安起来："师名重四海，皇帝特诏仲禄，逾越山海，不限岁月，期必致之。"我以为在此刻，对长春真人的野心应该有一种吸引力。如果事情进展顺利，与成吉思汗的会面难道就不会成为一件对其教派以及其宗教最有利的事情吗？

显然拒绝并非明智的选择。好吧，这是上天的意旨。长春真人为一次历时四年，行程一万余公里的旅行做着准备。他的旅行由其门徒李志常做了记录（而东方学家阿瑟·威利则以《一位炼丹术士的旅行》为题对此进行了漂亮的翻译，本章的引文均取自该书）。它提供了在一个关键时候对内亚的土地和人民的独特的观察。以前在这块战乱频仍的土地上，对任何人来说从太平洋沿岸旅行到伊斯兰的中心地区，甚至是到印度边界都是不可能的,更何况是一位年长的道士。然而现在这一广阔的区域却处在一个单一政权的保护之下,即成吉思汗的连成一片的帝国。长春真人的旅行是第一个史无前例的自由旅行的例证,而这种自由则是由前20年的史无前例的野蛮行径建立起来的。这种蒙古强权下的和平使得为数众多的西方旅行家在接下来的一个半世纪内自西向东跨越欧亚的旅行成为可能,包括天主教牧师、商人和探险家,而其中最负盛名的就是马可·波罗。

但是这第一次穿越之旅却是按照成吉思汗本人的命令,来自一个相反的方向。

在与刘温会面数日后,在19位门徒和一支15人的骑兵护卫的陪伴下,长春真人向花剌子模或成吉思汗可能在的地方进发了,不论将花上多久到达那里(结果是两年以后到了阿富汗)。在刘温及其队伍沿途的安全保护下,长春真人到达北京时,道徒们上演了列队的欢迎。人群围着他,请求其为他们赋诗或赐予教名。延期的压力亦随之而增。有满月的仪式要举行,道徒要被授予圣职。一条消息传来说成吉思汗已移往更远的西方。旅程将会很长,路途将充满艰辛,而且长春真人年事已高。也许他也曾建议过,如果会面在大汗返回之日岂不更好!不,绝无此等可能。然后,长春真人突然发现刘温带着一大群将成为成吉思汗女眷的姑娘。

"余山野,"这位老人严厉地说,"岂与处女同行哉?"

信息被送出去后,安排作了修正。他们将缓慢地、虔诚地并且安全地前进,绕一个大弯行经成吉思汗之弟铁木哥在蒙古东部的老营,从而避开了不可靠的唐兀惕以及荒凉的戈壁中心地带。旅行在继续,期间不时在各地道观稍事停留,以便从夏日的酷热中得到恢复。长春真人的出现引发了一些奇迹:干旱结束,伞状的云朵为人们遮挡住烈日,干涸的井里水溢至井口,夏季的炎热变成了秋天般的凉爽。在戈壁南边的大山里,一条来自成吉思汗本人的关怀的信息不期而至（很可能又是楚材所写）“顾川途之虽阔，瞻几杖以非遥”，在你面前，无论陆路水路都很遥远，但我确信我将提供的随员与歇脚处（即舒适），将使它并不那么漫长，并有旨敕刘仲禄“勿使真人饥且劳，可扶持缓缓来”。冬天在另一道观中度过，1221年3月，旅行重新开始。与长春真人道别的门徒们“泣曰：师父去万里外，何时复获瞻礼？”长春真人搪塞道，不知他的道是否与蒙古人的道相和谐，但最后在众人的再三请求下，说他将在三年后与他们相见。在此后不久，长春真人及其随员穿越了獾儿嘴的道路，遇到了蒙古人对中国的首次大胜时留下的成堆的白骨，并答应回程时将为这些被遗弃者作祈祷。

此后，他们来到了东蒙古广袤的树木稀少的草原，长春真人或骑马或斜躺在大车上，接受牧人们的热情款待或住宿于他们自己的帐篷内，六周后，他们来到了到处是大车和蒙古包的铁木哥的营地。三周的休息后，他们再度出发向西，小小的队伍由于铁木哥十辆大车和数百头牛、马的礼物变成了一支较大的旅行队伍。

正当他们沿着克鲁伦河南岸行进时，突然使他们吃惊的事发生了，天气瞬间变冷，阳光昏暗，一种吞噬一切的阴影向他们压来。这是一次日全食，一次给他们的经历以准确的时间和地点的事件。按今日之历法来看，那是在1221年5月31日上午晚些时候，而且他们距河北岸10公里开外的阿布拉格并不太远。在这一地点，我的旅行路线几乎与长春真人的相互重叠，而我也仿佛通过李志常的眼睛看到了这一景色：赶大车的人和牧人们惊诧地停下了脚步，看着河边新绿的垂柳和点缀着繁星似的黄色小花波浪似的草地，以及远处白雪覆盖的山峦都忽然消失在了一片冰冷的黑暗中；天空中月亮的黑色圆盘由背后太阳的日冕加上了一个金色的光环，朦胧的天空突然又繁星点点。

这一群人继续沿克鲁伦河前进，他们并未过河到阿布拉格小住，说明了这个旧都正在被计划中修建的哈喇和林新都所取代。在克鲁伦河转向东北，逆流而上通往不儿罕·合勒敦的地方，他们转向西南，沿途受到了每个营地的蒙古人的热情欢迎。仿佛田鼠已将草原的秘密都告诉了蒙古人似的，他们等候长春真人的到来已数月有余。整个夏季长春真人一行都在一路向西南行进，从距不久将成为哈喇和林城址很近的地方经过——李志常未提及它——并且继续沿着弯曲的道路进入了松树与冷杉覆盖的杭盖山脉。在这片高地草原上，他们发现"车帐千百"，而"其车舆亭帐，望之俨然，古之大单于未有若此之盛也"。这是两位公主的夏营地。一位是1210年西夏求和时送给成吉思汗的唐兀惕公主，另一位是1214年北京投降时送给他的金朝公主。在等待大汗归来的时候，她们似乎相处得很好，过着与其身份相适合的生活，慷慨地给长春真人一行人提供了由骆驼从约700公里以外的天山另一端运来的面粉烤制的面包。在那以后，他们越过一道山梁，穿过一个河谷，遇到了他们的第一位穆斯林，此人正在挖渠灌溉大麦田（只要有水，大麦在戈壁甚至亦可生长良好，而水则要由山脚的许多小泉引来）。

北边某处是一位名为镇海的那颜的营地，他是一位花剌子模的穆斯林，早年离家入克烈部，在"同饮班朱尼水"时效忠于成吉思汗，成为一名亲信助手。第二天，镇海亦到达。长春真人祈求道，他是否可在此过冬，以待成吉思汗的返回。镇海回道：不可能。这超出了他的职权范围："师父若须于此，则罪在镇海矣。"但从此时起，镇海将亲自带领这支队伍。他熟知前面将要越过陡峭的阿尔泰山脉的道路，然后进入沙漠，穿过白骨甸，曾有整支疲惫的军队死在了那里，然后便是天山之雪在地平线上熠熠闪光，绕过巨大的准噶尔盆地的东缘，在那里行进在沙丘上"若舟行巨浪然"，而炎热即使在9月的白天也是致命的，所以旅行必须在夜晚。长春真人的同伴们想到夜晚黑暗中向他们扑来的精灵和鬼怪都感到不寒而栗，直到他对其恐惧一笑置之："邪精妖鬼，逢正人远避，书传所载，其孰不知？"

他们此刻在维吾尔界内，在别失八里，今日之乌鲁木齐东部的一个绿洲城市，踏上了丝绸之路。在这里当地首领将长春真人安置在了一所可以俯瞰葡萄园的大房子的楼上，并送给他酒、水果和香水，这对不吃水果的修行者来说并不是合适的东西，但一定很合其军人随员之口味。夜晚，一班中国矮人和乐师提供了娱乐活动。

在蜿蜒西进哈萨克斯坦的途中，他们向左转向塞蓝湖，拉着大车越过了新松树隘军事通道的沟壑和激流，该路有48座木桥，由察合台一年前为蒙古人的入侵而建。从那里他们沿伊犁河及其草甸与桑树林经过了阿力麻里，该城（如同哈萨克斯坦首都阿拉木图一样）是以当地一种著名的苹果而命名；接着沿天山北麓经古出鲁克短暂统治到其失败的旧都八剌撒浑，过塔什干，经费尔干纳谷地之入口来到了满目疮痍的撒马尔罕。

成吉思汗进攻的结果，使撒马尔罕以前的超过10万人户，假定35万的人口数下降了75%（而且这基本还是一个逃脱了蒙古人的愤怒的城镇）。它现在处于一种新的国际的管理之下，中国人、契丹人、唐兀惕人耕种这里的田地，中国的工匠正忙于重建工作。骑马先行的刘温回来报告说，锡尔河上的浮舟桥已为土匪所毁，冬天即将到来，成吉思汗远在阿富汗征战，将会面安排在春天岂不更好？长春真人同意了。当地长官一位名叫阿海的会讲多种语言的契丹人，将长春真人安顿在了摩诃末沙的宫殿，而阿海本人却拒绝将其作为官邸，以免当地人造反。这使得新来者惶恐不安，直到长春真人来安慰他们："道人任运逍遥，以渡岁月。"他带着天真的乐观态度说："且善恶两途，必不相害。"那位长官敦促他接受酒、金丝织锦缎、大米、面粉、水果和蔬菜，他除了留下给来访者的100磅葡萄外，其余都予以回绝。当一个人居住在宫殿里，被崇拜者所包围，并可得到任何一种舒适与奢侈之时，禁欲是非常难的，但长春真人并未让其理念旁落："师之至斯城也，有余粮则惠饥民，又时时设粥，活者甚众。"

在这位名人的访客中，有一位中国的天文学家。由于天文学与占星术是同一枚硬币的两面，这两个人比较了笔记，小心地推算在阿布拉格经历的日全食的路线。在克鲁伦河，月亮完全遮住了太阳，再往南，它遮住了70%，在撒马尔罕只有60%。"正如以扇翳灯，扇影所及，无复光明"。长春真人得出结论说："其旁渐远，则灯光渐多矣。"

春天到来时，桥梁已被修复，土匪亦被击垮。耶律楚材前来陪伴长春真人一同去觐见成吉思汗。这一刻终于到来了吗？长春真人难以确定。成吉思汗仍远在南面500公里处，在白雪覆盖的兴都库什山深处。长春真人已听说阿姆河南面没有蔬菜，故要求等到他的饮食准备齐全。这是一个对其随员来说毫无问题的决定，与其去与阿富汗的冰雪打交道，不如多待几星期，在崇拜者耶律楚材的陪伴下，享受撒马尔罕的春色，交换诗文，与天文学家兼占星术士们交谈，欣赏新近开花的扁桃树、梯田、湖泊、八角塔、果园、菜园以及林地，在这里可以坐在柔软的草地上，饮酒作乐，谈玄论道。

但最终还是不可能再有任何借口了，成吉思汗的圣旨不期而至："真人来自日出之地，跋涉山川勤劳至矣。今朕已回，急欲问道，无倦迎我。"两年的征战更增加了成吉思汗不但了解长寿秘密，而且还有真正的力量之源的热情，即那种似乎源自宗教的坚定信仰的力量。他曾亲见过许多花剌子模人的英勇战斗，既不是为了他们的首领，也不仅仅是为保护他们的财产，而是为了他们的宗教。他也曾敬畏地凝视过不花剌的大光塔，凝视过使每一座穆斯林城市都显得庄严肃穆的清真寺，而且他也几乎肯定凝视过(因为他就从他们旁边经过)那两尊从巴米扬的悬崖下向外凝望的40米和50米高的岩石佛像，这两尊佛像就在喀布尔北的巴米扬，2001年被塔利班炸成碎片(有计划将它们重新拼接并放回原处)。任何一个有想像力的领袖都会渴望那种这样的造物背后的信仰和尊重。

长春真人的前面还有另一次艰苦的旅行：向南穿越铁门，即布兹加拉隘道一个陡峭山崖间的“针眼”，该通道极其狭窄以至于曾被两道铁门阻断，渡过今为乌兹别克斯坦界河的阿姆河，然后进入阿富汗北部的山区，正如一位信使所言，那里的“积雪甚高，马上举鞭测之，犹未及其半”。但是雪此刻正在融化，孛斡儿出正带着一支1000人的护卫队等待着领路向南，越过巴米扬到巴鲁湾(今喀布尔北80公里处的札里卡尔)。

在5月的第二周，随着初夏的热流温暖阿富汗的高地，长春真人和成吉思汗终于会面了，并通过翻译进行了交谈。这两位老人几乎是平等的，每个人在各自的领域内都是杰出的人物，而每个人都意识到了对方的来之不易的权力。年长的道士未对皇帝行跪拜之礼。成吉思汗则表达了他对一个拒绝另一位皇帝之邀，行程万里来见他的人的兴奋之情，而谦恭的山间隐士长春真人则回答道，此次会面乃上天的意旨。在这种轻松幽默之后，成吉思汗切入了正题：

“真人远来，有何长生之药以资朕乎？”

长春真人并未回避。

他回答道：“有卫生之道，而无长生之药。”

成吉思汗喜欢这种直率的谈话，但吞下了他的失望。遂命设帐安顿其居住，然后又问及其称号(父？师？真人？成吉思汗将称号定在了“神仙”之上)。碰巧与耶律楚材和长春真人所构想的此行的重要目的相一致。现在这位73岁的神仙将要给这位亚洲中心地带的统治者(大约62岁)以有关修身养性与善政之教诲了。但这些地区此时并未完全平定,成吉思汗将亲征山里的反叛者,这是一个会持续数月有余的战役。在这种情况下长春真人认为最好返回撒马尔罕。成吉思汗问道,难道不劳累吗?噢,不,来往只要三周,对已行万里者并算不了什么。

回到撒马尔罕后,长春真人起居舒适地度过了夏季的炎热,在他居所的游廊上享受着微微凉风,并在湖里沐浴,以该城副长官田里所种及所赠的茄子和西瓜为食,这里的西瓜要比中国各地的西瓜都甜。9月,他又踏上了返回阿富汗的行程。

成吉思汗此刻亦将启程返回,并明令长春真人及其随员与他同行。归途中两位老人又进行了几次谈话,并以长春真人有关道——天地万物之基础——的宣讲而达到高潮。成吉思汗命用蒙古语和汉语将长春真人的话记下,此事约发生于1222年11月20日,撒马尔罕的长官阿海为译员,长春真人解释道,大多数人都知道天的伟大,他们并不理解道的伟大。当人最初出生时,他沐浴着神圣之光,他的道路是光明的。但他的胃口和渴望是如此强烈,以致他的身体变重,圣光却暗淡了,由于受到肉欲和精神依附的困扰,他的生命的基础变得不平衡了。那些修道之人通过清心、寡欲和沉思来寻求重新获得这种平衡。真正的长生不老之药就寓于其中——矿物质的象征性的结合。大汗应节制食欲,清心寡欲,拒绝肉欲,食用清淡新鲜食物,戒除淫欲。这时长春真人想起了刘温以及那些北京的选女,"一旦这样的事情再次发生,很难行使自戒,我会让你记在心中的"。

在回程期间,习惯于隐居的长春真人离军稍远伴行,以避免军队运动的喧闹声,课程仍在继续,并似有责备之意。他似乎忘记了蒙古人的禁忌,譬如夏季不在河里沐浴,不洗衣服等。还有更重要的事情:"尝闻三千之罪,莫大于不孝者,天故以是警之。今闻国俗多不孝父母,帝乘威德,可戒其众。"

成吉思汗非常高兴,“神仙是言,正合朕心。”然后对他的大臣和官员说:“天俾神仙,为朕言此,汝辈各铭诸心。”(但他们并未这样做,《秘史》对长春真人只字未提。)现在长春真人请求准许其回到中国。他曾承诺三年后回国,如果他履行承诺的话,现在就必须离开。再待数日,成吉思汗说道,因为他的儿子就要到来。这一推迟是值得的,因为它给了这位道士再一次提出忠告的机会。在外出猎取一头野猪时,成吉思汗坠于马下,而他的猎物并未冲上前去用獠牙刺他,而是站在原地不动。长春真人说这是一个上天提醒他所有的生命都弥足珍贵的暗示——在这一特定情况下,是指野猪的生命(显然长春真人并未利用任何机会去谈论最近被屠杀的上百万或更多的人,有关这一情况的证据随处可见;也许那只是上天的意旨,而成吉思汗只是上天的无助的工具)。无论如何,成吉思汗老了,他不该再狩猎了。

“朕已深省,神仙劝我良是。我蒙古人,骑射少所习,未能已。”尽管如此,他还是进行了尝试,放弃狩猎两个月。

长春真人与其门徒肯定一直在期盼着的奖赏在最后的会面中到来了。成吉思汗问刘温是否长春真人在中国有很多信徒,刘温回答,是的,当他护送长春真人的时候,他亲眼看到了许多信徒,他们都要交纳税赋。成吉思汗遂令长春真人的门徒——实际上是他的整个组织——都予免除税收,这一法令后来被写在帝国的印花税上。这是一个明智的举动:耶律楚材已为此做好了准备,打算将这一法令用于所有僧、道人等。但由于某种原因,耶律楚材此刻不在成吉思汗身边,结果却是只有道士受益。耶律楚材从此再也没有原谅过这位狡猾的老人。

成吉思汗一鼓作气地进行了一系列小的既为他自己又为其精神顾问服务的革命。长春真人一回到家,面对着一种新的、集权化的及野心高度膨胀的道教派别,佛教退却了。1224年初,在帝国驿站的帮助下，长春真人回到了北京，受到了大批信徒的迎接。热衷于将成吉思汗的法令付诸实施的长春真人，敦促其信徒平静地接受蒙古人的统治。免税在招募信徒方面起到了一种神奇的作用，全真道从一个小的受其前辈及对手佛教压抑的小教派迅速发展了起来，其日益扩大的信众建了许多新道观并且接收了佛教的一些衰败的庙宇，北京的行政长官甚至给他们一块修建道观的土地。对于道众来说，这是一个充满祥瑞及奇迹的时刻，仙鹤在空中飞舞，咸水井变成了甘泉，预示大灾难的荧惑犯宿尾（火星冲天蝎座——译者），也被长春真人所举行的斋醮化解，他甚至还通过祈祷解除了几次饥荒。

1227年，长春真人成了整个日益扩张的、免去差发的道家运动的首领，实际上成了某种意义上的道家教皇，他的"梵蒂冈"就是一个用他的名字重新命名的得到修复和扩大的道观。但他知道他的大限已近（就像任何一个79岁高龄并受着腹泻折磨的人可能知道的一样）。当一次暴风雨引起宫殿湖岸坍塌时，长春真人笑道："山摧池枯，吾将与之俱乎？"

8月22日，在其80岁生日前不到六个月，他死了。非常巧合的是，就在同年同月，他的最伟大的学生也去世了，这将是本书另一章的故事。李志常用简单的笔触记录了他的死。那天下午，长春真人写了一首有关其即将逝去的生命及其坚韧的本质的诗，期待着蜕去其躯壳，上升至永生境界的那一刻。然后他"遂登宝光堂归真焉。异香满室"。

应该说围绕着他离去的气氛并不都是忠诚与虔诚。长春真人为他的教派服务是很聪明的，因而也触怒了佛教主流，他们对他的死及其教派的境况非常高兴。他们注意到，他如厕时死于腹泻，并粗俗地取笑围绕着他的死尸的所谓香气。

但是长春真人的信徒为数众多，他的声誉仍在高涨。停尸期间，每日万人前来瞻仰，有诸王、官员、学者、普通人、佛僧、尼姑以及道士，而他的信徒更是与日俱增。志愿者们仅用40天就建起了纪念他的道观。王疯子及其使徒将变为戏剧和故事的主题，而全真道教义也将变为现代道教的重要部分，实现了长春真人去世当天下午所做的诗作：

生死朝昏事一般，
幻泡出没水长闲……

## 第十一章

# 最后的征战

到1224年，成吉思汗终于可以自由地转向西夏，即那个五年前曾拒绝其增援之请的唐兀惕王国了。他已将这个拒绝当做了一记来自下属的响亮的耳光，当做了一种不可饶恕的侮辱和对新帝国生存的威胁。西夏是内陆亚细亚的关键，因而也是未来在中国扩张的关键，所以西夏必须被摧毁。

但他却面临着一个战略家的噩梦。此刻有四种势力正在为内陆亚细亚的霸权地位而战：蒙古人、西夏、中国北部的金朝(仍然只是部分地被蒙古人击败)以及南方的宋朝。这场斗争的下一个阶段在1227年达到了顶点，这一年有两个几乎同时发生的转折点：成吉思汗之死与西夏问题的最终解决。

西夏有了一个新的年轻的统治者献宗[①]，他并不是那个使其国家恢复到蒙古入侵之前的稳定情况的人。也许是料到了将来的局势，他与其对手兼邻居的金朝签署了和平条约，而金朝也需要一种脱离三线作战的喘息机会。为争取时间，狡猾的献宗也向成吉思汗求和，并且焦虑不安地等待着这样一种可能性，即承认其前任的错误，并且在未来保证做到被要求做的任

① 他的名字是嵬名德旺。

何事情。成吉思汗原则上同意了，因为与西夏的和平得到保证，可以使他安全地转而对付中国的其他地方。但献宗必须将他的儿子送来做人质以证明他的诚实。接下来是一个短暂的喘息机会，可以使成吉思汗重新集结他的军队，为将来可能发生的无论任何事情做好准备。但王子人质并没有到来。当蒙古使者向西夏皇帝提出要求时，得到了与金朝的和平保证的献宗，对此做出了直截了当的回绝。

现在成吉思汗的战争机器已经上满了发条。他面临着两个联合起来的敌人，而且如果他想要制止他们的军队联合的话，必须迅速采取行动。在1225年秋，成吉思汗向南进发了。就像往常一样，他的路线要穿过戈壁、越过三美人山，那里，在连绵的山间盆地上，野驴成群地游荡。六十多岁的成吉思汗依然和往常一样活跃，仍是一个不会轻易放过这样好的狩猎机会的人。一次他的沙红色马被一群野驴惊吓，成吉思汗坠马落地，他的伤势——也许是肩膀脱位，或肋骨受挫——迫使他不得不休息[①]。

那天晚上，成吉思汗发起了高烧，计划必须改变，诸王那颜们相聚商谈。自13年前就随成吉思汗进入中国的脱栾扯儿必（一种内侍）开口说道：唐兀惕人有筑好的城，他们哪都去不了，最好先撤军，待大汗身体复元，再行进攻。当这个建议奏请成吉思汗时，他并不以为然："唐兀惕人将会说我们怯畏。"最好待在原地，然后遣使重申战争之原因，并且暗示唐兀惕人：如果他们愿意的话，媾和还不算太晚。

当西夏皇帝了解到成吉思汗使者的来意时，他很乐意寻求一条出路。毕竟他不是那个五年前因拒绝给成吉思汗提供帮助而要受到归咎的人——

① 实际上事故发生于何时何地并不很清楚。一些人认为这就是他的死亡原因或是死亡原因之一。但他却几乎一直战斗到最后，因此，这次事故应该不会很严重。

"不,"那个尖刻的军事首领阿沙插话进来,"说那些侮辱话的人就是我!"他继续把毫不妥协的挑战抛向蒙古使者。"你们蒙古人现在应该知道如何作战了。所以如果你们想作战,我在家乡阿拉善有毡房,满载的骆驼和人民,到阿拉善来吧,我们将在那儿作战。"

当信使带回这些答复时,仍在高烧中恢复的成吉思汗被激怒了。多么狂妄!而现在,在这一次又一次的背叛、一次又一次的侮辱之后,唐兀惕人必须做奴仆。当他回想到20年前实际上就是他放过了这些人后,他的愤怒无疑更加地强烈。这一次不该再有错误了,因为他在解决掉金朝进入中国的其他地区的时机到来时,不会允许有这样一个敌手在他的侧翼。这不仅使帝国的战略受到威胁,而且还有深刻的个人原因。"面对这样的嚣张,我们怎么退却呢?"《秘史》还有他进一步的表述:"即使这意味着我死,也不能回去,长生天知道!"

阿沙的挑战已不仅仅是一种挑衅,而是最后的摊牌,它反映了欧亚大陆定居国家数世纪之久的解决争端的传统。如果战争不可避免,首领们必须知道在哪儿能找到对手,为了知道结果,还要有交战的规则。但成吉思汗却不会遵守这样的游戏规则,他现在了解到了阿沙希望蒙古人所遵循的战略,这就是从北部快速越过戈壁,在阿沙的后院展开决战,这样唐兀惕人就可以依托银川和武威两个重要城市的增援。而成吉思汗却反其道而行之,他并不急于交战,就像往常一样,这也将是一次按他的步调进行的战役。不管怎么说,冬天已经降临,部队分散到了三美人山的峡谷,他们在那里从封冻的溪流中凿冰为水,猎取野驴和岩羊,将肉冷冻以备战时之需。许多人可能已经返回了冬营地,将结冰的攻城器具留在原地直到他们回来。

春天,当缓慢回升的气温使大地重获生机时,部队又重新集结。大病初愈的成吉思汗,已足可以率领其军队跨越将三美人山与中国边境分割开的160公里的沙漠与沙砾荒原，经西夏边界，直扑西夏的北部要塞哈喇浩特，即黑城子。

哈喇浩特作为一个边境要塞已有一千多年的历史了。它守护着一片令人望而却步的沙砾遍地的荒漠之地，由此经过的大风形成了一个个蜿蜒移动的沙丘。但它同时也是一个拥有数千人的繁荣的边界前哨，正处在由东进入丝绸之路的一个三岔路口，它的分支直抵额济纳河源头，这条河发源于南300公里处白雪皑皑的祁连山绿色山麓，蒙古人称其为额济纳河（中国人古称居延，今称黑河），它流经了令人生畏的沙漠荒原。而现今这座城镇只剩下了一堵10平米见方的城墙任由风沙的剥蚀，周围还有一些低矮的散落四处的倒塌建筑遗迹。

想像一下这样一支游牧勇士的军队，他们现在精通于攻城掠地，拥有可以将装满火药的炸弹投出200~300米的投石机、火焰投掷器、多弓床弩，可能还有那时真正意义上的爆裂炸弹“震天雷”，几年后进攻开封时已经有了关于它存在的记载。它是一个装满火药的铁筒，爆炸之猛烈可在数公里之外听到，距爆点中心10~12米距离之内的人都会被炸成碎片，不留一点痕迹。

哈喇浩特根本没有机会。对它的占领是确保决战到来之际西夏不再拥有任何后备力量的迂回战术的第一步，而且，如果阿沙敢于从银川派遣一支军队跨越500公里沙漠的话，他的军队到达时将会是精疲力竭，而且处于其供给线的极限，因而根本无法作战。作为精美的、城市文化继承者的唐兀惕人，更愿意将他们的希望寄托在坚固的城墙上，没有派遣军队西进去迎击不遵守游戏规则的蒙古人。

这一战略正中蒙古人下怀。他们可以将部队集中在任何可以发挥最大效力的地方，而他们的对手却是分散和静止不动的。此外，一旦一座城市陷落，蒙古人就可以像通常那样凭借战俘、逃兵、供给及武器去夺取下一座城市，如可能就利用谈判，如必要就使用武力。就像在花剌子模一样,这并不是什么闪电战,而是途中给自己加上了雪崩般的力量的稳定前进。

两个月后，当蒙古人又南进300公里抵达额济纳河沿祁连山拐向东部地区时，成吉思汗已可以将其得到的唐兀惕食物、武器、牲畜、俘虏以及叛军一分为二。速不台西进去指挥对西夏最遥远的城市的攻击,而主力部队却东进直捣西夏的中心地带。

丝路之城甘州就坐落在东160公里处，今天它是工业城市张掖,但在成吉思汗时期,它是一个以草原、马匹和佛教寺庙而著称的绿洲城市。其佛教寺庙中有一尊34米的斜佛(佛像与寺庙现在仍旧完好)。成吉思汗曾在1205年的战役中在此短暂停留。那一次该城守将之子,一个小男孩被俘获。这个孩子被蒙古人养大,在战斗中证明了自己,获得了一个蒙古名字:察罕(白色),并一路得到提升,此刻官居成吉思汗个人卫队首领之列。察罕将一支箭射入城中，箭上附有要求与其父会谈的家书,他的父亲同意了。当双方代表商谈条件时,守城副将发现了正在进行的事件,并发动兵变,杀掉察罕之父,断绝了投降的可能。根据一则史料,成吉思汗极为愤怒,并威胁将全城居民活埋。但结果是,当城市陷落时,察罕却请求赦免其前故乡的所有居民,仅处死了35个参与杀害其父的兵变之人。

8月,当成吉思汗避暑雪山之时,他的军队已兵临西夏第二大城市武威城下。由于今中国西部的大部分地区已处于蒙古军队之手,武威的军民只能求救于其首都,但却未见一兵一卒。当看到投降是死亡之外的唯一选择时,居民们投降了,并因此而免遭涂炭。

此刻已是秋季,避暑归来的成吉思汗在黄河岸边与其军队会合,并越过这一天堑——

我必须中断一下，史料对蒙古人进军的记载显失公允,黄河并非一两句话就可跨越的障碍。在绕贺兰山向北拐流经银川之前的这一片区域，黄河简直是一条宽一公里的淤泥粥一样的河流，在我看来，它根本就算不上黄色，而是泥汤般的棕色。它是如此之宽以至于泛不起白色的浪花，但在河水的中流，水流仍很湍急。而且尽管游牧骑兵可以用他们的皮筏将马匹渡过去，但对于车辆来说它还是太深了。此外，河水也浓到了足可以“吃”的地步。我曾在这里游过泳，在水下张开眼睛时根本什么都看不到。我涉过深至大腿根部的淤泥，满身泥浆地走了出来。这是一条需要船只的河流，而船只却是一种在蒙古并不需要的交通工具。然而幸运的是，当地人却有羊皮或牛皮筏式的渡河工具（实际上他们现在依然有这种工具：在河边小镇沙波头，旅游者可以乘着固定在皮筏上的平台，进行河上划船旅行）。14世纪的史料记载了几只皮筏如何固定在一个平台的四周，构成一个足够好的船只，由划桨手操纵，将谷物、盐之类的货物顺平稳流动的河水运至银川以及更远地区。这显然不是一个新的传统，蒙古人应该已经知道了这种漂流平台，并很快地用来摆渡车辆、牛、驮马过河，到对岸后便可带着这些筏子与平台离开，继续前进。

渡过黄河后，蒙古人向北包抄过去，从东南方向逼近银川，与阿沙在其挑衅中提到的方向完全相反。

这足以使任何一个统治者充满末日的恐惧，这似乎也恰恰是将要发生的事情。那个无用的献宗皇帝已死去，而王位这个有毒的圣餐杯落入了另一个嵬名部的名叫睍的宗亲手中。他的在位期是如此的短暂，而接下来的事又是如此的具有破坏性，以至于他对我们来说实际上就仿佛幽灵一样。

11月，蒙古人包围了灵武（时称灵州，或蒙古人所谓的朵儿篾该），距银川南部仅30公里。这次，唐兀惕人终于采取了行动。和银川一样，灵武也是一个由庞大的河渠系统提供水源的地方。在一年中的大多数时间，这些河渠都可以充当一种防御工事。然而现在是冬天，渠道与河流都冻结了。当唐兀惕军沿对岸推进时，蒙古人停止了攻城，跨过封冻的河水，粉碎了士气低落的西夏军，然后又回去攻城。有关这次战斗的史料并没有遗存下来，但对于双方来说，有一点无疑是非常清楚的，即唐兀惕人完了。

灵武于12月陷落。有关这一事件我们所拥有的唯一细节是四处拼杀的蒙古军队受到了某种疾病的困扰，可能是斑疹伤寒或者痢疾。我们了解到这一点是学者、人道主义者兼帝国副官的耶律楚材从中亚返回，目睹了这劫掠与痛苦的景象，并尽其最大的努力来遏止这两种情况的蔓延。当“诸将争取子女金帛”时，“楚材独收遗书及大黄药材”，并用此来医治染病士兵。这是一个奇怪的细节。我猜大黄可能会对缺少洁净(新鲜)食物的年轻人有帮助，但我们并没有得到其他的解释。

此后，当一支蒙古军队围攻银川时，另一支军队不仅分头攻占东部以及南部的小城，而且也实践着一个更为广大的预见到金朝中立的战略部署。尽管西夏的扫荡及银川的攻坚仍在进行，得以与速不台会师的成吉思汗，向西向南进发，深入金朝境内一百余公里。此举的目的就是要吞并金朝西部的宽150余公里的狭长地带，主要包括今日之宁夏与甘肃省，阻止金朝军队来救援其唐兀惕盟友，并为其对金朝中心地区的最后征服做准备。为了做到这一点，速不台跨越了六盘山北部的大片地区，行程的直线距离是450公里，而实际距离可能会双倍于此，如果加上他二三月间从一个城镇到另一个城镇的“之”字形进展的话。这对一支已在这一地区作战一年的部队来说，是一个了不起的成就。为庆祝其成功，速不台给他的君主兼主人送去了5000匹马作礼物。

与此同时，成吉思汗攻向正南方，并因此而遇到了或者至少是接近了另一个向他讲述着非现实世界的非凡的纪念碑，而这一世界现在似乎距他如此的近。

成吉思汗军队的行进路线沿着清水河。乍一看，这条峡谷很是不错，可谓一马平川。实际上，它的表层土被从西边的六盘山以及东边的商洛山区流下的小溪切割得沟壑纵横。这里很可能曾经是有木桥的，而且由于这是夏天，清水河也只是一条涓涓细流，陡峭的河岸下的河肩部被太阳晒得坚硬无比。但无论是在路上还是在干河床上，对大军和攻城器具来说，行动都是十分缓慢的。当然骑兵小分队可以在两岸前方更为广阔的范围内游荡，寻找最佳的路线、食物及对手。所以成吉思汗应该知道距这条环绕寺口河陡峭河岸的折磨人的道路20公里处有什么，而寺口河则在三营这个尘土飞扬的停车小镇汇入清水。

当你沿着一条环绕扭曲的红色沙岩层的小路绕过一个转弯处时，你可以看到一个有蜂窝状洞的崖面。这些洞足足有一百多个，都是六世纪时佛僧们的禅房，由在岩石上凿出的回旋往复的阶梯相连接。这就是须弥山——“宝藏之山”。它曾经是一个佛僧寻求顿悟的美好地方：遥远、艰苦且美丽，有着红绿相间的沙岩沟壑及杂草丛生的高地景色。今天这里已经没有僧人了，只有两个镶着金牙、戴着用大透明夹子连在一起的眼镜的老守卫。多瘤的松树带着弯弯曲曲的根，胡乱地长在岩石缝中，而学校的孩子们则用小刀将松软的岩石刻得斑痕累累。如果须弥山神有能力来惩罚涂鸦者的话，上海的王某和顾某以及其他一些人，来生转世时，一定会是一些甲壳虫。

这里的确有一种震撼力。那就是赫然耸立于岩石拐角处的一尊石佛，它开凿于一个马蹄形的石窟内。身披袈裟，头梳螺髻，神情庄重，半闭的眼睛显示出了一种传统的平静与沉思的形象。而真正的震撼却是这尊佛像的尺寸，尽管坐着，他亦足有

20.7米高；垂肩大耳亦有3米之长。萧伯纳曾将奇迹定义为创造出信仰的东西，而这个在岩石上凿刻出来的巨像数世纪以来，肯定已经对敬畏的新信徒产生过这样的奇迹。如果现在还会有新信徒来到这里的话，他依然会有这样的作用，因为他从比时间和风雨更为严重的破坏中幸存了下来。在1960年代的"文化大革命"期间，破四旧的红卫兵们，砸毁了他腿部的下半部分，但他们最终还是放弃了。现在他已被修复，带着两条混凝土制作的腿，端坐着凝视东方的河谷，就像他在过去的1400年间所做的一样。

在这巨大的信仰宣言面前，怀疑最好退避三舍，而谦恭似乎应该是唯一合适的态度。花上两元人民币，还不如让我们虔诚的已不再是佛僧的管理员为我们上了六炷香，用木棒敲着满是破洞的银碗，伴随它的响声为我们吟颂祈祷词。我和我的陪同人员垂下了头。

我很愿意想像成吉思汗1227年春经过此地时，也曾有过相似的体会，但他却有着更多的个人的日程：即将去摧毁一个王朝。他们的国王辉煌的陵墓，不久就会空空如也，片瓦不存，为未来的几代人诠释着彻底的失败的含义。这里所拥有的是一种已经被崇拜了许多世纪的信仰与艺术的造物，而且在未来的几个世纪，仍将会是崇拜的中心。而现在，在两次可怕的坠马，一次高烧和时刻都有死亡威胁的连年征战之后，我猜想成吉思汗也会在考虑他身后的名誉，不希望只是以堆积如山的尸骨，残破的城市而为后世所铭记。但如何来做呢？真正的游牧民不会对碑铭感兴趣的，照日格图对须弥山破旧的寺院里传出的醉酒般的颂经声评论道，寺庙与陵墓很容易归于尘土。而让你得到崇拜，你才会永远活在人们的心里和记忆中。

几周后，在指挥攻击隆德期间，成吉思汗想到首都银川应该准备好投降了。他派遣其唐兀惕官员察罕前去谈判。察罕发现六个月的饥饿与疾病的确造成了巨大的损失，晛已准备投降了。这位皇帝声称他所要的一切就是一个月的宽限期，以便准备合适的礼物。在位仅数周的晛一定是希望得到一种宽大的待遇以及作为仆从的长久的统治期。成吉思汗并未打算给他以任何他想要的东西，但也不想暗示他的真实意图，即一如既往的对抵抗者，尤其是两次背叛者的冷酷无情。无任何信任与和解的余地可以留下，唐兀惕人曾侮辱过他，曾背叛过承诺，曾拒绝过向他提供军队，也未曾献城纳地，尤其是其首都银川。就如《秘史》所示，成吉思汗降旨道："每次吃饭时，我们都要说将他们斩尽杀绝。"作为这一可怕过程的第一步，唐兀惕的国王必须死。所以成吉思汗同意了正式的投降，并遣其内侍脱栾去做摄政，而其真实的计划却秘而不宣。

西夏实际上已经完了，金朝的统治者意识到了这一点。在西夏投降的同一个月，根据元朝正史记载，金朝皇帝即遣使求和。觐见应是在一个盛大而正式的场合，此间，成吉思汗对两位使者讲了一番甜言蜜语。他回忆说应几个月前五星相聚之兆，他已承诺停止杀戮与劫掠。"遽忘下诏耶。"他告诉群臣。"今可布告中外，令彼行人亦知朕意"。

显然停止杀掠并不意味着和平，由成吉思汗亲自指挥的侵入金朝境内的行动依旧在进行。但是就在六盘山南100公里，离金宋边界不远的地方，成吉思汗得了重病，因而他又急忙北返，从而引发了一系列奇怪的使其毕生的工作处于危险之中的事件。

GENGHIS KHAN

成吉思汗

# 03 死亡

# 第十二章

# 死亡之谷

宁夏南部的固原并不是个适于旅游的地方。它是中国最贫困省区中的一个贫困县，而其穆斯林少数民族回族，又是贫困者中最贫困的人群。由水渠系统提供灌溉的银川肥沃的平原在黄河南部变成了问题地区。这里土壤依然足够肥沃，有时候土层厚度达50米，都是数千年来由戈壁风带到这里的无差异的单一黑土层。但这些土壤却未能留下来被耕种，雨水冲刷它，太阳将它烤成板结的固体，大风又将它变成飞扬的灰尘，洪流将它切割成了不稳定的千沟万壑。在这里，一块一年风调雨顺形成的良田，在风沙的冲刷之下，可能会成为未来10年的荒原。没有什么是一成不变的，无论是庄稼还是暗红色的土坯房，贫困的怪圈并未被水泥砖瓦、河渠水库以及永久性的建筑打破。

教育是义务的，但是没有多少乡村回族家庭能够负担得起每年15英镑的必须费用。充其量也不过是几个家庭合起来选一个孩子去学校，而学校距离家里可能要步行两小时的路程。即使如此他（通常只能是男性）除了一个干硬的馍或者更少的东西外，几乎没有其他什么可以填饱肚子的食物。我是从一个固原的外籍教师莫依拉·莱德洛那里了解到这一切的。这个镇有10万人口，而我只在那里停留了一天。但外国人异乎寻常地稀少，所以我们就像天然磁石一样不可避免地会面了。一个学生走上前来和我搭话：“你是英国人，这儿有一位英国教师，她是我的朋友，跟我来。”喝过茶吃完从有图片的菜单上用手势语言点的面条之后，莫依拉对我讲述了她在这些艰苦条件下的工作情况。艰苦的条件并不是她失望的原因，无论是政府还是外国援助机构都非常了解这里的情况，使她失望的是这里的变化往往要花上几年甚至几十年时间。与此同时，深知其未来系于教育的学生们，却由于饥饿而疲惫不堪；在城外，许多孩子都呆在家里干农活，因为在食物依旧匮乏的今天，谁还会将时间和精力投向明天的教育呢？

所以，当我发现固原有一个反映其过去相当富裕的很不错的博物馆时，对我来说倒的确是一个惊喜。很久以前，固原完全不是个落后的城市，而是丝绸之路上的货物集散地，它被有约13公里的双重城墙所围绕，有10个城门，这一切都展示在中世纪晚期该城的微缩模型中。它的富饶延续了好几个世纪。一个六世纪名叫李世恩（音译）的地方长官有一座地下陵墓，该墓有四十余米长的斜坡墓道，并由李本人的军队，237个陶俑士兵守卫。也许正是由李本人买到了该馆最珍贵的收藏：一件精美的六世纪银花瓶，花瓶上的装饰来自于古特洛伊传奇故事的情节。让我感到奇怪的是在这个制造于特洛伊陷落2000年后的波斯花瓶上，在距波斯4500公里，距特洛伊7000公里的中国城市，阿佛洛狄特（古希腊神话中的爱神——译者）竟然与梅内勒厄斯（特洛伊战争时期的斯巴达王，海伦之夫——译者）、海伦与帕里斯（特洛伊王子，因引诱走海伦而引发特洛伊战争——译者）同瓶共舞。

固原于1227年悄然无声地落入蒙古人之手，容易到没有人提及此事。成吉思汗应该已经准确地知道他为什么想要这个地方，因为仅在八年之前，他就曾沿同一路线的西边更远的地方进入不花剌与撒马尔罕。如果进展顺利，蒙古人不久就将控制整条经中亚将中国与欧洲连接起来的商路。

就在附近，有着我和照日格图在博物馆副馆长阎世炯(音译)的陪同下将要去实地察看的最为完美的军事基地。我们的目的是六盘山国家森林公园，阎和其他的人似乎都知道，成吉思汗生命的最后几天就是在这里度过的。

出固原南70公里，道路进入了平缓的山丘，夏季覆盖在它们上面的绿草与庄稼，时不时被雨水冲刷的沟壑所打断。在我们的右侧绿如翡翠，起伏如蜥蜴背的就是高高的六盘山。就在抵达宁夏自治区的最南端之前，我们转向六盘山，进入了一条两侧崖壁陡峭的山谷。几公里之后，两排建筑物出现在了公园奇特的门道两侧。这个门是一条变形为矩形的白龙，它多刺的脊骨横越公路的上方，成为大门的横梁。

远处是一片令人惊诧的美丽的荒原，而且尽管受到了一些白天的郊游者的青睐，但依旧令人惊异地与世隔绝。它完全不为外国人所知，任何旅游手册都对它只字未提，因为它是一个新公园，很难到达，而一条进山的道路似未完工，此外，除龙形入口处的十间简朴的房屋外，也没有住宿之地。但是所有的不便对于一次探访之旅来说，都是微不足道的。因为它是一个巨大的，未被触及的壮丽景色:6790平方公里，相当于英国的两个县，比特拉华州还要大，那也仅仅是在地图上的测量。在地面上，它都是三维的皱褶，森林茂密的山脊和重叠的山峰，还有溪流冲刷的沟壑，这无疑会使它的地表面积增加一倍。在大门的内侧，一条新的道路盘绕而上，经过一个个U形转弯，将更为壮丽的阶梯形低地景色抛在了我们身后的雾霭中。我们正在去往公园中心区的路上，也就是这条路的终点——成吉思汗最后的营地，我想像着蒙古包和草原，这是一种无法和这高耸的森林相符合的幻想。这条道路上下起伏地进入了一条冷杉、岩石和水流湍急的山沟,然后又向上爬升来到一个让人怦然心动的地方。

成吉思汗的最后营地由新近制成的三个平滑的混凝土"蒙古包"组成,它们的圆尖顶上飘着一串串挂有小彩旗的饰带。六辆汽车和许多摩托车挤满了停车场。在混凝土蒙古包后面的一片空地上拴着两匹马和旧的木质农用大车,就像是康斯特布尔干草车上老旧的中国模仿物。我原先希望的是某种真实性,而找到的却是一些矫揉造作的东西。

但是等一下,当照日格图和来自固原的考古学家阎先生开始与这个营地的导游交谈时,一些更敏捷的摩托车手轮流骑上了马背。我漫步向上,四处观察,发现我在凝视着一些与混凝土帐篷和旅游者不相符的东西。它是一个桌子和八个座凳,桌子是用巨大的圆形的石头雕刻而成,而座凳则是凳子形的圆石柱,显然都十分古老。

其他人也赶了上来,讨论着至关重要的招待很少来访的阎先生的午饭问题。是的,是的,午餐当然要吃,但这些旧的石头究竟是什么呢?

22岁的年轻的回族导游马先生说:"元代遗物,看到中间的圆洞了吗?这是插旗帜的地方,成吉思汗曾使用过。"

"什么?你怎么知道呢?"

银川旅游学院的毕业生马先生以官方的旅游手册为依据,非常肯定地讲述了这个故事:

"1227年,成吉思汗在这里避暑。这非常有趣,当他进攻西夏时,坠马受伤。但他有责任作战,所以他来到这里,训练他的军队,狩猎并且休养身体。但并没有结果,所以他死在了这里。天气很热,他的尸体开始腐烂。所以他被埋在了这里。只有他的马鞍和其他一些装备被带到别处埋葬。"

这是一种非常令人震惊的说法。没有任何其他史料表明成吉思汗实际上是被埋在了这里，在六盘山。这会破坏整个故事的基础，更不用说我的研究了。实际上这种说法是如此的荒谬，以致我立刻就怀疑起了他所说的一切。

那么，从历史角度看，有关这个神秘的、杂草丛生又难以抵达的山谷，有什么是那么特别的呢？

“这里夏季凉爽，是一个非常好的训练地，这是我的看法。它的军事地位非常重要，是来自甘肃和陕西的蒙古军队的中心。如果你占领这个地方，”他挥舞一只手指着周围的山峦说，“没有任何敌军可接近你，而你则可以控制整个周围地区。”

正如地图所示，这倒的确是真的。六盘山距西夏边境200公里，距宋朝边境150公里，恰好处在金朝西翼的中部。

“你认为成吉思汗真的来过这里吗？”

“是的，我们知道这一点。就在这条路的上方，有一个成吉思汗召集其将领布置任务的地方。这是训练中心。还有一个叫点将台的地方。”

真有这种整支军队带着其攻城装备及一切越过陡峭的道路来到这里的可能性吗？而且一旦到达这里，他们将怎样下营？怎样训练？这一地区都是树林。马先生仍旧在说着，喋喋不休地谈着西夏皇帝来这里觐见成吉思汗和他的孙子忽必烈，而忽必烈又是最后灭掉西夏的人，诸如此类的更多的废话。而我需要的是证据。

“那些石头就是证据。”

“但你的意思是这些石头就是在这里发现的？”

“不，但就在附近，路的那边。”

天空非常晴朗，太阳也并不很热，而且午饭时间还早，所以我们还有时间走得更远一些。在道路逐渐变为一条穿越冷杉林的小径时，我们遇到了一小群寻找大自然的软弱的中国游客，就像蒙古人照日格图揶揄地评论的那样，来感受一下皮鞋或高跟鞋下未铺设混凝土的土地。马先生停了下来,含糊地指了一下冷杉覆盖的山坡。

“他们在这里发现了那些石头。”

“谁发现了它们?”

“考古学家们。但很快就会无人知道他们在哪找到这些石头了,因为这些树很快就都会长大。”

我应该看到这些树都是幼树,而且我也应该猜到为什么,因为固原的英语老师莫依拉·莱德洛曾提到过“文革”期间的一个更为古怪的行为,那就是一场消灭麻雀的战役。显然,如果麻雀没有树木来筑巢,它们就会死去,所以针对麻雀的战役转化为一场针对树木的战役。自然其结果是一场灾难,城市的树木被一扫而空,山坡的树木也被伐尽,水土流失因此而加剧,但对麻雀却没有太大的影响。最后,钟摆又摆了回来,反麻雀运动被遗忘,一个新的运动又兴起,每个人每个地方都必须植树。这个最近被宣布为国家公园的地方不久就会快速成为森林。因此,我想才会有快速增加的绿色地毯般的冷杉林。

这个有关不断增长的森林的解释有一个缺陷,如果“文革”前这里是森林,这些石头是怎样来的?

“以前这里没有森林。”马先生说。

“为什么没有?”

“它们被砍掉了。”他尽力显得耐心一些。

“这么说这里有人居住?”

“很多,农民和猎人。”

突然,我以不同的眼光来看待这个公园了。这里并不是一个原始的荒原,而是一个隐蔽的,一个完整的社会曾经居住过的山谷,人们在这里伐树烧柴,整田耕地,种植庄稼,饲养家畜,在森林中猎取野猪、野兔和鹿,并且经由我们刚刚通过的陡峭的通道与外界保持着联系,而这条路根本不是什么新修的路,而是一条可供马匹和大车通行的一条古老的通道。而且在这个肥沃并且安全的山谷里，如果近几个世纪还有人的话，那它就应该是许多世纪以来始终有人生活的地方。1227年，这个山谷可能曾有过大片的庄稼和草原，是一个非常完美的隐蔽一支游牧军队的基地。

我需要一些东西来解释所有这一切。也许民间传说会有所帮助，或许可以找当地一些老人谈谈。

“噢，不，这里一个人都没有。因为这里是国家森林公园，每个人都搬了出去。最后一批人是在四年前离开的。”

到现在我们已经走得很远了，越过冷杉林进入了一片凉爽的、有落叶树环绕的林地，纯粹是偶然的机会，我在挺拔的白桦树的间隙扫视了一下，看到了一两公里外陡峭的绿色山坡背景下的几个黑色斑点一样的东西。

“但是请看，那些难道不是房子吗？”那些房子坐落在一片相当大的开阔的乡村土地上，这片浅绿色的土地似乎覆盖着有待成熟的庄稼。看上去就像大山铺开的一张欢迎的地毯。“那些不是庄稼地吗？也许这里有人。”

“没人，”马先生固执地说，“所有的人都被迁移出去了。”

“但有人依旧在耕种这些田地。”

“没有，没有。”

“有的，在那儿。那是新的庄稼，新的作物。”

“不会是新的农作物，这不可能。这里四年都没有人来过。”

这的确使人恼火。如果这里有庄稼，就意味着有人，有人就意味着有提供消息与民间传说的人，也许还会有更多的这里究竟发生了什么的信息。

“瞧，这儿有一条路，”我指着路边灌木丛中的缺口说，“还有车辙印。”实际上，如果它们是车辙的话，也只能是由非常小的车子碾压出来的。

“是警察。”马先生还在争辩着，“骑摩托车的。”

去哪？看谁或什么东西吗？接下来是一阵沉默。马先生自己显然对此也很好奇，而一直在做着翻译与和事老的照日格图也是如此。如果这条路通向那些房子，只需一个小时就可以走个来回，至于午餐可以稍等等。

我们三人出发了，发现我们自己走在一片田园诗般的林地中：一条小径通往一条纯净得像瓶装水一样的小溪，华盖似的树冠将灿烂的阳光过滤成斑驳的绿色。这些只有几天的车辙不是由汽车或摩托车碾压出来的，而是由坐在拖斗里用长柄操纵的两轮小拖拉机碾压的。

但是当我们经过一个池塘和我在路上看到的田地时，我们仿佛进入了一个幽灵一般的村庄。而刚才见到的田里并不是小麦，而是像大麦一样的东西，只是更细长一些。这里的六座石屋都已破败不堪、杂草丛生，屋顶弧形的灰瓦亦因年久而变形。各个石屋间的小径都覆盖上了密密的杂草。

“有人吗？”照日格图大声叫道：“有人吗？”除蟋蟀与小鸟的声音外，既没有山间的回音，也没有人应答。这的确很奇怪。车辙与农田昭示着人的存在，但这里的一切都是寂静无声、破败不堪、一片凄凉。各种各样的戏剧情节闪过我的脑海，每个人都逃跑了，或是死掉了，我们就要去见一个幸存者，一个由于长年独自生活在荒野而成为疯子的中国式的本冈（小说《金银岛》中的人物——译者）。

然后，在穿过荒草萋萋的院落时，我看到了一个添加了另一层意义的东西。它是一个巨大的石碗，直径约一米，雕刻得很好，内部的表面上有石凿刻下的痕迹。它不会只是一个农民刻下的，而且它也不是近期的。联想就像圣诞节的灯一样在脑海中闪过。营地的石桌……“元朝”……现在再加上这个，对，这是一个饮牛槽，一个蒙古的饮马槽。肯定是！一个掷地有声的结论立刻就这样得出了。

我想现在我错了,但却有了进一步的灵感。山谷田野的那片美妙的景色,在我的想像中一旦将树木除去,就变成了完美的草原,并且还有河流。肯定会有人告诉我这里曾经是什么。我们将返回去找一些人,我不知道怎样去找,何时去找,其他人也同样不知道。

我们在若有所思的沉默中踏上返回之路,原路经过了那片无法解释的农田,越过小溪。

但就在我们返回的路上,突然出现了一位妇女,她矜持而高贵,穿着灰衬衫黑裤子,一顶像厨师一样的白色帽子表明了她穆斯林回族的身份。她领着两个孩子。一个大约三岁正蹒跚学步,这孩子的脸颊红得像她的外套,从外形看她肯定是个女孩。一个身穿磨得很旧、印有褪色的“史努比”字样的夹克衫的男孩牵着她的手,男孩看上去要略大几岁。这位妇女的肩上有一个袋子, 她正在采集一种可食用的像芦笋一样的蕨类植物,她称其为“且谢”(音译),而马先生和照日格图都不认识这种东西,她立刻就解开了许多谜团。她的名字叫李宝珍(音译),我们刚才经过的那片农田正是由她的丈夫和小叔子们耕种的。他们曾经居住在这里,甚至在政府将他们搬出后,仍拒绝放弃他们的小块农田。每年夏天他们都返回来耕种和收获。噢,是的,她也曾听说过成吉思汗, 但是如果我们想知道更多有关的情况,我们最好去和男人们谈谈,他们不久就会牵着牛回来。

半下午时,我们又返了回来,发现有六个男人和这位妇女及其两个孩子在一起。一座房子坐落在空地,里面有一个砖砌的炉灶,一个石头炕建在夜晚用于供暖的炉灶上,上面散落着几个床垫。房子前是一块塑料布,上面整齐地摆放着一些药用的根茎,他们称其为“芍药”。我们散坐在石块上和旧袋子上,那位妇女用装果酱的罐子给我们端来了绿茶。这位妇女的丈夫,一个偏瘦的、穿着一件黑白条纹衬衫的三十多岁的年轻人，扮演了发言人的角色，他给我们讲述了成吉思汗，他好像是这座房子的前主人。

这里所有的一切，他扬起一只胳膊环指着这个山谷说，都属于成吉思汗。这里是训练地点，他的卫队住在这儿，而上面放牛的地方是成吉思汗的住地，也是议事的地方。在那边的亚麻地下面(噢，是亚麻，不是小麦或大麦)是号令台。“这是我父亲告诉我的，因为那是他50年前来到这里时，老人们告诉他的。我记得我父亲和祖父曾谈论过。就在那上面是我们所说的成吉思汗的点将台。”

“你是说梯田吗？”

“不，不，那是议事的地方！我说的是在那上面”，他指着俯瞰整个山谷的那座山。“就在那上面有一个平台，在那里你可以看到一切。”

我想像到一个检阅台一样的结构。

如果你去那里，能看到成吉思汗时代的石头吗？

“有很多石头！马槽，还有其他东西。我小时候到处都可以看到它们。但它们现在都被埋了起来或被杂草盖住了。”

我有了一个做出伟大的考古发现的幻想。你能带我们去吗？是的，可以。但那是一个要通过下层灌木丛的一次艰苦的攀登。我们必须穿长裤还要小心有毒的草。我对照日格图的皮便鞋扬了扬眉毛，但他信心十足，“我是照日格图，我是一个蒙古人。”他对这种体力的挑战不屑一顾地说。

我们第二天早晨8点和做向导的两兄弟于武和、于武泽(音译)越过一片梯田出发了。当我们穿过冷杉林时，于家兄弟讲述了他们的故事。

当这家人到来时，这里是一个拥有30户人家的乡村。一百多年前，这儿曾有过一座佛教寺庙，然而随着穆斯林回族的涌入，它被拆毁作建筑材料（因而，我猜想才有了那些石头的村舍）。后来，实施“退耕还林”的政策，这个山谷被变得杂草丛生。现在每个人都离开了。他们是最后离开的，只在夏天带着几十只羊和几头牛翻山越岭到这里来照料土地并在森林里采集药材。“我们直到他们给予补偿才会离开。或者他们将给我们提供粮食而不是现金。所以只要可以我们就将继续来耕种我们的土地。”

现在我们已进入茂密的森林。两兄弟中的一个指了指地上的一堆黑色的东西，熊的粪便。这里有熊和有毒的草吗？噢，很多，几天前有六只熊在农田附近转悠，他说道，并继续领着我们沿纠结成一团的次生林下的一条小溪前进。我们穿过小溪，爬上了一个有柔软覆盖层的几乎垂直的斜坡。在斜坡顶部，在被剥掉了树皮的桦树阴影下，地面出现了一个古怪得令人困惑的山顶小平台。

“路曾经通到这里。”于武和漫不经心地说。他是个爱说话的人，但他的弟弟却一言不发。弄清楚这片斑驳的、变形的地面是很难的，但我还是看到了车辙印迹曾经经过的地方，它绕过了一个杂草覆盖的、高出地面约五米的突起物，很难断定它是自然形成的，还是人工造就的。

前面更远的山坡上传来一声大叫和一阵谈话声。一个人跪在地上，用手挖着松软的地面，而另一个人则站在树荫下，还有更多的人，总共有10人。

他们正在采集草药。他们天亮前就由远在25公里以外的村子翻山越岭来到这里，而且会在这里干上一整天。

这片荒野就这样更多地显露了它自己，仿佛是在逐渐让我了解是什么东西使得它在许多世纪以来对农民、对猎人，也许还有那么几年对游牧的勇士们如此具有吸引力。这个地方的药材声名远扬，后来我看到了它们的目录，有39种之多。有一种特别的被称为“长勃”（音译）的药材，当地的药材公司以22元一公斤来收购，而这群人中的每个人每天都可采到2~3公斤。然而这种小的类似洋葱一样的根茎可以治疗什么疾病以及它怎样配制却无人知晓。他们所知道的一切就是采集它然后卖掉。

于武和挥了一下手臂说：“我们称此地为成吉思汗的医疗地。”

一线理解的微光渐渐从我困惑迷惘的思绪中闪现了出来。这是一个在不断变化的生态系统，包括所有这些潮湿的土地，摇晃的小树和蔓生的灌木丛，所以自然和人工是很难区分的。如果这里曾经有一条小径，那个小塔就可能是某种瞭望塔而这里也可能是某种药店，病人和伤者可以来用草药进行特别的治疗。

半上午时分，我们出了森林，走在毛茛属植物、龙胆草和其他杂草的地毯上，越过了一个开阔的山梁（冷杉树狂们甚至已经扩散到了那儿，几年后它就将被完全地、非自然地覆盖掉）。山顶有一段墙的遗迹，我猜想它曾标志着一个多用途的峰峦重叠之上的瞭望塔。从这里我看不到任何人类活动的迹象，没有道路，没有房屋，没有炊烟，只有我们刚刚沿着它攀援而上的山谷，那个几乎被遗弃的村庄和浅绿色的、狭长的亚麻地，以及偶尔从绿色屏障缝隙中窥到的旅游营地的三个混凝土圆顶。

但是一个山顶的瞭望塔并不是一个用以观察军队调动的基地。我想要找到那个期待中的“平台”。我们下了山，并遭遇到了荆棘丛。这并不是普通的有刺灌木，而是茂密的、结瘤的、三米高的树，上面布满了矛头形状的刺，这片次生林的密实和刺人足以守卫睡美人。当我们费力地绕过这片荆棘时，于武和低声嘟囔道，就在这附近有一个平台，过去是在这一带。当地面变得平坦起来时，我又一次开始丧失了信心。分散在这一片该死的冷杉树林中的我们四个人又聚集到了一起。

“他知道我们在哪儿吗？”我泄气地问照日格图。

接下来是一阵短暂的意见交换，然后：

“就是在这儿，成吉思汗的点将台。他也管它叫主上之地。”

我意识到这里没有石头的平台，而是草地，或许它曾经有过。我步量了一下它：成吉思汗的点将台大约有250米长，50米宽。

坦率地说，现在没有人会不辞劳苦地坐在这里了。当于家兄弟还是孩子时，这里是开阔的，可以看到散落在草丛中的石头设施，而且还有对村里的相当不错的视角，现在我们却被单一的树种所包围，而以前的那些石头也都被埋掉了。某个轻率的政策制订者，命令一些植树队伍来到这里，毁掉了可能会产生一些令人感兴趣的人工制品，以及因此而可能成为一个很好的景点的遗址。这一遗址可能会吸引、奖赏并提供资料给那些半冒险的、希望与自然和历史亲密交谈的参观者。我确信不是成吉思汗自己使用过这个地点，而是他的将领们，因为如果走到这块平坦的场地的边缘，下面的山谷便一览无余，很容易想像到一个巨大的操练场地，布满蒙古包、马群和列成阵形的军队。几块突出草地的石头甚至会使人产生一种谁可能曾站立在或坐在它们上面，或者他们曾会在其上看到了什么的幻想。

我们从一条陡峭而杂草丛生的小路走了下来。话题转到了熊的身上，据说它们个体很大，可到于家兄弟的肩部，身体呈几种深浅不同的黑色，有红色亦有褐色，但它们并不危险。“两天前，大概有六只熊来糟蹋庄稼”，的确在我们刚才经过的农田可以看到熊爪刨过的痕迹，“如果你对着它们大声喊叫，它们就走掉了”。

现在我几乎回到了那几座石头房子那里，我在尽力将我所看到的东西理出个头绪。一切似乎都是混沌的，那些粗糙的人工制品和民间传说将我带回到了50年，100年，甚至800年前，但却没有什么东西可将话题固定在历史上，而我对那些实物证据的最初激动，比如蒙古旗帜插座，饮马槽等，逐渐变成了对其他可能性的更为冷静的判断。四处征战的蒙古人并不需要制造石质饮水槽，也许这只是些一或两个世纪前留下的石磙、石碾和石臼，那时，这里曾经有一个庙和一个大型的劳动农民的社会。

但它仍然留下了一些传奇故事以及这个地方本身：一个有草药的秘密的山谷。其中的一种草药也许被认为强有力到足以拯救一个生病的征服者的生命。

我是幸运的。如果你，这本书的读者去那里，恐怕就太晚了。那些还记得这里的传说的人将会被迁到山谷外的村庄和城镇。最后随着中国经济的增长，那些翻山越岭走很远的路去采集草药的人将会日益减少。道路将会被杂草覆盖，农田将会消失在小树下，房屋将会倒塌，具有毁灭力量的冷杉林将会占据所有的空地，旅游者将感受到的一切会是有栅栏的道路和一个旅游营地，在那里导游会讲述有关这个无路的山的无人可以证实的故事。即使是历史学家和考古学家们到来，有谁还会记得，有谁还会带他们去看看操练场、议事堂、医疗救治地以及点将台曾在什么地方吗？

## 第十三章

# 去往秘密墓地

我们现在回到1227年盛夏欧亚细亚的命运悬而未决的那几天。一个皇帝的被杀,成吉思汗本人的死亡,一种完整的文化的毁灭,更有成千上万人的死亡,如果细节被适当地记录下来的话,这一切都足以证明引起历史学家们注意的合理性。然而这种"如果"却指向了一个给这一系列事件以不同意义的因素。这一因素就是神秘,也恰恰是这种由成吉思汗本人预见到的、并为其随从执行的保密需要,才使得他的目的得以实现。如果消息透露了出去,所有的一切就会丧失,敌人会得到振作,征服会失败,形成中的蒙古帝国几乎会被扼死在摇篮中,而欧亚历史的整个进程将会转向另一个方向。

但是一个临死的皇帝或是顺从其意旨的继承者将会怎样来安排这一切呢?当然由于覆盖在这一戏剧性事件上精心设计的神秘面纱,没有人可以知道。但是学者们与考古学家们通过艰难地钩稽史料,在大山的背景之下,我们渐渐地得到了800年前六盘山内或附近可能发生了什么的印象。

我们现在就来看一下1227年8月的第二个星期所发生事情

的来龙去脉：

成吉思汗处在最终征服西夏的边缘，而且刚刚占领了金朝的西部。这里将成为他完成对整个中国北部征服的基地，如果一切进展顺利的话，这将会给他一个从太平洋几乎延伸至巴格达的帝国，他终生的奋斗即将如愿以偿。西夏的皇帝已在前来投降的路上。然而就在这一关键的时刻，成吉思汗病倒了，也许是染上了他的南进部队所带回来的斑疹伤寒。史学家们一般认为这种疾病侵袭了六盘山以南，今甘肃省境内的清水县，但仍有值得怀疑的地方，因为这个县的名称与北流汇入黄河的一条河流同名。一些人认为成吉思汗实际上是死于清水县，这种说法遭到了两位对证据进行了深入研究的宁夏大学学者许成与于军的反驳①。他们以历史资料与考古发现为基础的研究，起到了为某种六盘山地区民间记忆牢固基础的作用。

不管这种疾病从哪儿袭来，它都是非常严重的，他身边的每个人都十分清楚。大汗正在承受着某种疾病折磨的事实是不可能掩盖的，但其严重程度的征兆却绝不许泄露。所以在其生命最后一周的第一天，成吉思汗就在一辆封闭的大车内急速驶入六盘山那个隐蔽的峡谷，在这里秘密可以得到保守，有部队可以来执行他的命令，而且，如有必要的话，这些部队还可以从这些隐蔽的山路杀出，进攻西夏和金朝。在这里他还可以用森林里的草药来治疗，无论这种治疗是多么绝望。

但一切都毫无效果，死亡在逼近。

根据一则中国史料《元史》的记载，在最初几天，成吉思汗仍是一位策划未来的战略家，他的指令非常清晰。根据阿拉伯史学家拉施特几十年后所撰写的有关这些事件的一个版本，成

---

① 许成、于军：《六盘山成吉思汗卒地与安西王府》，《宁夏大学学报》，1993年3月，银川。

吉思汗说:“不要让我的死讯传出。不要哭泣和哀悼,这样敌人就不会知道任何事情。但是当唐兀惕首领及其人民在指定的时辰离开城市时,一定要将他们全部消灭。”

然后,就像中国的史料所记载的那样,成吉思汗制定了征服整个中国的战略,其序幕就是必须摧毁金朝。但突然间,这一前景被日益逼近的死亡模糊了,他的随从们面临着一种可能的灾难。正行进在从银川前来觐见路上的西夏皇帝可能会成为没有向其投降的胜利者。如果他听到这个消息,他就会立刻回头,考虑怎样拯救他自己以及其王国。他的最好机会将会是立即转向金朝,将军队联合起来抗击共同的敌人,摧毁成吉思汗已达到的一切,并将使成吉思汗的伟大征服战略胎死腹中。

这里只可能有一种采取行动的方式,一切必须按计划行事,绝不能泄露任何有关真实情况的信息。然而西夏皇帝的到来,投降,然后成为其屡次背叛的人民的第一个死者是非常关键的。

但是这个阴谋却需要小心处理,西夏人是一个有宗教信仰的民族。且不论晛的政治角色,他带有一种伟大的宗教传统的光环,而这也正是成吉思汗及其追随者们所敬重的。在《秘史》中他被称为亦鲁忽·不儿罕,“崇高的圣者”,这是其宗教头衔的蒙古语版本,反映了他既作为世俗首领又作为精神领袖的地位。谋杀一位活佛并不算一件了不起的事情,并不比中世纪的国王们随意谋杀一位大主教来得更难。这样的一种行为需要的是伪装。亨利二世宣称贝克特(英格兰国王亨利二世的枢密大臣,后任坎特伯雷大主教,因反对亨利二世控制宗教事务而被杀害——译者)的死是一次可怕的错误,成吉思汗亦可玩弄这种文字游戏。为了将晛从一个崇高的宗教人士转化为可以牺牲的政治人物,成吉思汗宣布这位“崇高的圣者”从今往后将被称为“失都儿忽”(忠实者)这一佛教称呼。这似乎是一种奉承,是对其屈服的完全接受,但事实上它却是一个伪装起来的死刑判决。是一个忠诚的仆从?还是一个带领其人民在过去的六个月里拼死抵抗的领导?对于这样的一种忠诚,死亡将会是唯一恰当的奖赏。

这一末日游戏是在哪儿上演的呢?当然不会是在银川,因为成吉思汗远在南边,当然也不会是在隐蔽于六盘山中的秘密基地。它应该发生在附近开阔地面的一个合适的地点,而且我相信这一地点已为了完全不同的目的而被建了起来。

在固原和六盘山之间,一条公路经过低矮的有梯田的山丘,穿过一排土坯房,那大概就是通往开城的唯一道路。开城是一个靠小麦、大麦、亚麻和蔬菜生存的村庄。在附近的斜坡上,两轮拖拉机拉着看上去像巨型棕色面包一样的干草垛,突突突地经过,这里并不总是这样落后,也不会永远如此。就在山丘的另一边一座水坝正在修建之中,以给这一地区提供电力和新鲜的饮用水。但这个水坝并不是唯一将使开城恢复其过去声名显赫的东西。

一个中英文的标志牌指向了右边的一条路:“古开城遗址”,乍一看来,在这块六盘山以起伏的绿色勾勒出了远处的地平线的地方,除了梯田上的麦地和一块正由一位头戴白色围巾的回族妇女独自除草的土豆地外,别无它物。唯一的声音就是一只百灵和一台远处的拖拉机以及锄头刨地的响声。

阎先生向我解释了我正在观看的东西。滚动的麦浪下面形状模糊的东西曾经是城墙,在四周形成了一个3~4平方公里的地方。在13世纪,成吉思汗的孙子,即那位以其征服实现了成吉思汗梦想的忽必烈汗将此城建成了一个省的首府,并无疑与20公里之外的固原形成了竞争。它又因忽必烈的13个儿子中的一个安西王(在陕西省)忙哥剌而得到了进一步的发展,而忙哥剌的儿子又于1297年驻于此，带领一万人的军队负责这一地区的防务。但并没有这座城市究竟是什么样子的准确记录，因为1306年的一次地震摧毁了它。有5000人在这次地震中丧生，幸存者纷纷逃亡，土坯的建筑被冲走；开城从人们的视线和记忆中消失了。

现在中国的考古学家在将要成为宁夏最伟大的发掘工作中会有所发现。政府已为这项工程拨款一亿元人民币，我猜想他们如果会去寻求国际支持的话，这里会涌进来一些日本人、美国人以及欧洲的科学家。但中国有着足够的专家。“这些是中国人的祖先。”阎先生说，没有任何与蒙古人有关的暗示。应该由中国人在未来的十余年中努力工作，来揭示这座城市的根基，评价埋藏在泥土下的物品。

它们就在这里。那位回族妇女停下了锄头来回答我的问题。不，她从未找到过任何东西，“但两年前一位老人发现了一个花瓶。”

“在哪儿？”

“就在这片土豆地里。”

不仅是这个古怪的花瓶，其他人还发现了许多上着黄色这种皇家色彩的釉色的瓦片。在固原的博物馆里有一些这类东西，而且阎先生还确信有关忽必烈的城堡将会有更多的东西被发现。

现在回到了问题的实质：忽必烈为何要在开城为自己修建一个总部？而此时固原已在20公里开外，并且拥有城墙和门楼。很可能是因为开城实际上是一个神圣的地点，并且是由其祖父在1227年春选中的。成吉思汗的选择有一些完美的理由，它安全地远离固原纷扰的居民，距隐蔽在六盘山的部队仅一天的行程；而且它处在开阔地，军队在这里的大规模集结不会受到居民、建筑物及狭窄的峡谷的妨碍。我认为成吉思汗下令在此修建了临时行宫，在此蒙古人可以接受来自金朝的求和使者。然后，出于一种非常高兴的偶然，这个新的总部以及其行帐和卫队，拥有了第二个用途，即作为接见西夏皇帝来做最后投降，并迎接其最后厄运的基地。

这整个谜局肯定经过了精心的策划。而且与史料上很快连续发生的五件事的记载亦相符：

- 西夏皇帝投降；
- 他前来觐见成吉思汗；
- 他被授予新的称号；
- 成吉思汗下令处死他；
- 成吉思汗自己死亡。

然而这些史料却都没有使事情发生的顺序脉络更加清晰，所以事件的发展只能是几种可能情形中最可能的一种。

西夏皇帝晛到达开城行帐时，遇到了一种奇怪的情形：他被安排在了"行帐门外"觐见成吉思汗。《秘史》叙述道，觐见期间，成吉思汗"感到了厌恶"。这是一则十分奇特的记载，这位大汗，这位已经是比罗马帝国还大的帝国的创建者，肯定不会愿意以这种方式处置被他征服的仇敌，这样做无疑会在西夏皇帝及其随从心中引起疑虑。因而只能得出一个看来是有道理的结论，无论是成吉思汗还是其助手群臣，都没有任何选择余地，因为成吉思汗已无力举行这样一次觐见了。当然唐兀惕的皇帝是无论如何都要被杀死的；但是他做出屈服，奉上礼物，完成将他的王国交给成吉思汗的正式投降仪式亦是非常重要的。而同样重要的还有那种留在性命得以保存的人们心目中的印象，即一切尽在成吉思汗的掌控中，这对普通蒙古人来说也是如此。

实际上，在这一出不寻常的戏剧中——面临灭顶之灾的皇帝及其骑兵和满载货物的车辆，周围屏风似的围着的将军及家人，巨大的关着帘子的帝国行帐——所有这一切只有在我们假设帘子背后的成吉思汗已如此接近死亡以至于他根本不能被人看到，或者他已经死亡才能够说得通。在我看来，后者的可能性更大，成吉思汗在疾病袭来时仅仅活了一个星期，而西夏皇帝带着他的随从和满载货物的大车从其首都行程300公里抵达开城则需要花上两周的时间。与此同时，成吉思汗已生病，并被带到了六盘山基地来进行治疗。当然也只有在他死后，对他的治疗才会结束。而且也只有在那个安全的山谷，他悲哀的随从们才能做出保守他的死亡秘密的安排，并魔幻般地使他们"生病的"君王出现在开城的最后摊牌的场合。

困惑而又顺从的晛奉上了他的贡物，先是一尊金佛，然后是丰盛的礼品，每一种都是以吉祥数字九为一组：九只金碗，九只银碗，九对童男女，九匹骟马，九只骆驼，以及其他更多的东西，并且都是按"各色物品"敬奉的。

然后脱栾扯儿必来负责监督行刑。处死统治者就像处死所有的贵族一样，需要遵循蒙古人长期以来奉行的仪式：不许流血。死刑可以通过拧断脖子，绞杀或者（在这种情况下，如果我们相信《秘史》的话）窒息来进行。而无论它是怎样执行的，它都是秘密进行的，因为没有西夏皇帝死于何地，如何被处死，有多少人同他一起死亡的任何细节被泄露出来。

只是在后来，在更为正式的中国史料中，一些事实才被记录了下来。成吉思汗显然是在患病一周后死去的，在猪年（1227年）农历七月十二日（公历8月25日）。但是某些疑问也是合乎逻辑的。这些日期记载似乎是最为可靠的中国史料来源于10年后，充其量不过是在蒙古人完成了对金朝的征服以后，而且并不是所有其他史料在这一日期上都相互一致。而且，当然由于没人知道成吉思汗何时出生，对其年龄的估计也从62岁一直到

72岁，假定1162年是其出生之年的话,65岁的年龄则是最为人们广泛接受的说法。而最直接并被人们寄希望以对这一重大事件做出某种特别评论的史料《秘史》,却除了那句“升天”之外,对这一主题只字未提。我以为这足以证明成吉思汗的死亡地点与方式将作为国家机密而被保守。

神秘为谣传留下了余地。有关成吉思汗死于围攻这座或那座城市,或一直活到西夏投降的故事成倍增加。而后来,几十年或几个世纪后,诗人们以将谣传与民间传说转化成诗歌的形式记录了这位伟人的离去。400年后,鄂尔多斯的一位台吉萨囊彻辰[1]将这些故事写进了他的《蒙古源流》。另一部逸名著作《黄金史纲》则要略早几十年完成,也包含了绝大部分相同的内容。与亚瑟王的传奇故事一样,它们已不再是历史。在后成吉思汗的传统信仰的纠结之下,没有多少史实是可信的,大部分都是佛教的内容。

比如在萨囊彻辰的记述中,西夏王通过早晨变蛇,午间变虎,晚上变童子的方法展示了他的法力,而成吉思汗的变形则超过了他的敌人,分别变为大鹏、狮子和玉皇大帝,并抓住了他。但当成吉思汗的随从用剑刺杀唐兀惕的国王时,却发现他刀枪不入。他说,“任尔以诸般锋利之物砍我无妨”,接下来他又用标志着童话故事的那种令人惊异的愚蠢供认道,“惟我靴底中藏有三折密萨里钢刀方可刺砍”。随着这些话,他拿出了宝剑并又说道:“尔等杀我,若我身乳出,则害于尔身,若血出则害及尔后裔”。此外,还有一件事:如果成吉思汗娶他的妻子,他最好“将伊周身仔细搜看”。

成吉思汗杀死了他,并娶了他的妻子古尔伯勒津。她是一个艳惊四座的美人。但她说在成吉思汗的军队搅起的灰尘弄脏

① 译名有萨囊彻辰与萨冈彻辰的区别。

她之前，她更加美丽。所以她被允许到黄河里沐浴，此时，其父家饲养的一只鸟飞临上空，她对鸟预言了她的溺水身亡。沐浴归来后，她果然与尘土飞扬的蒙古士兵到来前一样美貌。那夜，显然由于未对其仔细搜身，她遂使“汗体受伤，因致不爽”，然后她又寻机投河而死。成吉思汗及其随从又分别发出大段演讲，此后，他才“升入天空”。

还有许多其他的版本。下面一则是有人讲给旅行家兼杰出的蒙古学家欧文·拉铁摩尔的。关于传奇人物拉铁摩尔应该在这里简单地加以介绍，他是一位在经验和专门知识方面均无可匹敌的人物，在蒙古人中颇为著名，因为他戴着单片眼镜，蒙古人称其为“单片玻璃”。我只见过他两次，那是在1960年他在新成立的“盎格鲁——蒙古学会”一个非常小的学者、旅行家、学生的组织发表演讲时，我对他十分崇敬，因为我知道他被逐出美国，成了乔·麦卡锡所发动的野蛮运动的牺牲品。他是从利兹来看望我们的，他在那里建立了一个蒙古学研究部门。我记不起单片眼镜，但我记得他个头矮小，热情，对没有经验的年轻人来说是一位慷慨的人物，也是最好的激励者。这就是他的鄂尔多斯蒙古旅伴讲给他的故事。

> 成吉思汗在哪儿？他并没有死。事情的发生是这样的：成吉思汗做了一个红血洒在白雪上的梦，最红的血和最白的雪。他招集他的谋士们来询问这个梦的意义。
>
> 他们说这意味着所有少女中最美丽的女子。然后成吉思汗召集所有的纳贡国家并且问他们所有少女中最美丽的女人在什么地方。他们说有这样一位少女，她是唐兀惕国红墙之城国王的女儿。于是成吉思汗遣使索取这个少女。红墙之城的国王对使者说：如果神圣的成吉思汗想要我的女儿，我当然会将她送

去。但私下里他却对女儿说:这儿有一把刀,非常小但却非常锋利。把它藏在你的衣服里,当那一时刻到来时,你知道该做什么。然后他们将女孩带给了成吉思汗,他走进去与她睡觉,但当他与她躺下时,她拿出了尖刀阉割了他。成吉思汗感到了疼痛,于是大叫了起来,人们蜂拥而入,但他只对他们说:将这个女子带走,我想睡觉。他睡着了。而且从那一睡他就没有再醒过来。但那是六七百年前的事了,难道神圣的成吉思汗不会治愈他自己吗?当他治愈了自己,他就会醒来拯救他的人民。

从这种佛教以及蒙古的传统信仰的混沌中,唯一坚实的可以慢慢搜集到的信息就是人们所感觉到的巨大的损失。显而易见,随着时光的流逝,蒙古人始终不愿意接受他们神圣的国王的自然死亡,于是将这一切编成了一个复仇的悲剧性的故事,而他们的英雄就像参孙一样,被一个外国的女人毁掉了。对蒙古人来说,这类故事提供了一种至今仍可以隐约感觉到的解释其力量丧失的心理需要。每个人都知道那个现已在许多方面被美化了的故事,知道了那个邪恶的女王对成吉思汗做了怎样可怕的事情,然后又投黄河自尽,蒙古人至今仍称黄河为哈屯额克河(夫人河)。

历史上最杰出的领袖之一就这样逝去了。在这一方面他与大多数其他人都有所不同,这就是:你越接近他,他似乎越值得崇拜。

理解他的方式之一就是去看看他年轻时的经历。他曾经是草原之海上的一叶漂浮的小舟,大山边上的一只虱子,艰辛使他明白了生存的关键就在于他所缺乏的东西:权力。那是一种赢得朋友、发号施令、战斗、取胜、统治的权力；是一种重建失去的一切并进而在这个不确定的世界上建立一种绝不会受到威胁的安全的权力。

但这是一种事后诸葛的说法，是当代的心理学。一位得到长生天的启示致力于成吉思汗案例的研究专家，也许会解释他的动力均来自于一个被剥夺的童年，但我怀疑，成吉思汗的灵魂是否会同意。因为那样就会否认在他看来存在于他自身之外的力量。他的个性里充满了被上天选中来做世界统治者的确信。尽管还需要帮助来决定手段，譬如通过解读羊肩胛骨烧裂的纹路，佛教的占星术以及在那座他被授予顿悟的圣山上的祈祷等，但命中注定的结局却是清晰的：达到一种史无前例的权力，一种将充分利用神授之力的世俗的权力。

权力是关键。而赢得权力、掌握权力、增加权力就是他的目的。他不是第一个也不是最后一个通过个人魅力与忠诚的结合来赢得追随者的人。他可以在其他人的内心唤起同样的确信，这就是：呼和腾格里，蓝天，最终演化为长生天的意志就等同于成吉思汗自己的意志。不同寻常的是他在长达五十余年的过程中始终维系着不断发展着的个性、变化着的条件以及不断增长的权力之间的平衡，也就是说，在多变的时局中掌控着这三种易变的事物，从未失去平衡而陷入堕落或多疑，从来也未失去对权力缰绳的掌控，也从不允许意外之事来影响既定方针。这在人类历史上是全新的，幸运的是，它也是独一无二的。可以将它称为长生天领导艺术，以下列出的就是它的指导原则：

## 长生天领导艺术的十条规则

### 1.奖励忠诚

在与其人民的交往中，成吉思汗从不会忘记一种慷慨的行为。当他登上权力的宝座时，他对那个在他逃离囚禁时曾掩护过他的人说：“你们的大恩，朕在夜梦中，白天在心坎里，常常思念不忘。”作为他的革命的一部分，他奖励勇敢和忠诚而不论其身份地位。忠诚的纽带并不是很容易锻造的，因而必须用各种可能的手段来加以维护（包括胁迫：他的卫队，那颜们的儿子们，实际上就是人质），但是一旦证实了一个人的忠诚，他就会委之以重任，例如让木华黎统治被征服的中国北部疆域并负责其他地区的征服。在他的领导下，税赋被征收来支持贫困不堪的追随者，这并不能归结为任何社会主义，或民主冲动，抑或甚至是人道精神的先兆，相反它所体现的是一种至高无上的传统主义，是一个成功部落首领基本责任的合乎逻辑的结论。

### 2.禁欲

他依然是一个坚韧的游牧民，尽管自己极尽奢华，但仍崇尚节俭。有人说他会把自己的衣服送给贫困的蒙古人。他一生都努力，直到六十多岁仍然可以骑射自如，这都得益于他年轻时在高山及草原上的经历。

### 3.自我控制

他最非凡的品格之一就是那种对自己的愤怒的控制，允许他人说话的能力，当他的一位叔叔叛逃敌对部落时，他曾愤怒地下令将其处死，但是当他的两位情同手足的兄弟孛斡儿出与木华黎及其养弟失吉一同责备他——杀掉你的叔叔将会是灭掉你自己的灶火，他是唯一让你记起你父亲的人，他不懂道理，给他一次机会——等等时，成吉思汗开始抽泣，“让他去吧。”他说，并陷入沉默。

### 4.任人唯贤,知人善任

在成吉思汗手下,牧人变成了那颜,敌人变成了官员。对于为他服务的非蒙古人,他也像对待他们的同类一样慷慨。他毫无偏见地敬重与奖励饱学之士,只要他们能忠诚地发挥其才能。在与成吉思汗“共饮班朱尼水”的人员中,有一位穆斯林商人札八儿后来成了一位使者以及中国北部的执政官。在为其服务的人员中,既有穆斯林、中国人(耶律楚材无疑是最初的代表),也有聂思脱利教士与佛教僧侣。

### 5.对敌人冷酷无情

对于那些不依附于他或者反对他的人来说,成吉思汗是冷酷无情的。一旦被证实背叛,成吉思汗便毫不心慈手软,即使是对待亲属或者以前的朋友,他都会是一个冷面杀手。如果说他从不会忘记一个恩惠的话,那他也绝不会宽恕一次羞辱;而抵抗不仅是对他本人,也是对上天的侮辱。绑架了他的妻子孛儿帖的篾儿乞惕人被“分割到直到他们不存在”。而曾俘获他的泰亦赤兀惕人则像风中的灰烬一样被灭掉。而对于被指责对其父之死负有责任的塔塔儿人,他下令:“我们必须为祖先报仇,杀掉他们。”复仇是上天赋予的职责,而随着他的权力的增加,对于金朝,对于那些穆斯林领袖及抵抗的城市以及对西夏的唐兀惕人的惩罚也成了上天赋予的责任。这里没有任何宽容——城市文化中的军事领袖经常向其对手显示的那种宽容,这些军事领袖深知他们有着共同的传统,而且未来他们还可能会成为盟友。对成吉思汗来说,一个不立刻就顺从的敌人就是异类,几乎不能算做人,只适于毫不犹豫地予以立刻消灭。自然那些得到这种结局的人只会用嗜血的野蛮人之类的词语来评判他。

阿拉伯的历史学家拉施特在一则著名的逸事里总结了他的态度。一次,成吉思汗与孛斡儿出以及其他伴当在外骑马时,他问他们什么是一个男人最大的幸福，在经过一阵争论后，他们回答道是鹰猎。春天到来时，骑着强健的骟马，臂上落着苍鹰，难道还有比这更为奇妙的事吗？“你们错了，”成吉思汗回答道，“男人最大的好运是追击并消灭他的敌人，夺取他们的所有财产，让他们的妻子们痛哭和嚎叫，骑着他们的骟马，用他们的女人的身体来做睡衣和床垫，注视和亲吻他们玫瑰般的乳房，吸吮她们那像樱桃一样甜美的嘴唇。”这些话非常有名，因为它们反映了现实……

### 6.反对残忍

……但只是部分地真实。这些话写于成吉思汗死后50年，而此时真实性已为民间传说弄得扑朔迷离。而且它也表明了其他的一些东西：对他人苦难的高兴。但却从未有人谴责他任性的残忍。花剌子模沙摩诃末以及其子札兰丁都乐于折磨他人，但成吉思汗却不这样做。的确，在一些场合下，他特别下令要节制。这里当然不会有我们从基督教的痛苦中得出的那些美德的痕迹，比如容忍、宽恕、爱自己的敌人，但同样也没有宗教法庭的施虐狂的痕迹。

### 7.适应并对新的统治方法持欢迎态度

成吉思汗的自我表现远比仅仅是野蛮的形象更加深奥。如果一个领导人要以他所雇佣的人和他所做出的决定来判断的话，那么，成吉思汗应该得到某种赞扬，因为他看到了书写与官僚体制以及命令他所需要的人来做记录并进行行政管理的益处，这对一个不识字的游牧武士来说，应该是非常难能可贵的。简言之，他在不断地成熟。随着在权力道路上的每一步跃进，从部族到部落到国家到帝国，他的境界也在提高。如果考虑到他是其人民中第一个做出这种跳跃而且他唯一的导师就是他的敌人的话,这种进步就会更加令人惊讶。

### 8.深信天命的垂青

在他的每个阶段,他都从未怀疑过上天的支持。因为他从虱子到皇帝的每个发展阶段，都进一步证实了这种支持的存在。花剌子模战役期间,在进攻一座城市之前,他就遣使带去了一条引述长生天的语言的书面信息:“让埃米尔们、大人物们以及普通的人民都知道这一点:在从太阳升起到它落下的整个地面,我已经给予了你。”这是一种有着简单而毋庸置疑的假设的意识形态:那就是,在他们的征服之前,所有的国家都应依据上天的意旨而臣服于蒙古人的统治。外国的统治者只是必须承认这一简单的真理,这样就会一切都相安无事。

### 9.让追随者与继承者亦对天命深信不疑

耶律楚材加入成吉思汗是因为他坚信成吉思汗拥有天命。成功证实了这一点:对金朝的征服就是一个“非人力可以为之”的巨大功绩,并且因此也把耶律楚材从其先前的义务中解放了出来。窝阔台的儿子及汗位继承者贵由(1246~1248年)曾致信教皇英诺森四世:“长生天已经杀死和消灭了这些国家和人民,因为他们既不忠实于成吉思汗,也不忠实于合罕(即汗中之汗,贵由自己)，我们都是被送来传授长生天的命令的……任何人怎能违反长生天的命令,依靠自己的力量去捕捉或杀人呢？”

### 10.尊重信仰自由

成吉思汗为什么会被选中,对他来说是个秘密,就像选中他的神的本性一样。由于没有清楚地理解上天和上天意旨的方法,尊重所有那些寻求这种理解的人就应是合理的(除非这种寻求有关天命的支持与第8,第9规则相冲突,而在这种情况下,就会动用第5条规则——消灭）。

从亚历山大到斯大林，那些最伟大的领袖和最邪恶的独裁者们已经拥有了这些特性中的几点。难道会有人拥有这一切吗？我们选取几人来看看：耶稣的王国不在这个尘世。拿破仑在军事和政治领导上才能出众，但却从未寻求天命的支持，而且他以失败告终，甚至没有一个帝国。穆罕默德有着平衡的宗教与军事才能，而在那个短暂统一的阿拉伯帝国中，他的创建则要少于其后裔的创造。亚历山大最为接近，但他的冷酷却根本无法与成吉思汗匹敌。或许他的老师亚里士多德用伦理的课程限制了他，或者也许是由于他在成吉思汗一半的年龄就已逝去，他只是没有一个恰当的机会。

※ ※ ※

群龙无首，且大多数城市都为蒙古人占领的唐兀惕人，成了其征服者唾手可得的猎物。银川遭到了掠夺，皇家陵园屋顶上的瓦被掀了下来，唐兀惕先王的尸骨被掘，人民被分散。成吉思汗的意志得到了一丝不苟的执行。有关破坏程度的信息非常稀少。《秘史》只提供了简要的一句话："由于唐兀惕百姓不遵守诺言，成吉思汗第二次征服了他们。"中国的记载实际上是不存在的，因为不管是蒙古人还是后来的中国王朝，都不会对一个敌对帝国的消失而感到悲痛。唐兀惕带着它的大多数记录几乎从历史上完全消失了，幸存的一小批孤立的记录最终也不足以保存其文字与语言。尽管随着唐兀惕文字的解读，这种文化现在已经开始重新出现，但却不可能会有人挖掘到有关这一大屠杀的记录，因为没有人幸存下来去书写它。

成吉思汗的尸体呢？这个问题没有最后的答案，因为没有坟墓。相反，却有两种不同的传统，分别成为中国和蒙古的两种相互竞争的宣言的基础，而这两个国家都决定成为成吉思汗的真正的继承者。中国的传统主要将重点放在成吉思汗的衣物和饰品上，它与第二种传统直接冲突，后者则主要涉及他的尸体，声称尸体越过戈壁被带回到了蒙古人的家乡并埋葬在了一个秘密的坟墓。

然而这种说法却没有任何可以确信的地方。那是盛夏，尸体在8月份的腐烂是极快的。即使不考虑保密的需要，返回也必须尽可能快地完成。送葬队伍的行程有1600公里，而这对于一辆需要某种程度的小心和注意的车辆来说，则需要花上大约三个星期。尸体可能已经尽可能多地用草药来保存，但蒙古人对木乃伊制作术一无所知。它肯定是一次仓促的旅行。

《秘史》对于送葬队伍或葬礼之事只字未提，而是直接跳到成吉思汗死后第二年的事，来到了确认窝阔台作为成吉思汗继承者的克鲁伦河的大忽里台。其大汗的运送与埋葬这样一种催人泪下的事件，会从《秘史》编纂者的脑海里消失是不可想像的，唯一可能的解释是整个事件被精心地略去；而对这一禁忌的唯一可能的解释有两方面：第一，保守原已为国家机密的秘密，即死亡与送葬的过程；第二，除了最核心的核心外，还要保守埋葬地的秘密。

而这一策略又一次让传奇故事繁荣了起来，不久，就像有关其死亡一样，民间传说又开始用故事来填补这一信息缺口了。其中之一是，送葬的路线又以屠杀作了标志。历史学家阿拉伯作者（原文如此，有误，应为波斯人——译者）拉施特和马可·波罗两人都讲述了这一故事。拉施特直言不讳地说："在路上，他们杀掉了每一种他们遇到的活物。"而下面则是马可·波罗以他那种亲切而又富有感染力的风格所讲述的故事：

> 让我来告诉你一件奇怪的事。当他们带着任何一位皇帝的尸体与其他人一同埋葬时，随行的卫队会杀死他们在路上看到的所有人，并会说“去另一个世界等着你的君主吧！”因为他们实际上相信所有那些他们用这种方法屠杀的人都会到另一个世界为他们的君王服务，他们对马也是这样做的……而且我告诉你们一个真实情况，当蒙哥汗(成吉思汗的孙子)死时，有超过两万人碰巧在路上看到他的尸体都被以我刚才所说的方式杀死了。

这两位作者的地位以及他们的读者的偏见使得此后数不清的历史著作，无论是通俗的还是学术性的，都未加进一步评论地将这一故事当做了福音书。在他们看来，这无论如何都是正确的，一个屠杀了成百上千万人的野蛮首领的最后旅程应该包括更多人的死亡，接受这一观念的作家包括拉尔夫·福克斯、莱奥·德·哈托、保罗·拉契内夫斯基和麦克尔·普劳丁。一些人甚至把更多的戏剧性情节注入了这一事件。普劳丁在其具有高度想像力的《蒙古帝国》一书中写道：“所有不幸被这些游牧民看到的一切活着的生灵，无论是人还是野兽，鸟还是蛇都被无情地追捕并屠杀。”

我不相信这种说法，它没有出现在任何蒙古或中国的史料中。方济各会修士威廉·鲁不鲁乞1253~1255年间曾在哈喇和林蒙哥的宫廷，他并未提及这个故事。与鲁不鲁乞同时在哈喇和林的术外尼也未提到这个故事。随葬一些财宝、一些被杀死的奴隶与小妾等，可能会有的，甚至活埋也有可能。但有可能在送葬的路上杀掉每一种以及每一个活着的生灵吗？

我们首先来看一下这个故事的基础。拉施特与马可·波罗都是在这一事件50年或更长时间后来记写的。虽然拉施特可以接触到蒙古的史料，但他却不会讲蒙语，因而要依靠其主人合赞(1295~1304年在位，距成吉思汗已有5代之遥)以及来自北京的蒙古宫廷使节的帮助。他也许就是从他们中的某一位那里听到了这个故事，并且只用10个词来讲述(翻译)。马可·波罗并未特别将这些谋杀归于成吉思汗的送葬，而只是提到“任何皇帝”并特别提到蒙哥(他死于马可·波罗到中国前的14年，所以他并未看到葬礼)。他所写的只是道听途说，难免有一些添油加醋。

这种道听途说行为的一个借口是它要保守成吉思汗去世的秘密。但这种说法却是毫无道理的，秘密自然要保守，正如我们从史料对这一主题保持沉默所推断的那样。但是杀人，更不用说“每一种活着的生灵”，将会保守秘密却实在有悖于常理。这有可能用于中国人或唐兀惕人吗？好吧，就算它是有可能的，因为他们被认为是劣等的，而且还需要假设一条合适而又荒僻的路线。但在蒙古会发生什么呢？我们需要假设这些卫兵杀掉了那些他们的君主如此关心的人民吗？在草原上消息传播得非常快，人们都彼此相识，而在晴朗的天气可以看得很远。没有什么会比一支庞大的送葬队伍更为明显了，也没有什么会比大规模的屠杀更好地传播这样的事实，即这支送葬的队伍有什么事实要掩盖。看到这种程度的屠戮，有谁还会呆在附近等着被追杀吗？而卫兵们又究竟怎样保证抓住并且杀死每一位目击者呢？还有那些尸体，它们不可能被留在原地来迷惑或恐吓下一位路人。而一支皇家的送葬队伍会携带大量的尸体吗？我想不会。

保守秘密的最好的方法是快速旅行，而且规模必须要小，同时还不能引起人们对你有事情要掩盖这一事实的注意。当然这里不会有任何巨大的由20头牛牵引，且载有行帐的四轮大车(要记住清水以及黄河两岸的千沟万壑)。更加可能的是两轮的骆驼拉的灵车，就像萨囊彻辰以及《黄金史纲》所收集的民间传说里提到的那样。

当然送葬的路线亦不为人所知，但它应该是沿着清水河北行至黄河。此后是哪儿呢？

萨囊彻辰讲述的事件中有一条线索。大车在泥沼中陷至车轴处无法前进，一位蒙古那颜对他们的人中之狮、奉长生天意旨而降生之圣主唱道，他所珍视的一切都在他的前面：金阙宫殿、诸位夫人、亲属之子民、收集之人众、那颜大臣、蒙古臣民、忠实仆从、沐浴之水、出生之地、“均在彼焉，圣主”。唱给成吉思汗的这首半《圣经》化的诗歌，是蒙古最富于情感风格的挽歌之一，他恩准了众人的祈祷，深陷的大车又开始转动，各色人等复又欢欣，伴随着成吉思汗的尸体北行回到大葬故地。

如果确有其事的话，这一事件应发生在穆纳山脉。这是两座今称阴山的山脉，它位于鄂尔多斯北部黄河大转弯处的边缘。在西边，山脉与沙漠之间是一片低地，在这里沼泽和蜿蜒的溪流形成了某种河中的三角洲，正是那种带篷的两轮车有可能下陷的地面。

如果这一事件真的发生了，那么，送葬的队伍很可能是在一直向东行走，进入那条成吉思汗在对金朝的战役中多次走过的路线。这条东边的路线穿过一个沙石遍地的戈壁平原逐渐变成草原的地区，实际上它已成了某种形式的官道。

今天，这条路线的一部分与从二连浩特和扎门乌德间的边界越过驶往乌兰巴托的火车线路相重叠。它至今仍是一条重要的道路，尽管在中国一侧柏油路面只到边界以及边界以外的几公里远。在扎门乌德柏油碎石和水泥路面中断了，而道路却呈扇形展开越过戈壁。来自中国的严重超载并带着拖车的卡车，离开海关长长的车队，几乎以一种步行的速度在起伏的戈壁上艰苦跋涉，开往乌兰巴托、伊尔库茨克、阿拉木图以及更远的地方。

沿着这条路线的送葬队伍将不会去往乌兰巴托。经由此刻正在转化为帝国首都的哈喇和林可能会引发追随的人群，更为可能的是，由于保密的需要，它会离开坚硬的沙石路，几乎转向正北方向再走三天，直到在草原上穿过浅而河床坚硬的克鲁伦河到旧阿布拉格。然后沿克鲁伦河向北继续进行最后的旅程，绕过乡村岛的山丘，到达肯特山神圣的中心地区，不儿罕·合勒敦的树林及裸露的高地。

## 第十四章

# 帝国的扩张

到成吉思汗去世时，他统治着从太平洋到黑海的一个四倍于亚历山大帝国，两倍于罗马帝国，比今天除俄罗斯以外的任何一个国家都要大的帝国，而且这个帝国只完成了一半。到1300年，蒙古人又加倍了成吉思汗的征服，加上了现在中国的其他地区，朝鲜、巴基斯坦、伊朗、土耳其大部、高加索地区（格鲁吉亚、亚美尼亚、阿塞拜疆）、俄罗斯可居住的地区的大部、乌克兰以及半个波兰。他们还会随着发动对西欧、埃及和日本的战役而进一步扩张。一位1241年作为一个年轻人在维也纳森林里进行过侦察的蒙古勇士，从理论上说可能会行程一万公里，在1274年和1281年那两场将日本从蒙古舰船下拯救出来的风暴中幸存下来，而且甚至会听到过缅甸的被劫掠以及10年后登陆爪哇的故事。

2800万平方公里，世界陆地的五分之一。考虑到在欧亚细亚无人知道美洲和澳洲，而对非洲又知之甚少的话，似乎整个已知的世界极有可能不久就会如成吉思汗计划的那样，以及如长生天命定的那样，处于蒙古人的统治之下。成吉思汗的一个孙子忽必烈是这一巨大帝国名义上的主宰，这是历史上最令人吃惊的事实之一。

这个帝国如何兴起和衰落是一个吸引了许多人一生的精力并塞满了无数图书馆的主题。它也是一个足以让任何人宣称自己是蒙古学家时要小心谨慎的理由，因为仅就接触原始资料一项，这个人就需要阅读西里尔和竖体蒙古文、汉文、阿拉伯文、波斯文、朝鲜文、日本文、俄文、藏文、格鲁吉亚文，当然还有拉丁文。欧洲人的大部分报告都是由拉丁文写成的。所以这种对成吉思汗遗产的研究是匆忙的，然后再放慢速度来更为仔细地看一下他所创造的帝国的两种截然相反的结局。

成吉思汗已经将他的国土分封给了他的儿子们，按传统长子术赤分得了离家最远的一部分，在咸海以远。但是到继承之日，术赤已死亡，所以他的领地又在他的两个儿子撒里达和拔都之间进行了进一步分割。中亚从咸海到西藏分给了察合台。最小的儿子拖雷又如传统那样得到了其父亲的草原属地，即蒙古的大部分地区。而现在已是合罕，众汗之汗的窝阔台则将中国北方大多数地区和新近征服的西夏作为其个人的领地，还有尚未征服的金朝，如果幸运的话，再加上即将并入帝国的南部中国。

在中国的北部，正如成吉思汗已经预料到的那样，一旦征服完成，管理就会成为关键。对这一地区的征服已由对花剌子模的战争、1223年伟大的那颜木华黎之死以及1227年成吉思汗本人的死亡而推迟，很多土地都得而复失。在1230~1231年的一次失败的战役后，窝阔台谨遵其父临终忠告，与宋朝达成协议，并在其弟拖雷和卓越的战将速不台的帮助下横扫金朝全境并开始围攻开封。在将攻城之战交托速不台后，兄弟二人扎营北京附近的山中避暑。在这里拖雷原因不明的死去，将蒙古留给了窝阔台。1234年，开封陷落，金朝的所有男子均被杀绝，蒙古人成了中国北方的最高统治者。

对这片新的疆土要做些什么呢？自从窝阔台继位以来，蒙古的领导者们就一直在争论着。这一地区遭到了那种足以与花剌子模的残破相提并论的破坏，而其规模则是现代人几乎无法理解的。金朝所记录的13世纪早期的约4000万人口，到蒙古人首次做出详细记录的1234年时[①]，已下降到大约1000万人。蒙古诸王们为了奴隶而毁掉社区，寺庙里挤满了逃跑的俘虏、逃亡者以及避难者。哈喇和林新宫廷的一些人提出，在这种混乱的情况下，最简单的办法就是种族屠杀。农民有什么用处呢？他们的劳作毫无意义，他们毫无价值而且还会成为反抗的源泉。他们甚至不如牛、马珍贵，就让牛、马来替代他们吧。最好将他们全部杀死，不管他们有几百万，并且把这片土地变为牧场。对于一万名武士来说，每人屠杀1000人不会花上太长的时间。

正是耶律楚材阻止了这种疯狂的说法。耶律楚材多年来一直是成吉思汗的妹夫在中原的副手，与一些文人在大汗的中书省从事文书工作，用蒙古语、汉语再加上最近的唐兀惕语起草法令。他毕生的工作正在取得进展，这一工作就是帮助上天将它奇怪地选中的统治者从野蛮与无知转变为道德与明智。耶律楚材的梦想既是革命性的又是乌托邦式的，他的实验厂就是残破的中国北方。他寻求运用儒家理念来创建一个良好的政府，同时又弘扬佛教来培养人们的心智，他的最终目的就是建立一个超越儒家学说的社会，和那些预言社会将从社会主义进化到完美的共产主义的理想共产主义者非常相像。他已经有了一个

---

① 这的确很糟，但也许还没有那么差。这些数字是由户数产生的：由760万户下降到170万户。但是一户的规模有多大呢？随着战争的终止，个人从其家庭的毁灭中幸存了下来。也许一个蒙古统治下的由于避难者而膨胀的中国家庭要比和平时期金朝统治下的中国家庭规模大。也许中国北部的人口不是下降75%，而只是50%，逃亡者与被屠杀者一样多。

良好的开端，他的做书记员、译员、使节、占星术士和税收专家的人员，已证明了他们在刚刚占领的地方管理上日益增加的重要性。他已出现在了几个城市——撒马尔罕、灵武、开封——去拯救图书馆、财产和学者们。

由于意识到了对蒙古人来说，中国的文明毫无用处，除非它能提供物质利益，耶律楚材向窝阔台提出了一个计划，指出，如果农民们可以得到休养生息，他们就可以被征收税赋，这样就会对经济有所贡献。最后，他起草了一个重建和组建政府的计划，该计划在中国从未见过，更不用说在蒙古。首先，民政权力应与追逐私制、恣意骄横的军权相分离。原金朝统治区将被分为10个地区，每个地区设有征收课税使来管理农民的土地税和城市居民的户税，所有税赋都要以丝、银或谷物来交纳并都要流入政府。由于成吉思汗的差发免除令而在财富和数量上膨胀起来的道教，则被以对其庙产加以课税以及用法律禁止其进一步侵夺佛教寺庙的方式来加以限制。

所有这一切都遭到了蒙古军事首领的激烈反对，但耶律楚材则在窝阔台的支持下毫不退却，1231年，他的第一批税款收到，正如预算一样，价值银一万锭。窝阔台当即拜其为中书令，直接对蒙古——回鹘事务的总管，曾引导长春真人去见成吉思汗的那位镇海负责。

税收也要包括记录，这对蒙古王公大臣们的土地分配也是十分重要的，因而1234~1236年的人口统计也被记录在了由成吉思汗的养弟失吉·忽秃忽所掌握的《青册》中，而他也可能是负责编纂《秘史》的人。行政管理需要受过教育的人。1233年耶律楚材从被俘人口中解救出了大批学者和其他的显贵，其中就包括孔子的一个直系后裔，此人授任为孔子出生地山东的一个地方官员。耶律楚材还建立了一个政府的出版机构和一个专为中国和蒙古官员子孙所设的学堂，以培养下一代的学者和行政管理人员。他安排已沦为奴隶的前金朝官员来参加资格考试，并严厉惩罚不服从这一政令的奴隶主，有4000人参加了考试，1000人通过被政府任用而重获自由。

耶律楚材未能够以他的方式行事太久。到1230年后期，嗜酒如命的窝阔台日益倦勤，不理朝政，大权被其野心勃勃又阴险狡猾的第二个妻子脱列哥那所操控。宫廷里的反中国势力极力反对耶律楚材的中国式的做法。穆斯林商人们则承诺以放高利贷的方式迅速增加收入，用不幸的中国人来自肥，收取百分之百的年利，并以掠夺财产来代替征税。1239年，商人奥都剌合蛮受命负责在旧金朝全境内“扑买课税”，第二年耶律楚材即遭冷遇。虽然他在宫廷上仍作为窝阔台的占星术士而保留着某种影响，但即使在这里他的建议也常常被充耳不闻。1241年12月，生病的皇帝计划去狩猎，根本不理会耶律楚材的劝阻。狩猎回来后，他整夜喝着其新宠奥都剌合蛮所献之酒，凌晨时分，窝阔台命归黄泉。

两年后，54岁的耶律楚材在为那个不可能的理想尽忠服务30年后亦与世长辞，有人说他是伤心而去的。但是他已成就了许多。蒙古人是否会真的灭绝整个中国北部的人口我们已无从知道，但也多亏了耶律楚材我们才会永远也不知道。如果说成吉思汗做了一件好事的话，那就是任用了这位能干的、卓越且又是理想主义的官员。

耶律楚材死后得到了应有的敬重，并被追封了一些谥号，他的坟墓就在北京的昆明湖边。后来他的墓被迁移了两次，最后坐落于颐和园的花园中，如果沿着昆明湖及其大量的划船游人经过“玉澜轩”，再经过一段很高的红墙，进入一个翠柏掩映的小院，你会看到“长髯”6英尺8英寸高的18世纪的重塑雕像。他的旁边有一首同为18世纪的乾隆皇帝的题诗：

曜质潜灵总幻观，
所嘉忠赤一心殚。
无和幸免称冥漠，
有墓还同封比干。
窀穸即仍非改卜，
堂基未没为重完。
摛文表德辉贞石，
臣则千秋定不刊。

此时，西方只是部分地被征服了。的确，随着成吉思汗的撤退和死亡，旧有的征服已丧失殆尽，哈里发仍然统治着巴格达，匈牙利草原的呼唤仍旧必须予以回答。这些遥远的草原显然是蒙古人的天命，某种蒙古人的加利福尼亚。纯粹由于巧合，它们的获得会是短暂的，但也足以长到可以解释成吉思汗式的最为野蛮的野心。

术赤在帝国中的封地现在被分割成了南北两部分，分属于他的两个年纪较长的儿子撒里达和拔都。1235年，金朝刚灭，窝阔台就在新建都城哈喇和林召集了诸王那颜的忽里台。哈喇和林位于突厥故地，在鄂尔浑河谷的草原上，其两平方公里的规模几乎不比一座村庄更大。但它却都被围在了城墙里，而窝阔台的宫殿，一个80米长的教堂似的结构还有第二道宫墙。最后，这个小镇还该有十多个较小的萨满神龛、两座寺院、一个基督教教堂、许多房屋和大批蒙古包。但蒙古人对建筑并不在行，而且总是有一些非常人为的东西——一个巴西利亚或堪培拉，而不是一个伦敦或巴黎。方济各会修士威廉·鲁不鲁乞曾在1254年见过它并轻蔑地写道：“圣丹尼斯寺院要比那个宫殿强上十倍。”今天，它是蒙古的一个重要旅游景点，但这个旧都城却没什么可看的，除了一个曾经是柱基的巨大的石龟外。哈喇和林的石头被埋掉了，或者被重新用于矗立在其附近的17世纪的寺院上了。

正是在这个萌芽期的首都，窝阔台与他的诸王那颜们于1235年聚集在一起决定未来的战略，这也意味着要特别组建一支军队去占领俄罗斯的草原、匈牙利的平原以及此间的那些遥远的知之甚少但却富裕的地区。

在杰出的将领速不台及其主人、术赤的儿子拔都的带领下，1236年一支15万人的军队重新回到了十余年前大征伐期间那些熟悉的地区。这次进军就像山谷里的呐喊一样，向前发出了一些回声。消息从一个不可能的来源传到了法国和英国。以波斯与叙利亚为基地的什叶派伊斯兰教派暗杀团（亦思马因派，亦被称为木剌夷，“迷途者”——译者）想要得到帮助。暗杀团派的臭名昭著你完全可以想像得到，他们以其所吸食的大麻而得名，是那个时代的基要主义者。在吸食大麻得到勇气后，他们会采取恐怖主义（虽然不是自杀式的）作为其反对任何拒绝承认他们的穆斯林以及基督徒的手段。此时来自暗杀团的使者已经到达了伦敦和巴黎，乞求穆斯林和基督徒的联合来对抗这个可怕的、新的敌人。但他们只被给予了短暂的解罪。就像一位温切斯特的主教所说的那样：“让这些野兽去彼此吞噬吧！”

曾在与蒙古人首次遭遇中赶走速不台的不里阿儿人没有机会了。逃往西方的波洛维赤人以及一系列的俄罗斯城市也是如此。1237年晚期蒙古人渡过了伏尔加河。俄罗斯的王公们并未从14年前的迦勒迦河之战中汲取教训。正如一则史料所言，茂密得连蛇都钻不过去的森林，根本不能构成防御。蒙古人砍出了一条可供三辆车并排前进的道路，带着他们的攻城器具滚滚向前。在一次不确定的胜利后，蒙古人通过割掉死者的右耳来计算他们的屠杀，得到了一个27万只耳朵的收获。分散的城市像多米诺骨牌一样纷纷倒下：梁赞、莫斯科、苏兹达尔、弗拉基米尔、亚罗斯拉夫、特沃尔。1238年初，一支蒙古军队在莫斯科北200公里处击败了弗拉基米尔大公，而另一支部队则在向诺夫哥罗德进军。

欧洲已经有了足够的即将到来的灾难警告，匈牙利的方济各会修士米利安1230年代晚期旅行至拔都在南俄的营地，并带回了一封拔都致教皇敦促其立即投降的信："我知道你是一位富有并有权势的王……但是如果你自愿向我投降，将会对你个人更好。"在英格兰圣阿尔本斯的编年史学家马休·帕里斯记录了"撒旦的可憎的人，即数量无限的鞑靼人……怎样像从地狱里释放出来的魔鬼一样向前冲锋，他们或许叫鞑靼拉"——这反映出了在欧洲有关塔塔儿与鞑靼的长期的混乱。蒙古人向诺夫哥罗德的推进甚至影响到了一些英国人，即诺福克的渔民。每年春天，诺夫哥罗德的商人都会沿着连接波罗的海到拜占庭的水路航行到雅茅斯去购买北海鳕鱼。1238年，他们留在家里来保卫他们的城市，使大量鳕鱼充斥雅茅斯港或销往内地挣点小钱。没有任何一个欧洲的领袖可以宣称对这一威胁毫不知情。

最后，春天的消融使诺夫哥罗德附近的平地化为沼泽，蒙古人退往南方静候了18个月。1240年，他们又返回来转向俄罗斯的首都基辅，斯拉夫人的母亲城以及东正教的中心，它的400座教堂就像光环一样围绕在辉煌的圣索菲亚大教堂四周。正像一位俄罗斯编年史学家所记载的那样："鞑靼人像浓密的乌云一样冲向基辅，从四面围攻这个城市，他们数不清的车辆发出的隆隆声，骆驼和牛的吼叫声"——还有骆驼！这些居民们一定非常惊奇——"马的嘶鸣声以及残酷的战斗的呐喊声震耳欲聋，使城内的谈话声都很难听得到。"基辅被燃烧了，它的王公们逃往莫斯科，也就是在基辅陷落的这一时刻，莫斯科膨胀起来了。

现在，乌克兰的草原终于打开了，还有远处的匈牙利。在西方，虽然这种危险清楚而又现实，但并未得到严肃的对待。这些都是野蛮人在他们不了解的地区进行的战斗，而欧洲这块土地的骑士与城民难道不能保卫他们自己的家乡吗？未必如此，蒙古人通过间谍和逃亡者对他们面前的一切了如指掌，乡村、城镇、距离、河流，甚至还有匈牙利及邻近的波兰混乱的防御。

为了保证对匈牙利作战的胜利，必须首先使波兰在河流冻结成了冰的高速路、低地冻结得像混凝土一样坚硬的冬季保持中立。在乌克兰北部，蒙古军一分为二，一部进入波兰，另一部突入匈牙利。1241年初，鲁布林、桑多米尔和克拉科夫陷落。在克拉科夫有这样一个传说，新圣玛丽教堂的一个塔楼上，一个瞭望哨兵一直在用他的号角吹响着警报，此时一支蒙古军队的箭矢突然射穿了他的喉咙。时至今日，一个名为“伯即纳”的悲哀的军号声录音每小时都会从圣玛丽大教堂响起，并且会在瞭望哨兵死亡时的那个音符戛然而止。旅游者被告知这是一个真实的故事，他的死亡拯救了这座城市。其实故事不是真实的，这个城市亦未被拯救。根据当地的记载，在3月24号棕榈主日蒙古人放火烧了这座城市，并且“掠走了数不清的人民”。

蒙古人继续前进到奥德尔，在那里罗克拉夫的居民放火烧了自己的城市并撤退到了河流中的小岛上。经过这次快速而又轻易的胜利，蒙古人前进40公里到达利格尼茨（今日之列格尼卡，尽管如此，史学家们仍更喜欢其德语名称）。在这里，西里西亚的虔诚者亨利公爵带领一支10万人的军队（尽管所有的数字都不可信）终于与他们遭遇了。但这个新近基督教化的边境国家混杂着波兰人、德国人和捷克人，地名也来自（至今仍是）多种语言。防御者杂有当地的富人、护理人员、圣殿骑士，热心于保护他们在波罗的海的财产的条顿骑士、匆匆装备起来的德国和捷克的定居者，甚至还有一支西里西亚的金矿工人分队。一支五万人的捷克军队也在途中，但当亨利南进与之会合时，他们还有相距数日的路程。

## 蒙古式赛马

国庆节赛马日接近20公里终点线的少年骑手。这种比赛保证了蒙古就像成吉思汗时代一样，依旧是游牧民族的国家。获胜骑手将得到奖励并受到广泛的尊重，而其马匹也将作为宝贵的种畜。

## 圣像

无论成吉思汗的征战进行到哪里，他都可以看到许许多多的宗教圣像，如须弥山巨大的石刻大佛（右下左图与右上图）以及阿富汗巴米扬53米高的立佛（右下右图，由于塔利班它现在已成为一堆碎石）。在其垂暮之年，成吉思汗（或是其中国的顾问）表达了他对精神世界与智慧的偏爱。他召唤道教圣人长春真人，后者乘车从中国旅行到阿富汗去见他（左上图）。现在已知的成吉思汗唯一的肖像画（左下图），作于其去世后的30年，并将其理想化为一位普通的贤明君主。

## 在隐蔽的山谷

六盘山的入口（上图），经过一个山口（左图）通往包含有废弃的山村及成吉思汗“点将台”（下图）的山谷。

废弃的山村

蒙古的饮马槽，抑或是最近的石臼？

李宝珍……

于武和……

采药者及其发现的草药（小插图）

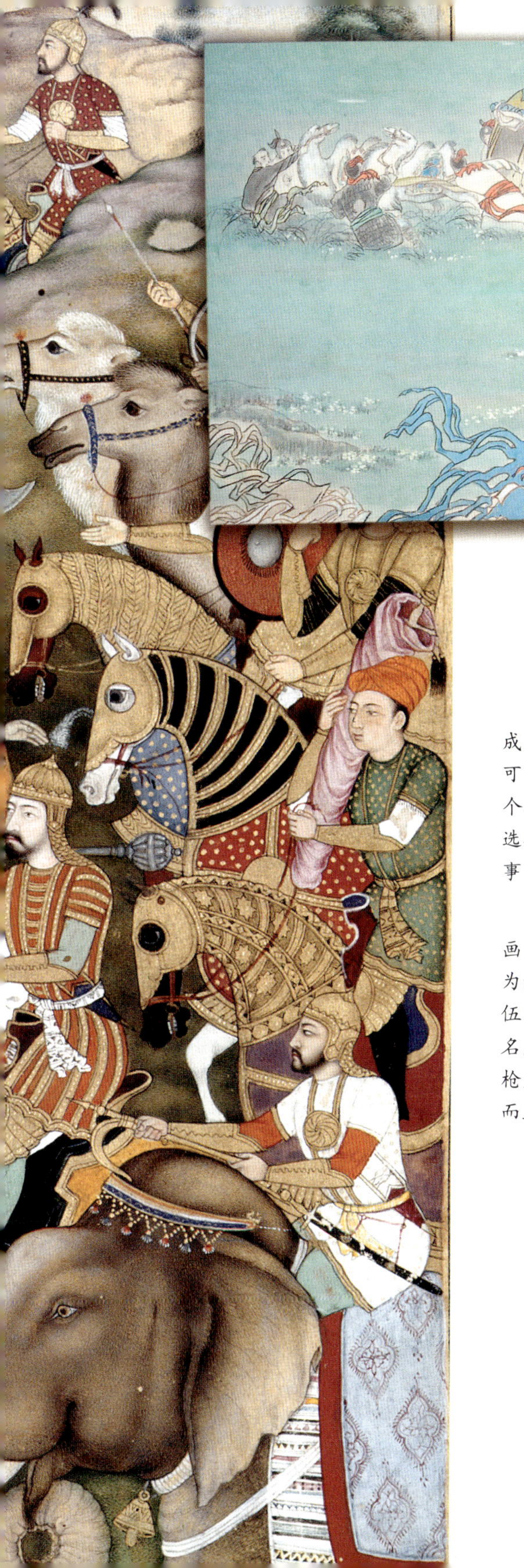

## 两则传奇故事

一幅现代蒙古的中国画（上图）表现了成吉思汗的灵车深陷于泥沼中，这一事件可能反映了在中国黄河南部鄂尔多斯的一个真实事件。该事件后来变得与成吉思汗选择鄂尔多斯作为他的长眠之地的传奇故事紧密相连。

一幅约1600年印度莫卧儿王朝的油画，也反映了这个由于马可·波罗而变得颇为流行的传奇故事，即成吉思汗的送葬队伍因沿途杀掉所有看到它的活物而颇为著名。传奇故事与图画一样均属伪造。服饰、枪支及马匹的铠甲与大象一样都是印度的，而且均为16世纪的。

皇家墓园？但是谁的呢？

距几个与成吉思汗相关的遗址不远的施与者之墙，已被宣布为他的埋葬地。但实际上几乎可以肯定的是它要早得多，或许要早数世纪之久。

## 一座移动的宫殿

像这样的移动宫殿于13世纪中期才为最初到达蒙古的欧洲旅行者所见。上图是玉尔－考迪埃版《马可·波罗游记》所作之草图。现在有几个这种宫殿的现代复制品立于乌兰巴托。下图所示的是一个10米见方的复制品，为蒙古巨片《成吉思汗》而制。

hic pugnat dux henricus filius sce hedwigis cum thartaris in campo qd dicitur wolstat
hic decollat' iste dux henricus fili' sce hedwigis a thartaris cui anima suscepta est in celum ab angelis

## 帝国的至高无上

成吉思汗的继承者建造了哈喇和林新都，而它遗留下来的唯一的遗迹是曾用作柱子基座的石龟。背景上的鄂尔德尼昭寺院建于300年之后，使用的是哈喇和林的石头。在1241～1242年，蒙古士兵在列格尼茨（莱格尼卡）粉碎了波兰军队（左上图），并且继续前进在莫希村击溃了匈牙利人，为纪念这一灾难750周年纪念日，人们在1992年建造了一个令人生畏的纪念碑（上中图）来回顾这一事件。1281年，一支入侵日本的蒙古舰队遭到日本人的攻击（右上图）并为后来的“神风”所毁灭。

## 成吉思汗的崇拜

内蒙古鄂尔多斯成吉思汗陵的主建筑（下图），既有蒙古包又有中国八角塔式的建筑。建于1956年。此前，蒙古人对成吉思汗可能的遗物的崇拜，是由一个可移动的神龛来进行的（左图，该图是欧文·拉铁摩尔于1930年代拍摄到的）。今天人们可以在成陵巨大的成吉思汗大理石雕像前献香与祈祷。拍照是被禁止的，我不得不在门外拍照。仪式已被生性快乐的赛因吉日格勒（下图）作了引人入胜的记录。

巴特尔

贺希格

高瑶

## 在圣山之巅

汗肯特光秃的山脊——不儿罕·合勒敦，就像大多数人认同的那样——高耸于四周的森林中。一小团雪甚至一直存留到夏季。

山下的泥沼

在门槛之上

门槛的远景

图门和额尔德尼

图门

甘麻喇庙遗址

博格达河谷

俯瞰博格达河的敖包

## 活着的记忆

在中国，有将成吉思汗的兴起编成的儿童漫画书。这里是铁木真（年轻的成吉思汗）和孛斡儿出救回被偷去的马匹——显然画家从未使用过弓箭，拉弓需要三个手指，而不是食指与拇指。

在蒙古，乌兰巴托市中心苏赫巴特尔广场国庆日拥挤的人群上方是一面成吉思汗旗帜，侧面是另一位伟大的英雄，苏赫巴特尔本人，他在1924年恢复了蒙古的独立。

1241年4月9日，在利格尼茨外10公里处，亨利遇到了蒙古人。公平地说，他并不知道他将面对的是什么。他的军队仅在数量上占优势，而在其他任何方面，无论是武器、战术、战略还是军纪与冷酷无情方面，蒙古人都远远超过有着厚重的铠甲、移动缓慢的马匹以及争吵不休的领导者的西方骑士。蒙古人又故技重演，用燃烧的芦苇制造出一层烟雾，似乎陷入混乱一般地四处乱窜，然后佯装溃逃。波兰骑兵迅速追击，直到那一小部分蒙古人突然消失，而如飞蝗般的箭雨从两侧呼啸而至。亨利公爵仓皇奔逃，从马上落了下来，但仍带着他厚重的铠甲继续蹒跚前进，然后被抓，并被剥光衣服，斩首弃于荒野。蒙古人用长矛挑起他的首级环绕利格尼茨的城墙展示以恐吓城内的居民。根据一位圣殿骑士首领写给路易九世的信，仅圣殿骑士就有500人丧命，总死亡人数约四万。而仍有一日行程的温瑟斯拉国王及其五万捷克军人则转向喀尔巴阡山的安全地带，将整个波兰南部拱手让给了蒙古人。

两天后，亨利公爵的无头裸尸被其妻扎德维加辨认了出来。她之所以可以辨认出他是因为他的左脚有六个脚趾，这一奇特的细节600年后得到了证实，亨利与其他人的尸体被一同运回罗克拉夫并被埋葬在他所建立的一座教堂内，即今日之圣文森特教堂，而他的坟墓于1832年被打开时，研究人员发现了一具无头的，左脚有六个脚趾的尸骸①。

在一个月的时间内，蒙古人行程达六百余公里，攻破四座大城市，占领了一个国家，利格尼茨之战是一个令西欧闻风丧胆的灾难。人们在发现亨利尸骸的地方建起了一座教堂，18世纪它成了一座本笃会寺院。现在也是这次战役的博物馆，1991

① 古斯塔夫·斯特拉克什–格拉斯曼：《蒙古人对中欧的入侵》，第47页，注释2。该书是本章的主要资料来源。

年在这次灾难750周年之际，这座教堂被重新修复，现在成了一个深受游客欢迎的地方。

在南部，匈牙利也在等待着它的天谴。此刻这个国家正处在一片混乱之中，在俄罗斯草原被蒙古人击溃的库蛮（波洛维赤）人请求留居。而宁死也不愿放弃他们来之不易的独立的匈牙利贵族们却与他们的国王贝拉四世龃龉不断。贝拉将库蛮人当做一种潜在的私人军队来欢迎，而贵族们却憎恨他们。蒙古人则坐收渔利，现处于加里西亚的南部蒙古军一分为三。两路钳形迂回绕过喀尔巴阡山，而速不台本人则推迟了他从中央的穿行之旅，以便三支军队会师于多瑙河附近。这支前进中的军队只用了三天时间就行程280公里，越过了白雪覆盖的敌方领土。4月初，三军会合于多瑙河，准备对匈牙利首都埃茨特格姆（德语称格兰）发起攻击。

贝拉最后设法在多瑙河东岸的佩斯（此时并未与对岸的布达相连接）集结起一支军队。和往常一样，蒙古人给对手提供了投降的机会并遭到了拒绝（奇怪的是，蒙古人的使者却是一位会讲匈牙利语的英国人，他不久还将会再度出现）。拔都和速不台有点犹豫不决，他们面对的是得到多瑙河与都城支持的一支强敌，很可能还会有增援部队，而波兰方面却杳无音讯。但速不台却是一个天才，而其天才的一部分就是他只在确保胜利的情况下才会去作战。所以他将整个军队缓缓撤向东方，在为期六天的穿越草原并伴有小规模战斗的退却中，贝拉被诱敌深入远离了多瑙河和可能得到的帮助。

4月10日，蒙古人突然转身越过撒约河，直奔撒约河与梯斯扎河交汇处的托卡济青藤遍布的缓坡。这是一个不错的地点，边缘比四周的平原略高，前面由一条溪流构成屏障。匈牙利人则扎营于对面的莫希村附近，把他们的大车连成环形，构成一个堡垒，并对其数量上的优势充满自信。

蒙古的那颜们对形势进行了一番估量，拔都告诉他的军队要鼓起勇气，因为匈牙利人"拥挤在一起，仿佛被关进了围栏"①。就在那天夜里，拔都和速不台采取了行动。

此刻距波兰人在利格尼茨的被击溃仅隔一天。这是一种巧合吗？我想不是。蒙古人从不把胜利建立在巧合的基础上。两支军队一直准确地知道彼此在做什么或在什么地方，应该是一种合理的假设。这两支军队间肯定有几乎是每日的联络。这种联络要跨越450公里的敌对国土，其中的200公里是在今日之斯洛伐克的塔特拉山脉，并且是在白雪覆盖其山坡的时节。这就意味着有一条正常的驿站交通路线，而每个驿站又有备用马匹将两支分离的军队联系起来，因而它也是几十位驿使的令人难以想像的冒险活动。对蒙古人来说，这种联系明显而又司空见惯，没有人想到要去记录它，而对欧洲人来说它又是如此神秘，以至于没有人提到过它②。为了解释速不台选择的时机，我们必须想像有一位从利格尼茨来的信使在36小时内，跨过了这两者间的450公里的距离。

那么，那天晚上速不台已经知道他的敌人将不会得到任何增援，而如果需要的话，他将能够得到大批增援，长期的危险实际上已不复存在。于是他命令部队掉过头来越过撒约河，用抛石机和火药夺取唯一的一座桥梁，这也是这种毁灭性武器在欧洲使用的首次记载。蒙古人是以那种在第一次世界大战期间变

① 中文史料称拔都从一座小山上看到了匈牙利人的防御车阵，这不可能是真实的。靠近莫希村的任何地方都没有山。驾车沿战场四处转悠，我徒劳地寻找着一个可以综观全局的地点。即使真的曾经有过一个，拔都也不可能看到匈牙利军队的细节，因为它距该地有5公里之遥，他肯定利用了奸细。而据此最近的高地则在赞普林山，约在东北30公里处。

② 据我所知，迄今为止尚无任何现代的史学家对蒙古人的后勤通讯联系做过任何分析。

得十分有名的滚动火力网的形式越过桥梁的，即在前进部队的前方是由炮兵的抛射弹形成的火力网。

与此同时，下游10公里处，速不台亲率一支部队架设圆木浮桥，这是一个在任何时候都可能被匈牙利侦察兵发现的行动。但却没有一个侦察人员，匈牙利人的所有注意力都被吸引到了桥上喧闹的战斗中。黎明时分，两条通道均畅通无阻，上午7点钟，匈牙利人被赶回到了他们与其说是防御阵地不如说是陷阱的车阵之中。整个上午，箭、石块和火焰造成了可怕的损失。正午时分，围攻的蒙古人略微后撤，让出一个引诱性的缺口，诱使幸存者从这里逃跑，将他们自己由绝望的抵抗者转变为唾手可得的猎物，他们艰难地越过春季的沼泽地，走向更加确定无疑的死亡。人在附近的教堂寻求庇护，但却在燃烧的屋顶塌落时全部遇难。曾相信上帝会将对异教野蛮人的胜利赋予他们的三位大主教、四位主教和两位领班神父以及一些当地基督教的重要人物均死于非命。随他们而去的还有成千上万的普通匈牙利人、德国人甚至法国人。根据匈牙利西部马林堡大主教第二年1月的记载，约有65000万人丧命。

贝拉逃往北方，进入山区森林，然后辗转进入奥地利，又向南穿越克罗蒂亚，并在一系列小岛上找到了藏身之所。追踪而至的合丹，利格尼茨的英雄之一，将蒙古人带到了亚德里亚海滨。在这里，他失去了对其猎物的踪迹或者是对他的兴趣，在转回向内陆之前继续南进深入阿尔巴尼亚。贝拉去了科克岛，即被其威尼斯所有者称作威格利亚岛的地方，等待着东山再起。

与此同时，另一路蒙古军向西疾进，以足以与其在穆斯林国家的行为相提并论的精心策划的恐怖，一路烧、杀、奸、毁而去。他们的逻辑依据也完全一致：这些基督徒与穆斯林一样曾敢于抵抗，因此一定会受到长生天的惩罚。在三天时间内攻占的多瑙河佩斯港，他们焚毁了多明尼克寺院，屠杀了躲在其内寻求避难的一万余人，并且“将大量被屠杀者的尸体堆积在河边”，以便恐吓河对岸的人。这一场景的生动描述者是施普利特的托马斯，也是有关这一入侵的重要史料。托马斯写道：一些蒙古人“用长矛挑着小孩，就像用烤肉叉插着鱼背一样，在堤坝上来回行走”。

恐怖起到了作用，一种关心的表示也是如此。因为1242年的夏天，蒙古人建立起了一种基本的管理，甚至有所创新。他们鼓励农民种植与照料农作物，但在收获之后，这些农民却因没有进一步的用处而被屠杀掉。这里没有耶律楚材来建议征税，也没有人反对蒙古人的传统观念，即在由马匹和草原得到最好服务的经济中，农民只能是一种负担，而对草场的占领则自成吉思汗20年前首次听到匈牙利草原的消息以来始终是他们的政策中心。

当然，在匈牙利以远，还有另一个与中国一样富裕的世界。拔都曾命其侦察分队进入奥地利。其中的一支渗透到了维也纳的森林，几乎看到了维也纳城市。在那里，他们为奥地利军队所驱赶，后者在维也纳南40公里的维也纳新城赶上了他们。奥地利人抓到了八个入侵者，令所有人吃惊的是其中一人竟然是英国人。

这个英国人的故事被一个来自纳伯尼的异端的法国教士亚瓦记载了下来。此人是为逃避教皇的宗教法庭审判官的注意而来到维也纳新城的。这位英国人就是那个拔都派往贝拉处提议以投降换取和平的使者。他的名字几乎肯定是罗伯特①，他曾经是罗伯特·菲茨沃特的助理牧师，而菲茨沃特则是1215年反对英王约翰的贵族叛乱的首领，这次叛乱导致了大宪章的签

① 罗伯特的故事及其身份的确认，由加布里尔·罗尼在《鞑靼汗的英国人》做了出色的说明。

署。在被逐出英国后，罗伯特逃往了圣地(巴勒斯坦——译者)，以赌为生，并因而失去了一切，沦为乞丐。但却以做说客苟延残喘，因为他最后发现了自己具有语言的天赋。正是这种技能使他在1220年代成吉思汗西进期间，引起了为蒙古人收集情报的穆斯林商人的注意。蒙古人需要翻译，他们并不介意罗伯特是一位穷困潦倒的前牧师，因而给他提供了一个机会，而对此的拒绝将会是相当不明智的，他被沿着商旅路线向东带往拔都在伏尔加河的总部或更远的地方。这条路线正是由于蒙古军队得到了安全的保障。自从那时起，他就为他的大汗服务了近20年。此刻他愿意说出一切以挽救其被作为叛徒而进行审判的命运。然而这一次，魅力与巧舌如簧未起到任何作用，他消失在了某个未知名的坟墓中。

仅仅在四个月的时间里，蒙古人就击溃了中欧的军队。整个基督教世界都为此震惊。“听，所有的岛屿，所有信仰我主十字架的人民都在悲痛中，在泪水与痛苦中哀嚎。”特林吉亚的兰德格里夫在给孛罗根公爵的敦促联合起来共同复仇的信中这样写道。但显而易见，这种联合是不大可能的。欧洲已证明，如果不能联合起来不是它最坏的敌人，也至少是它第二坏的敌人。其商人已在克里米亚与蒙古人联合起来的威尼斯人拒绝提供帮助。神圣罗马帝国的皇帝弗里德里希利用贝拉的垮台以及途经奥地利的逃亡之机，侵占了匈牙利西部的一些土地。教皇的主要敌人不是蒙古人而是这个弗里德里希。这位绝望的皇帝祈求英王亨利三世的帮助，并将其求助信的副本分别送往法国、西班牙、丹麦、意大利、希腊、爱尔兰、苏格兰和挪威。没有人给予哪怕是最小的注意，因为他们认为他真正想要的是一个反对教皇的阵线。由教皇格里高利和弗里德里希组建十字军的计划就这样胎死腹中。此外，教皇格里高利也在1241年8月死去了。

所以，如果蒙古人继续追随他们在匈牙利和波兰可怕的成功的话，西欧或其大部分会成为蒙古人的猎物几乎和任何可能的事情一样确定无疑。然而他们却似乎从未尝试过，匈牙利是他们的目标，而波兰之被占领不是由于其自身的原因，而是为保护入侵匈牙利的军队的侧翼。进行进一步入侵的唯一战略目的也将是保障德国边境的安全。当然，这并未说明什么样的政治权力可能会号令天下。无论是教皇还是任何西欧君主，都还未顺从蒙古人的不可避免的投降命令，而这将可以想见地将军队直接带到罗马和巴黎，就像七个世纪前阿提拉的匈奴军队所做的那样，去迎接森林及严密布防但毕竟不比中国的防御更坚固的城市的挑战。

事实上，尽管并未意识到，1242年的欧洲是安全的。窝阔台已于前一年的12月份去世，这个消息本来只需六个星期即可到达欧洲，但有关继承的争论却迟滞了它的传递，直到6月拔都才听到他叔父的死讯，而权力的争夺又使得整个帝国的命运悬而未决。作为成吉思汗的孙子，帝国内他自己份地的主人且握有一支大军，他回到蒙古本土将会起着决定性的作用。而就在保证其新领域的安全或是就在入侵西欧边缘的那一期间，他停止了前进。那年夏天，当贝拉从亚德里亚海中的岛屿返回时，他看到的是满目疮痍的城镇与荒野、正在腐烂的尸体，人口锐减，人人相食，但却未发现一个蒙古人。

威胁就这样简单地消除了，欧洲人对其无法解释的幸免于难大为惊讶。

※　※　※

在窝阔台死后的十年时间内，家庭内部的纷争一直威胁着成吉思汗的遗愿。为了他的遗产，寡妇与寡妇相争，孙子与孙子相互残杀。只有在1251年拖雷之子蒙哥在他的两个弟弟旭烈兀和忽必烈的鼎力相助下夺取汗位后，帝国才趋于平静。也正是旭烈兀和忽必烈,蒙古帝国达到了巅峰期。旭烈兀灭掉了暗杀团派,攻占了巴格达,并进而入侵埃及。在那里蒙古人首尝败绩并被最终赶了出来,而其不可战胜的神话亦就此破灭。忽必烈则在1260年蒙哥死后承担了对中国南部的征服。

这是蒙古帝国脱离其根本的转折点。新汗忽必烈在成吉思汗最后的征伐中一直伴其左右,但却将都城从哈喇和林南迁到了北京,创造了一种几乎不能归因于其蒙古祖先的新的光荣,尽管在内蒙古草原上的夏宫上都,还保留着一种出身的感觉。当整个南部中国最终于1279年被蒙古征服后,他宣布了一个新王朝——元朝的开始,而他的祖父被追封为这一王朝的创建者。忽必烈是领袖中的巨擘,远远超过了他的时代世界上最强有力的人,但并非全能的。他占领日本的企图遭到了失败,他的舰队两次被风暴所毁。他对其泛欧亚细亚帝国的其他地方的统治也仅仅是名义上的。这个帝国的各个部分都在寻求着自己的边界线,并发展成为独立的国家。

在俄罗斯南部,拔都统治着将变为金帐汗国的地方,金帐来源于蒙古语斡耳朵,意为帐篷宫殿(因而为其统治的人民所传播,并在16世纪欧洲语言选用这一名称时采用了它的词义)。俄罗斯人将金帐汗国长达两个世纪之久的统治称为“鞑靼奴役”。实际上,这并不算是奴役,倒更像是一种民族的通融,并且在诺夫哥罗德王公亚历山大·涅夫斯基决定对立陶宛人、德国人、瑞典人而不是蒙古人作战时即已完成。此外,他们不久就成了前蒙古人,他们皈依了伊斯兰教,与埃及的统治者联系密切,互换使节,而用金文写成并有精心称呼语的国书都是用突厥语完成的。据说每位汗都必须是金帐汗族的成员,即成吉思汗的后裔,但不久几乎每个未来的统治者都会做出那种宣言。当15世纪金帐汗国分裂为六个小汗国时,每个人都尊成吉思汗为其祖先。在叶卡捷琳娜二世的统治下,当复活的俄罗斯于1783年吞并克里米亚时，其统治者仍绝望地坚持着他的成吉思汗后裔的身份。

在波斯，蒙古的统治极尽盘剥压榨之能事。他们自称伊利汗（第二位的汗），并且奴役、掠夺、征税达到了顶点，强征土地税、什一税、人头税以及所有商业活动的税，甚至包括娼妓业。除残破的乡村及其苦难的农民外，在商业贸易集中的城市蒙古人聚集了大笔财富来维持其不稳定的统治，甚至在他们失去了与根本之地的联系后。旭烈兀的曾孙皈依了伊斯兰教，而他在1304年将埃及马穆鲁克王朝从叙利亚逐出的努力的失败，则标志着扩张的最终失败，标志着埃及与地中海成了永远不可企及之地。1307年，一个蒙古使团到达了英国的爱德华二世处，但这也成了最后的一次自我提升的努力。30年后，随着最后一位没有子嗣的蒙古汗的死去，蒙古人的统治烟消云散了。

在中亚，察合台后裔所统治的那片疆域不确定的地域经常被宗教的争夺与冲突搞得四分五裂，其中的一些战争是针对东边或西边的家庭成员的。在这里，游牧传统依旧很强烈，而征服的冲动亦如此。由于受到东西两个方向的蒙古竞争者的限制，察合台的后裔们将目光投向了南方的阿富汗和印度，并且入侵了几次，从而激发了一直持续到蒙古的统治落入嗜血的突厥人帖木儿之手的传统。

在中国忽必烈及其后裔所做的正是罗马人在北欧做的事情：道路、运河、商贸、高效率的税收以及效率在电报出现之前无可匹敌的驿站传递系统。纸币强化了繁荣的经济基础。香料来自东南亚，中国的丝绸与瓷器堆满了波斯湾的货仓。简言之，他们保护并获得了所有统一与规模的益处，而这种统一与规模一直是中国的统治者追求的目标。蒙古人是以放弃他们的根源为代价做到这一点的。耶律楚材应该感到心满意足了。

在成吉思汗死后的150年期间，其四分五裂的后裔将东西方联系了起来，分享着贸易、使节与专家的自由流动。1280年代，一位中国的聂思脱利教士列斑·扫马拜谒了教皇，并在加斯科尼见到了英国国王。作为回复，教皇向蒙古和中国派遣了几位僧侣，中国的工程师在伊拉克监督水利工程。诺夫哥罗德和莫斯科有中国人的社区，中国的商人亦出现在了柬埔寨。纸张之用于书籍和钱币也在向西传播，首先到了撒马尔罕，并从那里传到欧洲，而在欧洲一旦用正确的方式来对待，它就变成了一种技术的进步，并成为印刷术发明的基础[①]。

但蒙古人却从未被人们喜欢过。虽已不再是游牧民，却也从未变成真正的中国人。这些新的统治者既藐视又害怕他们的臣民，禁止他们携带武器，将他们排除在他们自己的政府之外，并雇佣外国人来管理他们。马可·波罗是一个城市的官员，财政大臣来自塔什干，一对穆斯林父子则管理着云南，蒙古的统治依赖于力量，而力量却在渐渐消失。许多蒙古首领沉溺于宫廷礼仪，贪图朝廷俸禄，忘记了其开国者的简朴与刻苦。但另一些人却还记得这一切，相互的猜疑便由此而生。一方的憎恨与另一方的腐败酿成了叛乱，其中一次终于获得了成功。1368年，一位前僧侣朱元璋将最后一位蒙古皇帝妥懽帖睦尔逐回到蒙古草原，并使自己成为了明朝的开国皇帝。

这里自然有过去的荣耀、黄金岁月以及生活在那个时代的巨人的记忆被保留了下来。而这种魅力仍在持续，在欧亚细亚流传了数世纪之久。每个统治者都希望得到一点成吉思汗的魔力之尘。在俄罗斯1480年战胜金帐汗国很久之后，金帐汗的王族成员仍有贵族的身份，一直到19世纪。来自乌兹别克斯坦的

---

① 应该是蒙古人的统治使活字印刷的观念得到了传播，但没有任何人发现这一传播的证据。古腾堡是在没有任何来自东方的帮助下做出其伟大发明的。有关这个争论颇多的问题，参见拙作《古腾堡的革命》，2002年，伦敦（美国版为《古腾堡》）。

恐怖的帖木儿也宣称是成吉思汗的后裔，但他实际上并不是(尽管他的妻子是)。那也就是为什么帖木儿的继承者巴布尔为何在16世纪早期夺取印度政权后自称“莫卧儿”的原因。而“莫卧儿”王朝直至1857年最后一位莫卧儿被英国人赶下王位时才告结束。顺便说一下，他的名字叫巴哈杜尔，是蒙古语巴特尔，英雄的遥远的回声，是蒙古首都乌兰巴托(红色英雄)这一名称的第二个因素，也是给成吉思汗之父的尊称。甚至今天，我们还会记起一个“莫卧儿人”，他原是一位富有的印度人，后来又成了一名盎格鲁—印度人，而现在却是一位传媒大亨。对一位语源学家来说，鲁伯特·莫多克就是通俗小报的成吉思汗。

因此，与那种缓慢而持续不断的消散不同，保留着蒙古人起源证据的大爆炸的缕缕轻烟在慢慢地飘流。对以成吉思汗的名义进行统治的统治者来说，他依然是个英雄，而对于他的牺牲品——穆斯林、基督徒、俄罗斯人以及最后的苏联人而言，他就是一个魔鬼。俄罗斯人将“鞑靼奴役”当做最坏的时期，并因其许多恶行而归咎蒙古人，包括他们民族性格中的恐怖的方面：剥开一个俄罗斯人的外表，你会发现一个鞑靼人。西欧轻松地长叹了一口气，又回到了前民族主义与后罗马时代的纷争中，除了匈牙利。在这里，短暂而残酷的征服提醒那些曾经的游牧民定居生活方式的益处。匈牙利的在校学生将莫希村事件当做其历史上的一个决定性的时刻来了解，并至少在1992年建立了一座纪念碑来纪念这一战役的750周年。这是一个约10米的山丘，上面胡乱地插着十字架，就像一个巨大的尸体上插满了剑，而且它不久就将成为一条横穿大平原公路的一段新路旁边的奇特标识。

GENGHIS KHAN

成吉思汗

# 04 复活

# 第十五章

# 次神的塑造

在银川与黄河的东边，我们驾车越过一片工厂与蓝色卡车的废弃地，一片化工浓雾、岩石、沙地与丛生杂草的荒野，驶入了鄂尔多斯。我和照日格图遇到了高手，这就是我们的司机朝克，他像一位摔跤手一样魁梧，颈部的肌肉看上去像条蟒蛇，这一凶悍的形象又由于时髦的短裤与地毯料编织的拖鞋而得到了弱化。这种编织料的拖鞋让人觉得宽慰，但如果我们抛锚在有毒的烟雾或是又高又干燥又荒凉的鄂尔多斯腹地，地毯料编织的拖鞋绝对不是合适的衣着。显然司机朝克对他的能力和车辆有着足够的自信。这是有充分理由的，甚至就是在道路消失，而我们发现自己正穿行在装满煤的带着拖斗的卡车间，且这些卡车会穿过它们扬起的灰尘突然出现在我们面前，甚至在绕过一条翻倒的、像一条死去的梁龙一样将装得过满的内脏撒在荒野上的巨兽时，我都丝毫不会怀疑穿着拖鞋，颈上肌肉像蟒蛇一样的司机朝克将会带着我们安全地通过。

我们正驶向一个地方，根据某些传说这个地方就是成吉思汗的真实埋葬地，或者是可能的埋葬地，这取决于你在和什么人交谈，尽管没人能够准确地说出它究竟在哪儿。无论怎样，在这一章中我们都将暂且把蒙古的大山抛在一边。我们现在涉及的是一个完全不同的传统，而这一传统是以成吉思汗的“灵车”怎样深陷在泥沼里的故事作为起点的。在一个版本中，他的随从们回想起了以前的一件事，成吉思汗非常喜欢这个地方，并宣布它为“一个老人的理想的长眠之地”。也许那就是灵车为什么会深陷不动的原因，因为成吉思汗将这里选作了长眠之地。这一概念根深蒂固，并且在不同的背景下衍生出了不同的版本，所有的这一切都描绘了这样一个浪漫的情景：一位老人为一片美丽的草原所陶醉，这片草原适于金鹿吃草、戴胜鸟筑巢，也适于年长者寻求其永久的长眠之地。

这里还有相同主题的另一个变种，解释了为什么没有人知道成吉思汗准确的埋葬地点：

有一次，圣主来到了黄河大转弯南部的鄂尔多斯地区美丽的草原。这个地方美不胜收，以至于他说：“我希望死后被埋葬在这里。”所以，它就成了墓地。而那些埋葬他的人不希望打扰他的安睡，但同时也想记住这个地方。怎样才能做到这一点呢？他们知道，母骆驼有着出色的记忆力。所以，他们找来了一峰正在给幼驼哺乳的母驼，杀掉幼驼，将它埋在了圣主的墓旁。然后，每年春天他们都会放开母驼，而它则会回到埋葬幼驼的地方。这样的事每年都在发生，人们每年都可以来祭奠他们的大汗，直到母驼变老并且死掉的那天，而所有关于圣主埋葬地点的信息就这样随之而消失了。

但鄂尔多斯高地是一片沟壑纵横、牧草稀疏的高原，蒙古人无疑并不会认为这是一种美丽。

“情况在不断变化。”照日格图说。“当你现在乘车从呼和浩特到蒙古边境时，你穿越的是沙漠。但是十年前则要好得多，而现在恐怕比这里还要差，”他指着周围严酷的环境继续说道，“此外，这里是鄂尔多斯高地，他们并不是说成吉思汗就埋在这里。”

幸亏有司机朝克，我们才能够在一个水泥的蒙古包仿制品中以羊蹄烩菜来庆贺我们的幸存。这个仿制蒙古包则隐约地提醒人们，在中国的定居者到来之前，这里曾经都是蒙古人。我们从半沙漠地区来到了鄂尔多斯的首府东胜，然后向南行驶穿行在树木稀疏的草原上。一小时后，一道墙绵延于一个小山包上，环抱着一片冷杉林，而透过这片树林我们看到了三个红蓝相间的圆顶，顶上有着短小的柱子，就像有奇怪纹身的乳房上的乳头一样。道路越过了一个小镇，在它的尽头我们向左转穿过一道门进入一个巨大的院落，院落两侧并列着一些单层的建筑。一道长长的阶梯经过三道牌楼通向山丘，而多色彩的圆屋顶就坐落在山顶。

我们已经到达了成吉思汗陵——伊金霍洛，蒙古语的意思是:圣主禁地。在这里，成吉思汗经历了他由蛮夷首领向神的转变过程中最后也是最奇特的一部分。这是一个有历史渊源并通过传说与仪式进化为宗教的故事，而这种宗教反过来又创造了新的传说，同时亦创造了一种自我独立的拥有社会、庙宇、仪式与信仰体系的存在体，而且它正在开始显示出了一般的神学发展的迹象。它是一个令人吃惊的例子，反映出了一个新的宗教怎样从旧宗教中发端、分支并且繁荣发展。

尽管被秘密地埋葬在了蒙古的群山中，但成吉思汗自然必须要被祭拜，他的物品被保留了下来，而且祭拜的规定也已被制定。在西方和中国，附近应该有一座庙宇，但在13世纪早期，蒙古人除旧阿布拉格外几乎没有建造任何东西。帝国的新都城哈喇和林刚开始兴建。成吉思汗的后裔窝阔台做出了一个对游牧民族来说既是首创的又是合适的决定。即17世纪萨囊彻辰所说的“建供天下奉敬之八白室”。为保护八白室，一些蒙古家庭被免除了所有其他责任，以便其成员可永远守护、照看圣主的遗物，譬如弓、马鞍、衣物、苏鲁定等，并主持他的祭拜礼仪。这样，成吉思汗将会永远护佑他的子民。

最初，祭拜的中心当然是在不儿罕·合勒敦的可能的墓址，而所谓“禁地”的周边地区也得到了很好的守卫，并有很好的祭品与仪式。但随着神秘的中心地点被马踏平和杂草覆盖，这成了一种短暂的安排。约70年后，正如拉施特在其有关1294年忽必烈死后所发生之事的记载那样，成吉思汗的一位后裔觉得有必要为此划出一块永久性的地方，尽管并非准确的地点。

为确定忽必烈的两个孙子甘麻剌与铁穆耳（忽必烈之子太子真金已在10年前死去）哪一个继承汗位而举行的忽里台，陷入了争论不休的僵局。一位女性族长提出了一个解决方案：忽必烈曾经说过，谁熟记成吉思汗的札撒，谁就最适于继承大统。于是会议同意两位候选人来竞争。年纪较轻的铁穆耳口才雄辩且擅长朗诵，因而慷慨陈词，滔滔不绝；而口吃的甘麻剌根本无法与之抗衡。于是所有的与会者都大呼：“铁穆耳更了解它们……他应该得到皇冠和宝座。”所以，事情就这样决定了。

甘麻剌(1263~1302年)虽然失败了但却得到了成吉思汗的斡耳朵，他的行帐，换句话说，就是他的老营的慷慨赏赐。在一段意味深长的记述中，拉施特说那片地方包括“成吉思汗的伟大禁地，他们称其为不儿罕·合勒敦。成吉思汗的大斡耳朵仍旧都在那里。这些都交由甘麻剌守卫。这里共有九个斡耳朵①，它们是四大斡耳朵还有其他五个。任何人都不允许进入那里。他们在那里制成已故祖先的肖像画，并经常焚香祭奠。甘麻剌也在那里为自己建了一座寺庙。”

---

① 具体数目有不同的说法。《蒙古源流》成书的17世纪时有八个，也许最初有九个，到萨囊彻辰时代已变为八个。

在某个时刻，也许是在元朝垮台后的动乱时期，祭拜的中心点向南转移了。也许始终都有着二元的中心，即在忽必烈的夏都上都还有另外一个神龛，或者成吉思汗祭拜地的守卫者们在这两个地址间往返迁移，也许还有带有毡帐和遗物等的其他情况。但不论在任何情况下，重要的圣地已不再是任何一个地方，而是行帐。这些行帐并不是通常样式的蒙古包，它有一个由支柱支撑的顶，而这个支柱则穿过了屋顶像一个小小的塔尖，蒙古人称其为“有脖子的蒙古包”。在祭拜时节，存放有成吉思汗遗物的主要的帐篷用黄色帆布覆盖起来，变成了“金帐”。1368年元朝垮台后，这些行帐随着蒙古人离开中国回到祖居的草原，并随其守卫四处漂流。当然，成吉思汗也在其他的一些圣祠中被祭拜，比如1266年完成的北京的太庙，甘麻剌在不儿罕·合勒敦的寺庙，以及其他三个蒙古帝国的圣地。但八白室却是不久就将成吉思汗从英雄与逝去的领袖转变为神的那种膜拜的中心。

一具看不到的遗体，一个秘密的墓地，一片禁阻的区域，一个可移动的毡帐的圣祠：围绕着成吉思汗的遗体所发生的事件的证据，从一开始就是捉摸不定的。不久，或许是由于八白室已变成了崇拜的主要中心地以及由于甘麻剌的寺庙已被放弃等原因，有关成吉思汗根本就不在不儿罕·合勒敦并且从来就没有被带到那里的故事便随之而蜂起。由于斡耳朵、金色行帐已成为黄河南部的整个一片地区的名称，因此，有关成吉思汗就被埋葬在那里，在鄂尔多斯的传说便不胫而走。

许多年过去了，八白室作为移动的圣祠从一个地方到另一个地方迁移，穿越戈壁四处游荡，西至阿尔泰山区，东至蒙古草原，南到半沙漠的鄂尔多斯，直到它们中的某些被安定了下来，并变为特殊的崇拜活动的场所。这一场所在鄂尔多斯东部边缘的一个水草丰美的地方，在这片美丽的草原上，鹿在稀疏的树木间吃草。而那些八白室的守护者的子孙们即兴创作了一些神话，并修改名称，随着代代相传，直到他们似乎认为这就是成吉思汗的灵车深陷的地方，就是他希望被埋葬的地方，至于他被埋葬到了什么地点，没有人准确地知道。信仰与仪式也披上了西藏与中国传统信仰的外衣。17世纪，当白室的数目正式被确定为八个并被最终带到这一地点时，它获得了现在的名字——伊金霍洛①，圣主的禁地。

在此，从19世纪的记载便可看出，每一个毡帐都有其自己的目的。其中第一个毡帐供奉着成吉思汗和他的第一个妻子孛儿帖，里面有一个黑色的供桌，一个盒子和各种各样的人工制品——一个酥油灯台，一个装有象征财富的珠宝与谷物的小锅，一面镜子象征着洞察力，彩色飘带象征着帝国不同的地区和人民，还有一支有13个结点的箭杆（成吉思汗是其家族的第13代，并在13岁时成了英雄）。第二个毡帐供奉他的第二位妻子。第三个毡帐供奉着一匹神圣的白马，在每年的重要祭祠仪式上，它的化身都要被选出，并被拴在“金柱”（拴马柱）上。非常奇怪的是，第四个毡帐供奉着古尔伯勒津，即那个在一个叙事版本中说给成吉思汗以致命的一刀，然后投黄河自尽的皇后。但也有另一种版本说他们彼此恩爱，她是由于悲痛而投河自尽的。第五个毡帐供奉着一只紫檀香木制作的马奶桶，成吉思汗每次出征前都要用它的原型收集99匹天马之奶水。第六到第八个毡帐分别供奉着成吉思汗的弓箭、马鞍、金银器皿及珠宝。

庙宇及祭祀仪式曾经而且现在依然由一个称为达尔扈特的部族掌管，他们自称是成吉思汗死后被指定为八白室护卫的500个家庭的后裔。这种与其说是历史不如说是民间故事的说法，与其他的一些说法并存，即这些家庭都是由成吉思汗的那

---

① 与往常一样，这一蒙古语名称的音译也有多种形式。汉语的转写为伊金霍洛。

颜们，有时说是两个，有时是九个流传下来的。如一位达尔扈特人苏日呼[①]所谓：

> 当成吉思汗即将逝去时，我们的祖先孛斡儿出就在他的身边。他非常伤心边哭边说："大汗逝去之后将会发生什么呢？我的子孙们该怎么办呢？"最后，成吉思汗说："你的子孙后代将和我生活在一起，代代相传。"所以，这项任务就被分配给了孛斡儿出。在成吉思汗死后，我们这些孛斡儿出的子孙们就一直在从事着献祭与守陵的工作，而且这一职责从未中断过。我是孛斡儿出家族的第39代。

无论他们真实的来源是什么，达尔扈特人变成了上层人士，被免除了各种税赋与兵役，并可以在蒙古全境自由筹款。而他们的筹款活动往往是以感情上胁迫与忠诚相结合的形式来进行的，与中世纪基督教世界的赎罪券售卖者与豁免券售卖者非常相像。而这种情况延续了约七百余年。

几个世纪以来，这些遵循着官僚机构总是趋向复杂化法则的人们，又分化为更小的组别并演化出了一些特殊专业化的工作。这些工作与中世纪的同业工会或羊毛染色贸易联盟的工作一样神秘、琐碎，并得到小心的保护，不同点只在于它们更加地古老也更加地神圣。这些人当然都是男人，而所有的工作都由父亲传给长子。很难想像到其他的类似工作，有点像老式排外的排字机印刷工家庭。但他们却可以回溯好几个世纪，口若悬

---

① 苏日呼：《成吉思汗陵及其守护部落》，2000年，宾夕法尼亚大学博士论文。作者颇有创建地将这篇卓越的专论置于英特网上，但我却始终未能够追踪到它。如果他读到该书，会和我取得联系吗？

河地道出保留在口头传承中的家谱，并且从骨子里就知道他们正在进行着一项由他们神圣的先祖留传下来的职责。

这里主要有两个分部，分别来自于成吉思汗的两位那颜孛斡儿出和木华黎（我们最好还是不要去探寻这种说法怎样会和九位那颜和500个家庭相符合）。根据这一解释，孛斡儿出的后裔属照看陵墓与仪式之列。第二部分则是木华黎的后裔，其工作是看护苏鲁定，即那些枪尖下附有粗糙的牦牛尾毛环圈的长矛，以及与之相关的仪式。这两部分都衍生出了一些更细的分工和人员来负责仪式的最细微之处，比如照看马头上的锤铃、礼仪、吟诵、宣读札撒、安排贡品、监督酒仪、煮羊、提灯笼、屠宰马匹以及监督护陵员等。

自16世纪以来，原始的萨满教仪式逐渐让位于佛教仪式。成吉思汗也变成了金刚持菩萨（或佛）的转世化身，即雷电之神，在西藏神话中他是驱除魔鬼保护佛教者，祭仪定型为一系列每年都要举行的30种仪式，每年四季都有较大的季节性祭祠，其中规模最大的是在春季。每个仪式都有它的歌曲、祈祷词以及咒语，其中许多都是以这样的话开头的，如果将名字换一下，完全可以由一位牧师用来祈求耶稣基督：

> 天生的成吉思汗，
> 应至高无上的天意而生，
> 你的身体与名字出现在了上天的行列，
> 你拥有统治世界人民的权力……

品性、财产、行为、长相、妻子、孩子、马匹、草原，所有一切都可以包括在祈求圣主保佑之列，以便克服障碍、驱除魔鬼、祛除疾病、避免错误与冲突。

以其中的一个仪式为例。该仪式每年都在户外庙宇前重要的敖包上举行，即那堆标志着山顶的神圣的石块。这一仪式是用来纪念成吉思汗拴马的金柱的。那是一匹纯色的白马，与今日可以在庙宇四周游荡的马一样。据说曾有一个贼来偷马，作为惩罚被用作金柱的替代品，双脚被埋在地下整夜牵马站立。此后，夜晚充作金柱已成为一个特定的人的职责。人们将来到他面前把钱扔到地上，然后从庙宇中拿来牛奶，并使用一个上面有孔的特殊的勺子在地上洒99次。“牧师”将会观察牛奶的流向——即一种“天神之花”的样式——并且来预言草场如何好，牲畜如何健康。然后在仪式结束时，那个人将会被释放，交出马匹，很快收起钱跑掉，其他参加仪式的人则要大喊“抓贼”。

这种实践的一部分直接来自马可·波罗所记载的忽必烈时代的传统：

> 你必须知道大汗饲养着一大群白色公马和母马；实际上有超过一万匹，而且都是纯白色，没有一个斑点……当圣主在8月28日从公园（在上都）出发时，就像我告诉你们的，所有这些母马的奶都被拿来洒在地上。而这是在偶像崇拜者及偶像牧师的指令下进行的，他们说每年8月28日把奶洒在地上是一件很不错的事，那样的话大地、空气和（他们的）伪神都会得到他们的那一份奶，还有那些生活在大地与空气间的神灵。因此这些东西将会保护和祝福大汗以及他的孩子、妻子、子民、用具还有他的牛、马、五谷等所有的一切。

这一仪式也和其他所有的仪式一样随着时间而发生了变化。现在没有人半截腿被埋上整夜站在外面了，他的位置50年以前被一个真正的柱子所取代，所以也不再扔钱或大喊“捉贼”

了。现在，孩子和成年人奔跑于柱子和敖包之间，将牛奶洒在柱子上，回忆着古老的佛教传播前的仪式。

成吉思汗陵及其错综复杂的仪式活动使蒙古人保持着某种将中国人及其他外国人排除在外的“我们的事业”的感觉。这是一种守卫者时刻准备为之而献身的排他性。在两位陵墓历史学家所讲述的故事中[①]，1661年满清顺治皇帝去世时，蒙古人拒绝了官方的哀悼令。当被传唤到北京去解释他们的拒不服从时，一群达尔扈特人说道他们曾受命一生只为一个皇帝成吉思汗哀悼：“如果我们有双重哀悼，我们将会对圣主勇敢的灵魂犯严重的错误……我们宁愿为服从我们已故的皇帝之命去死，也不愿活着违背它。”在他们被拷打后，满洲官员知道了他们的习惯，随即允许蒙古人自由地遵循他们自己的方式，因而在接下来的近300年中，他们再也未受到搅扰。

欧文·拉铁摩尔是直到近世第一次观察圣主禁地的不多的外人之一，当然也是第一位将批判的目光投向它们的人。他是在1935年春季大祭时到达伊金霍洛的，正如他在其栩栩如生的记载中所说的那样来“觐见成吉思汗”。他发现了五个行帐（不是八个），两翼有24个蒙古包，以及大车、拴着的马匹，还有几排属于更加贫穷的商人与仆人的蒙古包，那里有一些布匹、桶、锄、锹、马鞭、马鞍“及所有令人感到怜悯的奢侈品，它们代表着一种苦难的民族的奢侈梦想”。

仪式是以从30步以外向成吉思汗的行帐的谦卑的行进开始的，那天冷风刺骨，飞沙打得人很痛。行帐内有一张用作圣坛的低矮的镀银桌，而“棺材”则是一个镀银的木盒。这里面应该

---

① 赛因吉日个乐与沙日勒岱，转引自苏日呼文。关于此二人本章稍后部分及第18章将分别予以介绍。

存放有成吉思汗本人的骨头或骨灰，但是蒙古语极佳的拉铁摩尔却注意到了镶银上的刻字，表明它是不超过300年的满清时的制品。由于经常不断的叛乱和土匪的侵扰，拉氏对其他物品的真实性亦持有怀疑态度。

接下来是敬献哈达，九次俯拜，后退30步用银碗饮奶酒，再前进六步、后退六步，每次都奉上用于献祭的羊，还有更多的俯拜，然后又是敬献哈达，并作为交换接受一条在“棺材”上碰擦过的较小的哈达。接下来便是围着其余四个行帐的绕行，其中的三个分别供奉着皇后、东宫皇后（入侵满洲时所娶）以及成吉思汗的弓与箭袋，而最后一顶白色行帐则用于祈祷。拉铁摩尔还注意到这完全是一种蒙古人的事务，佛教喇嘛只起着一种并不重要的作用，他们的重要工作只是吹响弯曲的藏式号角，发出一种类似“巨大的裤子撕裂”般的声音。第二天仪式结束后，所有五顶行帐都被完整地装上了大车，由两峰神圣的白驼牵引带回到有围墙的禁地。

对拉铁摩尔来说，这种崇拜的起源显然是本末倒置的。正常情况下，仪式应该是为了使传统的信仰神圣化而被设计出来的。因此首先该有一具尸体、一个葬礼，然后才应该有仪式。但这里却没有尸体，因而不是真正意义上的陵墓，而“遗物”的真实性也令人怀疑，因此“有关成吉思汗的遗体或是他的骨灰在伊金霍洛的传统说法既不清楚也不确定”。但是不管怎样，首先出现的似乎是仪式，而信仰则是作为使其理性化的方式而随之出现的。这种实践的基础显然是13世纪的宫廷礼仪与更为古老的祖先崇拜的结合。曾几何时，在这些新征服的土地上，帝国的臣民、使节、进贡国带着贡品到成吉思汗的斡耳朵，在他死后，他的精神也以同样的方式用礼品来祭拜，然后，由于祖先的精神具有了神性，仪式亦带有了宗教的内容，也许只是在那时“遗物”才出现，给崇拜提供一个有形的中心点。

拉铁摩尔无法避免的战争改变了一切。此前，拥有成吉思汗灵魂的唯一争夺是在萨满教和佛教之间，这是一种以佛教接管控制权的缓慢行动特点为掩护的竞争。但此刻时局发生了变化。自从上世纪之交开始，中国的官方就一直在鼓励中国农民殖民传统的蒙古地区，将草原变为农田并为这种特权支付高昂的租金。到1930年代，蒙古人已被有效地挤出黄河河谷，进入草原的边缘地区。而就在这一刻，新的因素也卷了进来：从其满洲殖民地扩张至内亚的日本，以及与之对抗的当下中国的新势力。

日本之入侵中国与成吉思汗所做的完全相像，只是方向不同。在1931~1932年，满洲变成了日本的傀儡国，这是其进而征服蒙古、中国和西伯利亚计划的序幕。第一步是夺取内蒙古的东、中部，这里也建立了其自己的傀儡政权，蒙古自治政府，它有着一个革命性的日历，即以成吉思汗出生之年为其建元之年。在受到国民党领导的国军的短暂阻挡后，日本军队于1937年进入黄河地区，并在接下来的八年内一直保持着对它的控制①。

1937年秋，一位意外的来访者到了圣主禁地。他宣称自己是驻扎在北100公里处的包头的日军代表。当地的官员被召集了起来，要求亦被提出：这些官员们将宣布反对中国的两个政党转而拥护日本人，并且将八白室及其内物品转移至日本的保护之下。日本人意识到无论谁统治了圣主的禁地，他就掌握了蒙古及中国的这一部分的关键；而无论什么人占据了蒙古的土地，他就拥有了一个良好的用以征服中国其他地区及西伯利亚的基地。突然之间，成吉思汗的遗物、成吉思汗的灵魂已变成了一个亚洲帝国的关键。

---

① 1941~1944年，在日本人的支持下乌兰浩特建造了一座成吉思汗庙。其占地六英亩的三座白色建筑在1980年代得到了重新修缮，在其中心地带有一座重达三吨的英雄的铜像。

而对于省府首脑沙克来说,这是一个棘手的问题。这些遗物已在此七百余年,无论舍取,当地的蒙古人都会"像保护他们自己的眼睛"一样来保卫它们。除此而外,其他三个方向的国军亦近在咫尺。于是沙克指出如果陵墓迁徙,将会出现骚乱,这也于日本人的事业不利。入侵者亦看到了这一点,并且放弃了。

但损害却造成了。许多中国蒙古人转向了他们自己的独立运动,而其他人则转向民国政府请求帮助将遗物转移到一个安全的敌人无法到达的地方。国民党政府同意了,并计划通过卡车和骆驼将一切统统运往黄河边上的兰州南部的山区,约距此西南600公里。这个地区之所以被选中是因为它是安全的,但也有争论指出它离成吉思汗度过其最后一个夏天的六盘山区不远(仅150公里)。

1939年5月17日,200名国军士兵未经通告便抵达了陵墓。使困惑不解的当地人大为震惊的是,他们封锁了道路。一位国军官员解释了保护这一地区对抗"东洋鬼子"的必要性。于是混乱变成了谈判。国民政府答应所有的费用都由政府支付,而且一些达尔扈特人亦可以随行,而所有的仪式都将被允许继续举行。消息很快传开,成百人然后是上千人赶来,度过了一个马灯照耀下的祭祠之夜,当行帐被拆装上车时,哭声夹杂着祈祷声四起,久久不散。黎明时分,车队启程,而当一位老人俯身倒在它们前面时,它只是略作停留。据说有一位国军士兵悄悄地对另一位说:"有这样的忠诚,难怪成吉思汗会赢得战争。"用一位新闻记者的记述,车队穿过"泪水之海"缓缓出发,以步行的速度走向400公里外的延安。

延安是中国共产党中央委员会的总部。经过某种未经披露的谈判,共产党准许了护送车队及其随行国军小队进入了他们的地盘。当然是由于成吉思汗是一位中国的皇帝,而整个陵墓都是中国的遗产。不久就将陷入残酷内战的双方,在竞相将成吉思汗颂扬为中国人抗敌入侵的象征方面却团结一致，不仅将他看做是蒙古国家和帝国的创建者，而且还是元朝的缔造者。因此，这种显而易见的利他主义姿态，有着一种政治的潜台词：成吉思汗的征服根本就不算是征服，只是一个小小的导致中国的多数民族被一个中国的少数民族而不是外国人统治了很短一段时间的困难；简言之，他们最好记住蒙古实际上是中国的一部分。

所以在6月中旬，共产党给了成吉思汗陵墓搬运队以很高的礼遇。骆驼车换成了八辆卡车的护送队，一辆车载一顶灵帐，为首的一辆车载着用黄缎子裹起来的灵柩。在延安东八公里的十里铺小镇的街道两侧，有两万人看着车队停在了被作为灵堂的屋前。这里一个巨型横幅称成吉思汗为“世界巨人”，两旁的对联是：

蒙汉两大民族更亲密地团结起来

继承成吉思汗精神抗战到底

一个牌楼挂着一幅标语——“恭迎成吉思汗灵榇”，祭坛上摆放着一些花圈，其中之一是毛泽东本人敬献的。在为期四小时的仪式中12名党和军队的高级官员向车队敬献了礼品。仪式的高潮是陕甘宁边区政府秘书长曹力如[①]发表的“热情洋溢而又感人至深”的葬礼演说。“它称赞元太祖（元朝的第一个皇帝）是世界的英雄”，且总是将他和共产党的事业联系起来，并敦促“蒙汉人民团结起来抵抗到底”。第二天，车队继续南进，通过了另一大群观众。（对延安来说，此事并未了结，第二年春天，该城开设了自己的成吉思汗纪念堂，并饰有雕像、舞龙和壁画。）蛮

① 姬乃军：《成吉思汗灵柩过延安》，《民族团结》，1986年第6期，转引自苏日呼文。

夷征服者就是被这样来对待的:赋予他一种追溯式的国籍的改变,然后使其成为中国文化、坚韧和团结的象征。

三天以后,车队又一次进入国民政府控制区。在西安,国民政府举行了一个远远超越其对手的盛大迎接。在这里,20万人拥到街道两侧来迎接车队。在欢迎仪式上,一头牛和27只羊被用作祭品。如果考虑到这是在中国腹地,实际上没有多少蒙古人的话,这的确是一种令人吃惊的展示。成吉思汗曾残破过这一地区,然而普通人却为其魅力所倾倒,因为他已经变成了中国的皇帝,尽管是身后追封的,而且这些人也都是祖先崇拜者,成吉思汗无疑是伟大的祖先。所以当车队经过时,他们都手持线香行跪拜叩头之礼。

7月1日,又西行500公里后,车队安全到达了兰州南部的兴隆山,灵柩被安置在了东山大佛殿,在此后的10年中,这个佛教寺院就成了成陵的家。

在1949年,当共产党军队接近结束内战时,国民政府又一次将陵墓西迁200公里,到达16世纪伟大的藏传佛教寺院塔尔寺,那里的僧侣和活佛们用颂经和祈祷来欢迎它。一切都无可挽回,一个月后共产党取得了胜利,国民政府逃往台湾。日本人早已走了,随之一起垮台的还有满洲与蒙古的傀儡政权。似乎上天又将新的神命授予了毛泽东。

在接下来的五年内,共产党忙于土地改革和其他诸如此类的革命。内蒙古则处于其自己的共产党地方大员乌兰夫的管理之下。共产党承认某种地方自治的权利,乌兰夫使得蒙古人的权利要求达到了顶点。蒙古人仅占新自治区人口的15%,但却主导着它的行政管理。这缓和了那种根除与敌伪合作者、牧主、喇嘛和贵族的革命热情。曾经发生过一些处决事件;一些恐惧的牧主屠宰了他们的牲畜,以避免它们被重新分配。但乌兰夫总体上的“牧工牧主两利”的温和政策，使牧业生产缓慢恢复到正常水平，这是迈向更为“先进的”社会主义的合理的一步。

为了让人民为进一步的变化做好准备的需要，中央和地方各级领导最终将注意力转向了成陵。因为大家有一种共识，成吉思汗应该得到某种有威望的、持久的纪念，某种不仅仅是几顶帐篷的东西。一座价值120万元的崭新的陵墓被授权在原址修建。

1954年春天，经过公路和铁路，这位英雄的灵柩及其遗物在4月20日奠基之日返回到了圣主禁地，乌兰夫本人则力尽地主之谊，在5月15日这个吉祥的日子，也是最重要的祭祀之日，大批的蒙古包聚集在四周的草原，献祭的牛羊堆积如山，这是一个标志着陵墓复活的纪念仪式。一位官员首先谴责了国民党“反动派”的转移遗物，接着又赞扬了它们的回归。

1956年，一座新的陵墓完工。

进入一个崇拜之所的局外人，无知的脸上首先应带有某种谦卑的表情似乎是合乎情理的。照日格图很了解这一点，我们应该准备为成吉思汗的神灵敬献点什么。从排列在庭院入口处两侧的礼品商店中，我们买了一条长长的蓝色哈达，一瓶伏特加和一块砖茶。经过一座巨型的成吉思汗骑马的塑像，我们登上了一道长长的99级台阶的楼梯。99是一个位居第二的神灵的数字，仅次于支配一切的天神。我们穿过苍松与翠柏来到庙宇的入口，一个顶上有白色雉堞的陈列室的影壁墙。里面是一个巨大的铺好地面的庭院，约有100米见方，一直连到庙宇本身，一个中央的圆顶建筑，两侧有圆顶的两翼。

事后看来，这个庙宇很容易使人放弃崇拜。是的，这三个有瓦的圆顶，金黄的底色上有着蓝色锚形图案，显然是受到了蒙古包的启发。但是蒙古人并没有值得一提的本土建筑学，一切均来自于藏传佛教，而藏传佛教又在中国获得了它自身的建筑传统风格。所以，这是一次1950年代的公平对待所有这三种因素的一次尝试。这些圆顶从八角塔风格的屋顶上突起，而屋顶又有芭蕾裙似的上翘的屋檐。三个圆顶建筑由枯燥乏味的走廊相连，似乎设计者此刻已经江郎才尽。

那时，设计并没有奖励。乌兰夫的人员所正确理解的是环境，即这块圣地的规模及其戏剧性的潜力。这座庙宇是一抹绿色中的珍珠，就像一份献给蓝天的祭品一样展现在它的山顶。在爬完所有这些令人汗流浃背的入口通道的台阶及走过巨大的庭院后，我感到自己被比几幅壁画更强大的东西吸引着。而那个入口的通道就像东正教堂的圣像屏纬一样，先是掩盖然后又逐渐揭示出其内在的秘密。

里面即是圣者本人，龙形雕饰带下高达四米的大理石雕像，看上去更像是一尊大佛。穿制服戴棕色软毡帽的达尔扈特人像冷酷的警卫犬一样站在那里注视着游人。这里有一个不准拍照的标志牌，如果你敢于违背，他们就会将胶片从你的照相机里扯出来(我看到他们对一位可怜的蒙古游客做了这样的事情)。在他们的严肃面前，我觉得我最后一点点的怀疑也消退了。也许导致一种神圣感觉的并不是某种信仰的真实性，而正是其他人的对这种信仰的宣示。

一位年轻的达尔扈特人布鲁克带领我们经过了一个幽暗的大理石展品，随着我的眼睛对黑暗的适应，我看出那是一幅展示蒙古帝国疆域的巨形地图。我们谦卑地走进了后面的一个房间，那里有三座帐篷立在有如凌乱的圣诞节装饰物一样的旗阵之下。这就是哀悼厅，三顶帐篷分别供奉着成吉思汗自己，其长妻孛儿帖及唐兀惕妃子古尔伯勒津，此人在其他各地都被当做谋杀者而受到责骂，而在这里却由于她的忠诚而受到崇拜。我们献上哈达和酒瓶，双膝跪地，点燃了线香。布鲁克用蒙古语低声地说了一段祈祷词:“神圣的成吉思汗，约翰和照日格图今日来到你墓前祈祷。我们祈求你在他们的工作中赐给他们好运。”

然后,由于成吉思汗的神灵回应了我们的祈祷,我又重新拾起了我的怀疑,而怀疑毕竟也是这部著作所必需的。我处在一些遗物中：神圣的弓和箭袋，神奇的奶桶室，还有两副展出的马鞍,其中有雕银鞍桥的那副,就是神圣的马鞍。布鲁克说,右边那副是成吉思汗的,左边那副是17世纪蒙古的最后一位皇帝林丹汗的,而这两副马鞍看上去都是那么令人怀疑地状况良好。

壁画以图形形式展示了成吉思汗统治的荣耀。这些形象让我想起了1930年代的那些衣着考究的人,所有的精美、雅致的结构都归于整齐的折缝。没有任何东西去玷污那些完美的服装,以及男人和女人脸上好看的表情。这里,成吉思汗管理着他的统一的帝国，那里忽必烈将王朝缔造者之封号授予其祖父，而成吉思汗在蓝天上高高飞翔,两侧有祥龙为伴。歌手们从未像现在一样幸福地歌唱,少女们从未像现在一样骄傲地献上哈达。外国人迫不及待地献上贡品与物产,因为成吉思汗是沟通东西方的人,他促进了艺术、学术和商业的交流,保证了所有人的幸福。

至于那些堆积如山的死尸在这里却看不到任何踪迹。

蒙古的民族主义以及宗教感情的原始象征自然是这座陵墓。然而,1968年,红卫兵捣毁了这一地方,几乎毁掉了这里有价值的一切:弓、箭袋、奶桶、苏鲁定、还有帐篷,所有的一切都荡然无存。

所有这些物品都是某种程度的文物，至少已有一个世纪，一些甚至已有数世纪之久。但它们的毁坏却使人产生了其中的一些可能真的会追溯到成吉思汗本人的令人痛惜的想法。成陵的成吉思汗研究所所长纳楚克当然坚信如此。比如,有人告诉拉铁摩尔的装有圣主遗体或骨灰的银棺里究竟装着什么呢?纳楚克并不知道遗体的事。如果它被埋在了准确位置只有母骆驼才知道的外面的草原上,这里怎么会有遗体? 他所知道的一切只是它可能装有"圣主最后的呼吸"。

"你的意思是,只有……"我努力想弄明白。"只有空气? "

"不,不。盒内装着一缕白驼毛。而正是这缕白驼毛拥有成吉思汗最后一口气。"

我搞不懂,这听上去仍然像除空气外一无所有。

"你知道,驼毛上面沾有一点血迹。"

无论如何,到1960年代,有关尸体的传说已销声匿迹,只留下一点点痕迹,即那缕被用作棉花去擦净成吉思汗唇上由咳嗽而带出的血迹的驼毛。

"里面还有脐带。那就是我们在这里崇拜的棺材里所装之物。"

"它们真的在里面吗? "

"这个盒子从未被打开过。它只被崇拜。"

我们又回到了传闻、传奇故事、谣传和几乎确定无疑的神话中。但这里应该曾经有一些可被查证的东西。想像一下打开这个棺材,别去理会它只有两个或三个世纪,除了发现一缕沾着陈旧血迹的驼毛和一小段干瘪的肌肉外别无他物,有什么样的检测可以来做,又有什么样的理论可以杜撰呢? 但是"文革"期间,红卫兵捣毁了这一切,现在已不再有DNA分析与碳年代测定的机会,也无法来确定纳楚克的话里是否有什么真实的内容了。这几乎可以说是毫无疑问的,但人们还是禁不住他们的好奇心。

这座庙宇的日期可追溯到1950年代中期,"遗物" 重制于

1970年代，而那座巨型大理石雕像则完成于1989年［就像艺术家江魂（音译）的签名所证明的那样］。似乎唯一“真实的”因素是那些祈祷，颂歌和纪念仪式本身。如果不是由于几位像格日勒札布一样的具有献身精神的人的话，甚至这些东西可能也已经丧失殆尽。格日勒札布是一位花费毕生精力收集与成吉思汗祭祀有关的歌谣的达尔扈特人。他向苏日呼回忆起了他的著作是如何幸存下来的：

> 1968年，我被关了70天。一些人被关起来的时间更长，有4~5个月。当我收集的歌谣快完成时，突然，有一天红卫兵来抄家。他们把我和我所有的手稿都带到了他们的总部。我非常担心，因为我记录的歌谣手稿亦在其中。当他们离开去吃饭并将我和我所有的资料都锁在屋里的时候，我迅速把它们从其他资料中取出并放入我的衣袋。因为他们已经搜查过我了，所以我想他们不会再次搜身。幸运的是，他们没有。我被关了三天后，我妻子给我带来了一些食物。最终他们让她进了屋，但却不允许我们讲蒙古语，只能讲汉语。他们担心我们用蒙古语来交换信息。我一看到红卫兵们站在了外面没有注意我们，就立即将我的歌谣放进她的包里，并告诉她把它们放在不重要的地方，比如说储藏室。如果这些人进行第二次抄家的话，也不会注意这种地方，还要保持干燥……我一被放回家就立即问我的妻子她把那些东西放在了哪儿？她告诉我它们被保存在储藏室的椽子和屋顶之间，外层包上一块布，被塞进其中的一条缝里。在我取出它们后，立即就抄写了一份……就这样我保存下了这些歌谣，否则它们将会被永远遗失的。

再没有什么东西留下吗?

"马鞍是真的,"纳楚克说。"只有它被保存了下来。"

但他并不确知它是如何被保存下来的。他只有四十多岁,并且相对来说是一位新来者,这也是很久以前的事了。我如果想要了解更多的情况,应该和成陵的前首席研究员现已退休在家的赛因吉日格勒谈谈。

赛因吉日格勒就住在附近的小镇,在一条小街边上的干净的院落里。他和墓园内严厉的达尔扈特人形成了鲜明的对照,软毡帽下爱眨的眼睛时刻准备着微笑。他总是戴着帽子,甚至在屋内。七十五六岁的他有着年轻20岁的精力和外表。不,他并不是来自这一地区,而是作为教师来自锡林郭勒,并且很快就被成吉思汗崇拜所吸引。"我不是达尔扈特人,但我是蒙古人。他是我的祖先。"于是他找到了作为当地历史学家的毕生从事的工作。

"八白室的。"我点点头。

"不一定是八个。"他纠正道。"传统上我们带八只黄狗去狩猎,但那却可能意味着六只或十只。我们所说的数字通常都要多些或少些,它们有着更为深刻的意义。如果我们说一个数字,那就意味着我们将那个数字的特征加在了这个主题之上。灵帐只是在满洲的统治下才变成了八个(在17世纪)。谁能够说清楚开始时有多少呢?"

他似乎流露出了一些与成吉思汗或是其陵墓没有什么关系的优点,而这一切都归于他慷慨、尊严、睿智和知识分子的活力。他的世界并不只是那个仪式与香的世界,而是一个从其书架上排列的书中收集证据的世界。他的直率与思维清晰似乎使得陵墓变得教条和令人感到腻烦的自以为是。然而也正是这种他选择来奉献其一生的教义,使他的职业生涯都花在了收集仪式的细节、祈祷词、歌曲和信念上。

这并不能阻碍他的客观性。“这里的大多数人都将成吉思汗看做为一个神，他们并未将他看做为一个人。而我只是将他当做一个统一了其人民的人来尊敬。是的，我也参加仪式，我也崇拜他。但我将崇拜用作一种向人表示敬意的方式，就像蒙古的儿童对他们的父亲、母亲及他们的祖先所做的祈祷一样。”

大多数崇拜者都满足于向圣成吉思汗奉献贡品和祈祷，仿佛他本人即是神。但成吉思汗神学并非那么简单，就像纳楚克在我们返回陵墓时向我们展示的那样。走过庙宇前巨大的庭院，我们来到了一个上面飘着苏鲁定的平台边，这是蒙古军队的英勇无畏的象征。纳楚克讲述了一个成吉思汗如何得到它们的故事，从而给这一奇特的信仰体系加入了一种全新的因素。

“有一次当圣成吉思汗正在为将蒙古各部统一起来而战时，他绝望了，并对上天说道：‘人们称我为天神之子，但我却失败了。我祈求你，呼和腾格里(蓝天)，给我必胜的力量吧！’天上立即雷声大作，有东西落在了一些树上。他够不到那个物体，所以命令他的那颜们砍倒树木得到了它，这就是苏鲁定——牦牛尾战旗的来历。作为感谢，成吉思汗献祭了81只羊，将它们留给了‘天狗’(狼)，所以战旗——苏鲁定——就变成了一面旗帜，一个来自蓝天的统一蒙古各部并在战斗中引导他们前进的标志。那也就是为什么我们今天也崇拜苏鲁定。”

然后他又补充了一个以一种全新的角度来看待陵墓及其仪式的结论：“这是一种甚至比成吉思汗崇拜更高的崇拜。如果成吉思汗本人就崇拜苏鲁定，那么它肯定就高于他，它是上天本身的象征。”照这样看来，它有着自身的力量，有人说鸟从它的上方飞过会落下来死掉。

到此刻为止，我一直以为成吉思汗是神。现在我看到了，在他居住的万神殿里他并非处于顶峰，只是非常接近，是一个次神。不是一位宙斯而是被某些印度教派崇拜的亚历山大。也许具有某种更为神秘的暗示，一种蒙古的三位一体论，即圣父、圣子、圣灵的长生天、成吉思汗、苏鲁定的蒙古式的反射，这一切已非我们可以理解了。这是常驻成陵的神学家沙日勒岱的主题，他将能够在另一个层面上解释这种复杂事物。沙日勒岱此刻正在乌兰巴托，也许幸运的话，我可以追踪到他那里，向他请教蒙古的三位一体的主题。

就像一座大教堂一样，成陵不仅仅是一个祭祀仪式与传奇故事的中心，它还是一个吸引游客的地方，根据旅游文献资料它是中国最好的旅游点之一，尽管对大众来说，它仍然鲜为人知，但每年20万的游客仍给它提供了财政的收入。

距成陵半英里，离开公路的一片开阔的草原有一个蒙古包组成的村落，游客们可以停留在这里就餐骑马。在一顿漫长的午餐和太多的祝酒之后，纳楚克谈及了成陵所面临的压力与变化。它每年的拨款与门票收入是300万元，几乎不足以支持它的保养维修和镇里的3000人，尤其是至今依赖成陵并为其服务的约500达尔扈特人。有一些计划正在酝酿中，几年后这里将有一座大饭店。其造价约2亿元，主要资金来自政府的基金和私人投资者。

但是发展需要空间，而可用的空间便是草原，草原则属于牧人。因此，为保证这最具蒙古风情地方的稳定与繁荣，必须要从牧民那里获取草原，从政府获取资金。如果做到这一点，这个地方精神上的目的怎样才能与中国游客涌入的影响相平衡呢？“如果我们继续这项计划，它必须建成蒙古式的。我们将会有赛马、蒙古歌舞的表演。一座有蒙古风格的建筑及蒙古语街道名称的蒙古城市。”

纳楚克也足够清楚地看到了这种两难的境地，然而对他来说冒险似乎是值得的。毕竟，这个地方是因成吉思汗而著名的，成吉思汗本人也通过借鉴中国管理者的方式走向这些他所攻击的人民，他自己就曾架起过不同文化间的桥梁。如果幸运再加上好的领导，这个社区会作为其英雄的真正的反映而出现，当然不会再有死尸了。

成吉思汗的神灵依然有力量吗？当然这并不是一个盲人得以重见天日，跛者可以自由行走等奇迹的发生地，祈祷的人也不能确信他们的祈祷会灵验。但是大多数人仍有着一种常识性的猜测，即成吉思汗就生活在天地之间，而且在某种情况下，如果请求得法，他是会显灵的。

我直率地问纳楚克是否人们相信成吉思汗的神灵会有所帮助。

他连声说道："会的，会的！人们坚信成吉思汗的神灵会保佑他们。这个地方并不富裕，但每个家庭都献上祭品，而且他们都通过成吉思汗崇拜而受益。"

如果他们不能够献祭，他们就会遭殃。达尔扈特人格日乐札布1993年回忆道："所有那些在'文化大革命'中冒犯成吉思汗并积极参与毁坏陵墓的人现在都已死去了。他们都与我年龄相仿，我看着他们一个接一个地死去，而且都不是寿终正寝。一个人中风，在死前有八或十年都不能行走；另一人的头肿胀到正常头颅的三倍大，他也死了。是的，这就是惩罚。我们的前任旗长，他是造反派的头头，后来他被指控，遭到殴打，并被一颗长长的钉入脑袋里的钉子杀死。他的妻子和女儿也死了，儿子成了疯子。还有另外一人……他落入粪坑淹死了。"

每个人都有其证明成吉思汗的力量的故事。一组士兵破忌在陵园内打死两条蛇，他们的车翻了，六个人死亡；一个年轻人在祭酒仪式上喝醉，并对着墙壁解手，当晚他的妻子就死了。

“文化大革命”后，一个仪式被错误地忽略掉，羊群就因此而生病死亡。这样的一些故事都带有一个信息：放尊重些！要当心！成吉思汗死后和活着时一样强大。

最后，成吉思汗并不像其生前那样是个复仇者，而是一种从善的力量。正如格日乐札布所说：“对我们达尔扈特蒙古人来说，如果有任何问题或危机或诸如此类的事情，只要献祭品给成吉思汗，就会非常有效，一切都会平安无事。”

# 第十六章

# 寻找陵墓

有关成吉思汗陵墓的主题,大约唯一的确定性就是它的不确定。

元朝的历史《元史》记载了帝国的葬仪是如何进行的。当随行人员到达埋葬地点时,“其开穴所起之土成块,依次排列之。棺既下,依次掩覆之。其有剩土,则远置他所”。一位欧洲的观察者,方济各会修士1240年代曾造访过哈喇和林的约翰·普兰·卡尔平尼并写道:“他们填满墓坑……并把草皮像以前一样放在上面,这样这个地方以后就不可能找到了。”

就成吉思汗而言,葬礼会发生在什么地方当然是一个大问题。非常可能的是它就发生在不儿罕·合勒敦山上或其附近,即那个庇护成吉思汗使他免于落入敌手的天神的自然神殿,而现在几乎每个人都同意这座山就是汗肯特——肯特山之汗。虽然《秘史》对此只字未提,但还是有几种史料提到了作为墓地的不儿罕·合勒敦。唯一与当时接近的记载却令人气恼的模糊,1235~1236年间,宋朝遣使成吉思汗的继承者。两位使者彭大雅和徐霆宣称他们看到了这位征服者埋葬的地方。彭写道,蒙古人“其墓无冢,以马践蹂使如平地。若忒没真(即成吉思汗——

译者)之墓则插矢以为垣,阔蹄三十里,逻骑以为卫”。他的同僚则补充道:“霆见忒没真墓在泸沟河之侧,山水环绕。相传云:忒没真生于此,故死葬于此,未知果否。”

这是在葬礼九年以后的两位目击者,但他们实际上看到什么了呢?一个象征性的围栏和守卫者吗?两人共同确定的这个16公里的圆圈、踩踏的马匹以及河水,怎么会和山里的葬礼相一致呢?而最令人费解的是泸沟河究竟是什么?一些重要的河流既有中国名称亦有蒙古名称,这非常接近于卢沟河,即中国人对克鲁伦河的另一种称谓。但是正如所有的蒙古人所知道的那样,成吉思汗出生在鄂嫩河,并非克鲁伦河,所以这两位访客的研究不可能是缜密的。

我的猜测是,这两位使节要求去看成吉思汗墓,并未意识到他们在要求某种不可能被准许的东西。墓址的秘密必须得到保守,并被严密看护直到没人能够确定其准确位置的那一时刻为止。另一方面,直截了当地拒绝这些使者的请求也颇有失体统,所以,他们从哈喇和林出发,骑马数日抵达肯特山。他们可能被带到了某个合适的地方,又将河名略微弄错,得到一些歪曲的信息,更可能是官方的假情报,看到远处有几个牧人,并被告知进入圣地是禁忌:此外那里也没有什么可以看到的东西,因为所有的一切都被马踏为平地,并为草木所覆盖。

但是很快这样的一些根据不足的信息也开始传播,并变成为传闻和谣言。50年后马可·波罗写道:“所有从成吉思汗血统传下来的伟大的国王都被运回到一座叫阿尔泰的大山埋葬。”几乎在四个世纪以后,相同的名字又突然在萨囊彻辰的史书中冒了出来。他写道,尸体被掩埋在了“阿勒台山阴和肯岱山阳”。而这一描述又是如此的模糊,以至于它几乎毫无用处。实际上,现代的历史学家不得不从零开始。

陵墓可能在哪儿是一个问题,而另一个则是如果墓里有东西的话，它会包含有一些什么东西。证据依旧没有多大帮助。成吉思汗死后25年就开始在蒙古的新首都写他的历史的术外尼则说，在被诸王推举之后，成吉思汗的儿子和继承人窝阔台命令："从那些月儿般的处女中，从那些容色可爱、性格温和、美中带甜、顾盼多姿……挑选40名美女……用珠玉、首饰、美袍打扮，穿上贵重的衣服，与良马一道被送去陪伴成吉思汗之灵。"

这并非完全不可能。因为在中国和整个中亚，佛教传播之前，普通士兵、仆人、妻子、小妾、牲畜被屠杀来陪伴统治者身后的生活，是一种古老的习俗。旅游者可以在公元前14世纪商朝的首都安阳看到堆满奴隶与马的尸骨以及战车遗物的完整的墓园。有的时候陪葬者是被活埋的，而这种实践直到17世纪才被正式禁止。人们当然会说，而且也十分相信，在佛教广为传播之前，蒙古的可汗们被连同其甲胄、衣物、妾女和其他物品一同埋葬[①]。

但是证据却是捉摸不定的。随着活人被复制品替代(就像西安著名的兵马俑军队以及在固原博物馆所看到的更小的陶俑)，这些实践从未在更大的范围内被广泛地观察到。人们从未发现过包含有献祭牺牲及财富的蒙古墓葬。萨囊彻辰也没有提到40名月儿般的少女实际上与他们的汗一同入葬，而那样做就意味着要将至少在一年前埋掉的棺木挖出，还要把各种安全方面的因素考虑进来。

尽管缺少传统和证据，但在寻墓者中间成吉思汗"肯定"被与全副的武器、女人、奴隶、马匹以及半个欧亚大陆的财富一同埋掉则成了一个信条。这座坟墓对那些寻宝者和历史学家来说已经变成了一个圣餐杯。当然，也有人设想这位半个欧亚大陆

---

① 这一信息的主要来源是明朝的作者萧大亨，此人为中国在蒙古边界守军的首领，其著述为《北虏风俗》。

的征服者的坟墓应该可以和图坦哈蒙之墓相匹敌。实际上,这种搜寻并不仅仅是为一座坟墓,而是一个完整的墓园,一个蒙古的帝王谷,成吉思汗的家人与后裔,包括忽必烈肯定都埋在那里,还有他们的妻子们、妾女们、奴隶、马匹以及其他一些只有长生天才知道的黄金、珠宝、衣物、武器和所有我们的想像力可以想到的东西。在蒙古,成吉思汗成就了相当不错的商业活动。每年都有旅游者因保证他们会体验到成吉思汗的冒险之旅而上当的,比如那种去他的出生地或一些骑马去他的埋葬地的旅行,当然旅游者无须介意没有人知道它在哪儿,或墓葬里可能会有什么。

这种搜寻有着巨大的潜在意义。如果坟墓存在,如果它被发现,它会在考古学界、学术界、资本流向以及国际关系方面引起一场革命。现在已经有了一所成吉思汗大学和成吉思汗研究中心。坟墓的发现将会标志着一种投资的狂热和吸引资金的开始,而且它们大多数都会是美元,这无疑会使那两个业已存在的以及更多一夜之间冒出来的机构大为兴奋。大学将会为进入市场的控制权而与旅游公司展开竞争,政府则在扮演仲裁者的同时,也会尽力为国家从流入的资金中分取一杯羹。考虑到现在的私有化的热潮和贿赂的盛行,很可能会失败。即使现在,蒙古政府也会偶尔做出一些努力来表明对寻找工作的控制,但这却是一项艰巨的任务,因为管理就意味着花钱和限制旅游。这种紧张情况又由于另一些人的声音而变得更加严重,这些人认为寻找本身就是亵渎神圣,原本被保守的秘密就应该依旧是秘密,外国人无论如何都应被排除在与他们国家的根源联系如此紧密的事务之外。

所有这些热情都围绕着一个地址,而它的存在,更不用说它的准确位置依旧处在争论之中。许多杰出的学者都曾分析过有关埋葬地点的史料[①]，而且大多数人都同意，最初的地点应该在不儿罕·合勒敦，今日之汗肯特的"阳面"，即吉祥的南面，对此萨囊彻辰亦有所暗示，但并未说明。但也有一些非常令人尊重的蒙古学研究者对不儿罕·合勒敦实际上就是今日之汗肯特山持怀疑态度。甚至推测那座山只是一个山梁，即将两座山峰(2362米和2452米)连接在一起的一个巨大的20公里长的山肩。如果我们总是假定坟墓的存在，搜寻的指针就应指向这个干草垛一样的山脉南坡的任何地方：这片地方约有100平方公里，有长满树木的山梁、泥炭的高原、崖壁陡峭的峡谷和裸露的高地，并且无路可走，既难以到达，也难以离开。铺好路面的道路在最近的城镇，70公里外的孟根毛日特。

在1924年蒙古变成世界上第二个共产主义国家之前，几乎没有什么外国人到过那里；直到1992年的下一次革命它仍旧是十分封闭的，而其自然条件也是十分令人恐怖。冬天冰天雪地，夏日遍地泥沼。考虑到这一切，迄今为止有关成吉思汗陵墓的问题只做了很少的工作便毫不令人奇怪了。首先开始这项工作的是东德人莱比锡卡尔·马克思大学的约翰纳斯·舒伯特[②]，他与一位蒙古同事伯日勒在一次为期一周的探险活动中探寻了这座山。作为第一位攀登此山的欧洲人，他在一份揭示攀登之危险以及旅行之艰辛的报告中描述了它。此事发生在1961年，

---

① 对此做出最好的总结的是伯希和，《〈马可·波罗游记〉注》，第一卷，第33~360页。

② 蒙古—东德关系有一个很奇特的渊源。1920年代，新近独立的并且是共产主义的蒙古开始放眼世界时，政府将50名儿童送往柏林接受教育。回国后，这些人变成了一小部分有着巨大影响的精英。第二次世界大战结束后，当东德变为共产主义世界的一部分时，这种联系获得了其应有的地位。在蒙古，德语变成了俄语之后的可供选择的外语，而东德的大学也成了他们与西方联系的主要渠道。这是一个我经常从孩子们的指导教师那里听到的故事，此人是一位名叫谢尔盖·沃尔夫的俄罗斯流亡者，他在移居伦敦后成为了另一位1960年代后期成立的盎格鲁—蒙古学会的年轻成员的激励者。

但听上去却像是中世纪发生的事情。

就像任何探险队必须做的那样，舒伯特带着负责安排一支13匹马的旅行队的四个当地蒙古人，从孟根毛日特出发了。他们排成一行一路蜿蜒而行，不断穿过柳树丛，一次又一次地横渡克鲁伦河，对于一个接近其65岁生日的人来说，这的确是一次艰苦的旅行。第二天晚上，他们中的一个名叫丹巴的人在追逐一头野鹿时落马，数小时后，才在黑暗中带着受伤的手臂，蹒跚回到营地。接下来的一天，他们遇到了一座杂草覆盖的破败的坟墓，有95步乘65步大，八米高。这使得舒伯特很惊奇：山、水、茂密的树林，靠近不儿罕·合勒敦，这会是成吉思汗墓吗？不，他得出结论，这几乎肯定是一座匈奴墓葬，在成吉思汗以前数世纪就已经是墓场的遗址了。

然后他们继续前进，翻越一个山梁，逆博格达(神圣)河水而上，其间，不断出现的熊的粪便和远处的麋鹿使向导大为惊叹。在汗肯特山下有一个树干和灌木枝搭成的敖包，当地人在上面放置了布条、面包块、糖果和奶豆腐。尽管当局不赞同，但似乎并不能阻碍对成吉思汗的崇拜。他们在这里扎营度过了第三夜，受伤的丹巴坚持要打猎，并又一次从马上摔了下来，这一次他折了一只肩膀。有一人快马疾驰返回孟根毛日特去请医生(骑手、医生和助手三天后才到来)。在此期间，另一位猎手打到了一只麋鹿，并将其拖在马后带了回来。他们将它切开、穿在棍上，做成了非常好吃的串烧，为每个人第二天的攀爬提供了力量。

这是一次艰难的攀登：茂密的森林和矮灌木丛，倒伏的树木、松动的石块，只见野鹿行踪穿行其间。他们来到一片杂草从生的台地，这里有另一个敖包，两口巨大的三足铁锅和一个青铜容器。散落在周围的是一些半圆形的瓦、陶器碎片、漆器木碗碎片、钉子和夹子。舒伯特猜想这是忽必烈的孙子甘麻剌在13

世纪晚期所建寺庙的遗迹。

再往上，随着树木变得稀疏，他们来到一处平坦的地方，上面“散布着一些用石块填满的洞，而洞与洞之间稀稀落落地生长着一些青苔”（请注意这些词，他们不久将起着重要的作用）。在这里，蒙古人都敬畏地跳下马。最后在山顶，他们来到了一片敖包遍地的地方，其中一个主要的敖包周围散落着一些铠甲碎片、箭簇和各种各样的喇嘛教物品。舒伯特毫无疑问地得出结论，这一定就是历史上的不儿罕·合勒敦，因此在这些山坡的某个地方肯定会有成吉思汗的坟墓。

可以看到，这样的搜寻决非业余人士可为。蒙古人在研究他们的国家方面绝对不是业余的，但他们却缺乏高科技的考古手段。而这些东西只有在1990年政权更替，国家对外开放后才可以得到。

日本人以三河计划——即用雷达对旧的蒙古首都阿布拉格进行调查的工程——首先抓住了机会。由于这项为期四年并且雄心勃勃的事业（1990~1993年）的支持者《读卖新闻》想要其投资获得公众注意的回报，所以不乏引人注目的广告宣传。根据日本杰出的考古学家江上波夫所写报告之导言，这项工程之目的——找到成吉思汗坟墓——是“如此意义重大，以至于它可能标志着新世界历史的开端”。以发源于成吉思汗祖居之地的三条河流，克鲁伦河、鄂嫩河和土拉河命名的这一工程，是一项庞大的工程，它有近50名成员，装备有探地雷达、高级照相机、全球定位系统、许多车辆还有一架直升飞机。面对这样的财力支持，蒙古科学院地理研究所也提供了它的帮助。

工程开始于1990年春天，但从一开始就是以一种不严谨的方式进行的。首先要探究的当然是不儿罕·合勒敦，即汗肯特，考察队自下而上行进，重新发现了甘麻剌庙的遗址，然后乘直升飞机降落山顶,并在那里停留了一个小时,他们记录了舒伯特曾描述过的200~300个锥形石堆的存在（考察队中似乎没有人读过他的报告)。他们在那里并未发现任何古代坟墓的遗迹,而且在其他地方也一无所获。如果考虑到这次考察的肤浅的话,这是毫不令人惊奇的。没有人进行自上而下或自下而上的探查,所以也没有人看到那些舒伯特描述过的半山腰的“洞”。

在不儿罕·合勒敦以外，考察队在一些遗址不断发现了一系列令人惊异的墓葬和工具，但未发现任何13世纪早期的线索。总的说来,就考古学的视点来看,这项为期四年的研究只起到了一个作用,这就是表明了蒙古是何等的封闭。倘若以其最初的目的来判断,这一工程则完全是个败笔。大量开支的结果却只报告了几百个较小的突厥墓葬以及由卫星、航空拍摄和雷达探测到的对乡村详细却并不恰当的描述,这很难说是合乎情理的。三河考察队需要产生“世界财富”般的“地下遗迹”。幸运的是,有两个地区证明有可能得到回报。一个是成吉思汗的前首都阿布拉格,这是一个重要的遗址,三河计划的报告大胆而又完全没有根据地得出结论:“几乎可以肯定成吉思汗的坟墓就在这一地区。”第二个可能的“宝藏”之源是一个真正的奇迹:它是一个围着一片大约三公里地方的巨大石墙,位于一块山脊平地,周围是小山丘。当地人称其为“施与者之墙”,而且几乎肯定与成吉思汗毫无关系。然而三河计划的报告却愉快地宣称,从地理观察与采访(均无细节)来看,“成吉思汗似乎被埋在了里面(施与者之墙)的某个地方”。此外,还有其他一些不严谨的研究的迹象:约翰纳斯·舒伯特成了“Y·舒伯特”,而乡村岛则由一块土地转变为书写《蒙古秘史》并“组织成吉思汗葬礼”的诸王。在花掉所有那些经费后,以同样的热情将两个不同的遗址宣布为墓址;而主要的遗址却被忽略;又无任何有关成吉思汗葬礼的新证据;同时也没有对其他的发现进行反驳,而后一点在我看来，主要是由于对于能说会道的业余人员来说，这到底确实是勉为其难的事。

最奇怪的忽略是未能去考查最可能的埋葬地点，即不儿罕·合勒敦山上有“孔洞”的平台。这种忽略在工程的报告中未加以任何评论，应该是令人十分困惑的。这一有强大资金支持的研究项目，竟然忽略了在蒙古历史上意义最为重大的地点似乎既有悖常理又不恰当，否则就是有意而为。事实上，有几位专家曾告诉我，这是在政府授意下的故意行为，用我们在离开阿布拉格的路上所遇到的老语言学家巴达玛达希的话来说，“当局决定三河计划不该发现任何坟墓。”果真如此的话，这个命令就反映出了一个著名的“预言”，即如果成吉思汗墓被发现，这个国家就将垮台。一些人对此是非常严肃的。有人告诉我如果考察队调查汗肯特南坡的话，该工程的一位蒙方成员实际上会面临死亡的威胁。这一切当然都是没有根据的，也绝不会有人出来正式承认。但是这儿一句风闻，那儿一句谣传已足够了。整个事情从一开始就注定要失败，而且还植入了一个经久不去的怀疑，这就是日本人还有一个背后的目的，即通过卫星来进行矿产资源的秘密调查。道听途说，民间谣传，外国资金以及国家的荣誉：这是一个酿造会使饮用者发疯的晦涩之酒的配方[①]。

就这样，三河计划考察队解散了，为最近的、最有决心的也是最引人注目的寻墓人，来自芝加哥的金融家莫瑞·克拉维茨扫清了道路。自从40年前克拉维茨读了哈洛德·兰经典的成吉

① 探险家兼作家蒂姆·塞弗林于1990年沿相同的路线登上了顶峰（见其著作《寻找成吉思汗》）。在途中他遇到了扎营于通往不儿罕·合勒敦的山谷的三河考察队。他说这是一个“小的毡房城镇”。这也是高科技搜寻的基地，其结果却产生了一个先天不足的正式报告。

思汗传记后,就一直对成吉思汗和蒙古非常醉心,现在他拥有与这一主题相关的世界最大的图书馆之一。他筹集了550万美元,设立了一个顾问班子并与地理研究所——曾经支持过三河计划的同一个组织——签订了独家享有寻找成吉思汗陵墓权利的合同,并于2001年8月发起了强大的宣传攻势。

他所选择的挖掘点施与者之墙本身就可谓一个奇迹,这是一个漂亮的被选中的地点,它就位于从阿布拉格旧都向北延伸到蒙古心脏地区的平原边缘的一条峡谷,西面则是肯特山的主脉。当我和贺希格、巴特尔及高瑶到达那里时,我们看到了一个正在进行着的高度专业化的挖掘,在一片围着栅栏的场地里有五个整齐的一室或两室的木屋,四个蒙古包和十多辆汽车。

围栏的后面是一个200米高的散落着稀疏冷杉树的山脊,上面有一堆砾石堆通向更高更陡的山坡。这一遗址的主要特征是一个三公里长的围着半圆形山梁的巨墙。我非常惊讶地登上墙顶:它是一座干砌石墙的完美的典型,约有3~4米高,外部几乎垂直,为了稳固地靠在由较小石块构成的坡形堤上而向里微微倾斜了几度, 构成一个横断面大约为三角形的防波堤形构造。在我行走的那一段,构成外缘的石头经过粗略的加工,仿佛是为了与基岩形成垂直。一些石头一人可以搬得动,大多则需要两到三人,还有一些石头则需要一群人来搬动。粗略估计,这座墙的主要外缘部分应有数十万块大石头,并有约一万立方米的较小的石块为支撑。实际上这一特征并非总是一成不变的。在顶部,这座墙像是一条狭窄的石埂,在大石块的缝隙中塞满了碎石。尽管如此,整个这一巨形构造仍需要包括一些砌石墙的专家在内的一小群人花上数年时间来完成。

其用途究竟是什么呢? 它显然不是一座堡垒,因为它没有大门或合适设防,而且进攻者会发现将其松动的石块抽取出来是十分容易的;几个世纪以来有好几处就只是由于天气的原因而遭到了破坏。由于没有门楼它几乎也不可能是城墙,至少位置也不对:在蒙古此起彼伏的文化中曾经修建过许多城镇,但它们均在平原,在那里居民可以看到周围的情况,然而在这里地平线则为山峰与树木所阻。有一种奇怪的看法称,这里可能被用作猎物保留地,但是里面以碎石坡支持的平顶墙几乎连一头羸弱的老牛都关不住。

挖掘现场的主管是芝加哥大学中东史教授约翰·伍兹。有着次重量级摔跤手身躯的伍兹在各方面都是他的六位同事、20名工人的老板,这些人都在四个浅坑里进行着挖掘、刮擦、筛除和清理灰尘的作业。伍兹从一台经纬仪旁走过来告诉我为什么这个地方很重要:“这个国家到处都是墓葬,各个时期的墓葬都有,方形的、圆形的、锡西厄式的、青铜时代的。这里是考古学的天堂,很多墓葬都完全未被触动过,尤其是中世纪时期。苏联只对史前遗址感兴趣,他们并不进行中世纪研究,因为对他们来说,那是人类历史的一个倒退时代。即使我们找不到任何东西,我们激发了人们对这一地区的兴趣,并促使他们开始工作这一事实就已经是极为重要的了。”

实际上,他们已经发现了很多。一些木炭,也许还有一块头骨。某个黑色的东西,也许是人的遗骨,可以对其进行碳日期的测定。这四个墓坑似乎有巨石铺就的地板,但也很难说它们是否真的是地板,因为所有的东西都倾向于向山下移动,而掉落的石块看上去非常像基石。

虽然现在还没有答案,但伍兹却有了一个工作的前提:“我的重要目的就是确定这里是一个墓地。”

这句话带有一种皇家墓园的暗示。然而是谁的墓园呢?迄今为止的一些迹象表明这墙很可能是蒙古以前的,或许是辽代的(始于契丹王国,947~1125年),尽管没有人知道一个辽代的墓园为什么会在这个最为蒙古式的地区。而石墙本身实际上是不可能断定其年代的。它也可能是由始于公元前数世纪匈奴以来的六种文化中的任何一种建造的。

这也使我们触及到了问题的实质以及围绕着该项工程的争论。将成吉思汗当做偶像来吸引公众注意并大赚其钱的克拉维茨曾希望在不儿罕·合勒敦上挖掘，但却被禁止这样做。施与者之墙是一个违约的地点。但他仍然很好地利用了它，表达了成吉思汗本人就葬在这里的很高的期望。毕竟，它距阿布拉格只有非常容易接近的130公里的距离，距成吉思汗可能的出生地30公里，距不儿罕·合勒敦90公里，恰好处于山脉的偏僻之所与富裕的草原的交界处。但也有一些人持反对意见，这个巨大的结构需要花上数年时间来完成，我们需要假设成吉思汗几年前就预先将它当做了自己的长眠之地吗？而一个秘密的坟墓有可能被留在如此显眼的地方吗？一个岩石嶙峋的山边又怎样和被奔驰的骏马踏平的草原的坟墓相吻合呢？

迄今为止没有任何证据表明这个地方与成吉思汗或者曾经与他有过任何联系。但是由于成吉思汗处在赚钱与激发公众兴趣的日程之中，所以他无论如何都要成为这种活动的一部分。这当然适合考察队的一位蒙方成员巴札格儿，此人从事着某种与成吉思汗相关的遗址市场开发方面的职业，但其中许多遗址的真实性都值得怀疑。一块木质标志牌宣称该地是“《秘史》里特指的伟人之地，(署名)成吉思汗探险队”。这是一种非常俗气的宣传，因为“伟人之地”这一术语本身就是伪造的①。而它的存在也只是源于《秘史》的俄语译者在1941年所犯的一个错误，此人将一个意义不明确的意指牺牲的词语解释为祖先墓地。这一误解又于1947年被重新并入一个流行的蒙古语版本，这是在俄罗斯文化与语言统治学术界的时候。这一错误从未得

① 罗依果：《寻找成吉思汗》，《东方研究评论》71卷，1997年，第239~256页。

到纠正，其结果就是成吉思汗的安葬地——在不儿罕·合勒敦，或在这里的施与者之墙或其他什么地方——通常被那些应该更了解情况，但却经常有意这样做的人称为“伟人之地”。从来就没有证据表明蒙古的帝王们曾经拥有过单一的祖先埋葬地的，更不用说成吉思汗就埋在那里了。

困惑与争论演化成了公然的敌视。语言学家巴达玛达希被克拉维茨的探险队正在做的事情激怒了，“他百分之百地错了！”——在理论和道德观念上都错了——“挖掘成吉思汗的坟墓还为时尚早，他无论如何也找不到它。这是国家的机密。它当然不会在施与者之墙内，那墙是在成吉思汗以前很久的契丹时代”。

颇具讽刺意味的是，似乎恰恰是有关成吉思汗的宣传，导致了2002年夏天我到那里之后克拉维茨挖掘的突然中止。高层人士也对外国人在蒙古最神圣的地方的肆意妄为而感到十分恼火，尽管没有任何证据表明施与者之墙和与成吉思汗相关的任何人或任何事物有关联。克拉维茨的队伍接到了逐客令，至少媒体是带着某种兴奋之情这样报道的。蒙古的日报《真理报》8月17日在对此时已准备打道回府的克拉维茨的采访中宣言道：“我们应尊重我们的祖先们！”这次采访表明了某种真实的政治上的反对，尽管并不明确：

记者：谁阻止了你？

伍兹：我不知道究竟是谁，我想是爱马（省——译者）的领导人于7月22日向地区的领导提出的要求。

但据克拉维茨的叙述，真实的情况却完全相反，有关于可能挖掘不儿罕·合勒敦的禁令是怎么回事呢？一派胡言，他说。他们有权利挖掘他们想要挖掘的任何地方，包括不儿罕·合勒敦。他们只是选中了施与者之墙,因为它看上去是最好的地方。挖掘的结束是因为季节的缘故,就是这么简单。所有有关政治上的争论和地方反对都是无稽之谈,都是不真实的,或是毫无意义的炒作。考虑到克拉维茨的动力和财政支持,考虑到这一遗址的不可否认的重要性,考虑到这一考察队包括有蒙古的考古学家和研究所的义务,我有一种任何反对都会退却的感觉,克拉维茨的队伍还会回来,随之而来的将会是意义重大的、确实令人震惊的发现。

但只是在施与者之墙,不是在不儿罕·合勒敦。而且,我确信也不会和成吉思汗有关。

## 第十七章

# 在圣山之巅

从远处看不儿罕·合勒敦——汗肯特——似乎是非常容易接近的，它并不太高，距乌兰巴托仅200公里，乘车只要一天。但当我和了解情况的人谈论攀登它的想法时，他们立即就会摇头撅起嘴来。那里有一条穿越冻土带的30公里长的通路，而春季冻土融化则会使道路变得泥泞不堪，到了夏季，雨水又会使得它无法通行。我只好将这一想法抛到脑后。

然而机会却在这一刻光顾了，在去阿布拉格——成吉思汗可能的出生地以及其可能的加冕地蓝湖的行程中，空出了一到两天的时间。在我们涉过克鲁伦河的一段150米水流湍急的浅滩时，我看到了距离一个梦想实现是多么的近。当嘎斯牌吉普车行驶到水深达一米的河流中央时，溅入河水的发动机熄了火。由于汽油喷灯的爆炸而在脖子和手臂上留下伤疤的司机贺希格则以一种典型的冷静来处置这种在乡村发生的典型事件，发动机或许自己可以变干，或许不会。如果不会，另一辆车或一个牧人就会出现，或许贺希格也会自己去寻求帮助，或许还会出现其他情况。但无论怎样，在接下来的几分钟内，车里一片寂静，唯一的声音就是河水拍打着车底的声音。

从任何意义上说，这都是一个搞清楚我们的准确位置的机会。高瑶看着她的GPS读数，我展开了一幅地图。是的，这种合作准确地表明了我们究竟在河流中央的哪个地方。我在地图上沿着克鲁伦河逆流而上，发现不儿罕·合勒敦在北部60公里处，距克鲁伦河本身只是非常短的行程，根本算不上遥远。此外，过去的几天也一直很干燥。如果我们至少可以接近它而又不去看看的话，那简直可以说是一种罪过。

五分钟后发动机又重新启动。在克鲁伦河的对岸沿河而上就是我们那一夜的目的地，一个蒙古包营地。在这里我可以从营地的所有者甘苏克那里得到一些更为详细的建议，此人正在将他的旅游生意扩展到乡村。一个主要的阻碍因素立刻就变得十分清楚了，这就是苍蝇。在肯特山，湿润的夏季可以滋生大量的苍蝇，而今年的夏天偏巧很湿润，这就使得草原充满扰人的小蠓虫和凶残的马蝇。马蝇会吸马匹的鲜血，并迫使人们躲在充满干粪烟雾的蒙古包里寻求庇护。外出时则要不断地挥手驱赶，因此甘苏克和我的交流仿佛是在打着旗语进行的。即使泥沼不能阻止我，那么苍蝇也会的。

此外，对一只兀鹫来说不算什么距离，对一个行程匆匆且又缺乏经验的外国人来说可能就会是无限的遥远。如果可以通行的话，这条路会通往一片泽国，然后朝向两个山丘间的山肩，接着下行越过另一片沼泽来到一条河流，然后在到达山脚之前还要再行驶20公里。但是人们每年都要经历这些去祭拜成吉思汗，我反驳道。是的，但是蒙古人是成群结队骑在马背上慢慢地行进。对我来说，将会面临后勤供给方面的困难。这是在渺无人烟的汗肯特国家公园内，附近没有牧人来提供食物和住宿，汽车是否可以到达也没有绝对保证。如果我选择骑马，则要到距大山70公里的孟根毛日特租用马匹，这就意味着仅赶到那里一项就要花上两天时间，这反过来也意味着整个事件必须提前数周做好周密的组织。我将需要一个向导,还要一个人来照料马匹,食品和帐篷则需要第四匹马来携带。因而整个行动将足够大而缓慢到让全社会都知道的程度，由于不儿罕·合勒敦又是国家公园的一部分,我们须获得官方的准许。如果我试图驾驶嘎斯车和我的三个同伴前去,我又会触犯当地的禁忌。我必须要翻越的那片高地和山梁守护着一片在佛教到来很久之前就已经被视为神圣的土地，所以喇嘛和女人都不允许越过它,高瑶则将不得不留在山梁上。最好还是忘掉这整个计划。

然而我却难以做到,我必须要尝试远远地看一看成吉思汗的圣山。我们将直接、简单、快捷地去做,并期望得到最好的结果。

第二天早晨,我们径直向北行进,越过遍地补丁的公路和孟根毛日特深棕色的房屋与畜栏。在道路和栅栏面前,孟根毛日特看上去很像旧时的西部而且名字也蛮般配：它的意思是“在银色马旁边”。经过这里几小时后就会有一种远远超过马背旅行所能提供的幸福:穿过车窗的风使苍蝇无法接近,嘎斯吉普车在空旷的草原上飞驰,一公里以外克鲁伦河在杨树与桦树林间优美地蜿蜒流淌,大山离我们越来越近。

我们不得不在一个蒙古包停下来用茶,这也是进入汗肯特国家公园前的最后一个人类居住地,也就在此时我们收到了前方有麻烦的小小的警告。坐在中央炉灶左侧的客人位置的小凳子上,我在一些照片中注意到了两张图片,这些照片取代了蒙古包内的家族之神的位置。其中之一是斯大林的,带着他那“乔大叔”式的慈祥的外表。俄罗斯人在1990年代早期快速地放弃了蒙古,而且对共产主义的摈弃也是如此的彻底,以至于看到任何旧式崇拜的遗存都是那么令人吃惊。另一个是一位12岁的孩子所做的成吉思汗画像,这个孩子此刻正在学校上学。这两个权威人物之间难道会有什么联系吗?这一疑问在我脑海中刚一露头就被疾驰的马蹄和嘈杂的喊声所打断：

"一只狼！袭击了山羊！"

几秒钟之内，就有人拿出了一支枪，我们都上了吉普车，除我们四人之外还有另外两人。毫无疑问，这也是我们的问题，因为吉普车是我们必须用来回报主人的殷勤款待所能提供的一切。我们抵达了有几十只山羊与绵羊的畜群。除倒在地上的那一只外，它们已四散逃到了一个警戒的距离。当然这里已经没有了狼的踪迹，那咩咩叫的绒毛团是一只小羊，鲜血正从其腹部的撕裂处喷涌而出。有两个人将它翻了过来。伤口很可怕，内脏已流到草地上，一半已被吃掉。显然，它很快就会死去。

"我们将把它留在这里，"一个人解释道，"狼会回来寻找其猎物，或许我们可以在那时射杀它。"

所以，我预计他们多半要用枪来结束这只羊羔的生命。相反，他们中的一个却取出一把袖珍折刀，缓慢但坚定地将刀刃插入羊的胸腔，将一只手塞进去抓住了心脏。这只小羊并未发出哀嚎，似乎并未感到多余的痛苦。而这一在旁观者看来令人如此吃惊的平静与有效的手术在几秒钟之内就结束了。

在波浪般的草原上继续行进10分钟后，一个木质的瞭望塔标志着我们已进入了1200平方公里的荒野。这里山高仅有2500米，光秃秃的山峦就像削发僧侣的头顶一样显露于森林之上，这里道路稀少，旅游者更少，根本就没有居民，是一个鹿、麋鹿、熊和狼的王国，其物种与居住在延伸至北部西伯利亚泰加森林的物种一致。当然这里并非总是这么空旷，因为它是蒙古中心地区的一部分，是三河之源，而三河之源则构成了蒙古民族认同感的一部分。这些难以到达的山谷是成吉思汗年轻时与其家人的避难地，并在此后也一直偶尔用作牧场或狩猎之地。这里的柳树丛与贫瘠的草原一直向上延伸直至冷杉树林与裸露的岩石。此地只是在1992年才最终被宣布为国家公园的，并在此后任其自然变迁。而我们最近的一次遭遇也使我非常想知道，如果我们抛锚在这片荒无人烟的地方，我们的命运将会怎样。

这里山峦密布，迫使公路在一个负载沉重的木桥上越过克鲁伦河，这座桥梁的规模就是这条路线的重要性的标志。它是通往不儿罕·合勒敦的唯一道路，即政府官员偶尔去祭拜圣山的唯一通道。我们非常幸运，上一场雨是在数天之前，经过桥的路几乎是干燥的。这条路通过一些向河边缓缓倾斜的柳树丛，偶尔会被一些燃烧过的松树树干所截断，这些又黑又长的残枝断木是三年前的一场森林大火遗留下来的。巴特尔以他那高亢而标准的男高音引吭高歌，歌唱肯特山脉。仿佛是在回应一位萨满的吟颂，一头牡鹿越过柔韧的柳树丛疾驰而去。只有我们独自处在这纯粹的荒原之中，人类存在的唯一标志就是这条道路，而从路边被压倒的小草来判断，每周都会有汽车经过这里一次或两次。他们究竟为何要来这里呢？是为做一次独自的对成吉思汗的献祭吗？

公路渐渐上升通向了一个低矮的山梁。

“这就是他们称作‘门槛’的地方，”巴特尔说，“但那并不是它的真正名称。”

“它的真正名称是什么呢？”

“我们不能说出它，”高瑶低声说，对许多神圣的地方来说，通常是山脉，都会有一个名字的忌讳。“我们甚至都不用手指它。”

“你可以告诉我，”我粗鲁地说，“我是一个作家。”

高瑶犹豫了一下，然后低声说出了它真实的名字，如果我破了这一规矩无疑会显得粗暴无礼。公路短暂平稳了一会儿，然后就仿佛是在惩罚我们的鲁莽一般在一片混乱的车轮印迹前中断了，那里许多汽车曾被深陷，车轮甚至空转到了车轴的深度。我们就在一个由前面山坡的融雪造成的小泥沼的边缘。

贺希格和巴特尔踩着泥水来回巡视，估量着我们是否可以越过它到达前方20米处再次出现的车轮印迹。在我们的左侧，克鲁伦河在两座陡峭的小山丘间穿过。苍蝇钻进了汽车，气温开始升高了。

“他们说无路可行。”高瑶说。

“但这些车辙印是谁留下的呢？”我因贺希格的并不打算冒险而感到了一丝不快。“他们过去了。”

“这是政府人员，两个月以前，”巴特尔说，“他们每三到四年来一次。并且有许多车辆，许多绳索，绞车，也许还有拖拉机。”实际上，这些车辙印也可能是克拉维茨及其团队在开始施与者之墙的工作之前留下的，他们也曾在初夏来到过这里。

“如果我们被陷住，我们会在这里呆上好几天，”贺希格补充说。“只有鸟才能飞过去。”

他是对的。我可以看到一些翻倒并被抛弃的车辆。我所能希望的最好的结局只是从坡顶来看看我那可望而不可及的目标。

步行登上那个山梁很容易，那里有一个神龛，即一个由彼此斜倚在一起像一座尖顶帐篷一样的松树树干构成的敖包，它的周围散落着一些破旧的蓝色哈达和伏特加酒瓶。我们举行了绕行三周的仪式。这就是那条入山的通道，也是唯一的道路。成吉思汗肯定曾经由这里逃往安全地带，而他的灵柩也应该被从这里带到下面那个开阔的、在正午的阳光下显得十分诱人的山谷。克鲁伦河流经那里，绕着一个碎石覆盖的小山形成一个锐角形的河湾，当地人称这座小山为成吉思汗的鼻子①。而在那里，我非常想探索那些高耸的山峰中的一个，但我却不能准确地说出究竟哪一座是不儿罕·合勒敦。它们就像海市蜃楼一样，那么遥远，那么令人激动。因为我们脚下的土地突然变成了一

① 据舒伯特，他的资料来源显系伯日勒，而我找不到当地人来询问此事。

片令人生畏的车迹斑斑的泥炭沼泽，即使没有显然因为打破了女人不得到此地的禁忌而感到紧张的高瑶；即使我们已经驾车爬上了这个不可能爬上的高坡；但接下来猛然向下200米冲入前面车辙纵横的进入峡谷的泥沼路，也可谓疯狂之举，而接下来还会怎么样呢？那将不会有逃脱的可能。除此而外，一场暴风雨正在逼近，从对面的山上滚滚而来。而当我们逃回到车上时，峡谷、山脉连同我的希望在翻滚的乌云与滂沱的大雨中消失得无影无踪。

回到乌兰巴托后，我对时运不济感到十分懊恼。如此接近目标，然而又如此遥远。我有三天的空闲时间，在挫折的刺激下，一个想法跃上了我的心头，虽然有些疯狂，但也值得一试。我知道汽车可以到达门槛，从那里到不儿罕·合勒敦的距离仅区区18~20公里。因此并不需要骑马。我可以步行，我所需要的一切就是一个旅伴，一顶帐篷和一点食物。一次20公里的远足，在不儿罕·合勒敦上度过一夜，然后又是20公里的回程，试试何妨，两天之内就可以做到，最多三天。我把想法告诉了格拉汉姆·泰勒，他是一个到目前为止已经组织过这样旅行的澳大利亚人。格拉汉姆本人就是一个旅行家，身体强健、经验丰富、野心勃勃，而且直截了当。我对他联系的人的建议一一进行了考量，其中的一个突然产生了一种灵感。

堪培拉澳大利亚国立大学太平洋与亚洲历史系的罗依果在其研究领域内堪称巨匠。作为国际蒙古学会的副会长，他对三河工程与莫瑞·克拉维茨的冒险持批评态度。此外，他还亲自攀登过不儿罕·合勒敦。现在，他对我的探寻立即做出了回应，电邮给我两篇未发表过的有关成吉思汗墓以及五年前他造访此山的论文，从快速浏览来看，只要我能到达起点，攀登本身并不难。

格拉汉姆给我找的向导此前从未上过山，但他是一个颇有竞争精神的前坦克车长。他穿着一件丁丁在西藏的T恤衫，戴着一顶一位澳大利亚游客送给他的挖掘工帽，这赋予了他一种轻松活泼的乐天派气息。仅仅他的名字就已足够激发出一种自信：图门，“万”，是成吉思汗最大的军事单位的名称。在一次标志着蒙古生活的诸多巧合中，我差一点就见过了他。离开军队后，图门在南戈壁的准巴音做了一名石油工人，在一口曾经由俄罗斯人经营的油井工作。这口油井后被一家小型美国公司纳斯科接管，而正是这家公司，促成了我的前一次旅行。我们认识相同的人，只是由于相差几个月时间，我们彼此错过了。在准巴音，他被雇为口译。他以先工作，然后才是语言这样的顺序学习了英语。考虑到他一直到三十多岁才开始学习，他的确有着令人吃惊的天分。这个团队的第三位成员是我们的四轮驱动吉普车的司机额尔德尼·巴特尔（宝贝英雄），此人有鼬鼠般苗条的身材，对他的俄罗斯吉普车就像骑士对马一样堪称专家。他们俩不动声色地听着我那令人疑窦顿生的距离40公里，为期两天的旅行计划。我从一家韩国超市买了一些方便面和萨拉米香肠，并从格拉汉姆的商店买了一顶帐篷，接着就踏上了行程。

我们一到达门槛及其没有出路的沼泽地，额尔德尼就显示出了他的专业才能。他仔细查看了一下泥沼，然后又回到车上，加大油门急速冲向一片柳树丛，以柔韧的柳枝作颤颤巍巍的地面上的垫子，那仿佛不可逾越的障碍突然间变成了小菜一碟。

在顶部，对敖包进行了适当的礼祭之后，我们探索着那段下坡路，一段陡峭的被太阳晒干的车辙凹痕与泥炭的下层土相结合的险恶路段。额尔德尼和图门都认为，这将会像是在凹凸不平的沼泽里穿过坦克陷阱。我和图门继续向前探索，一直向下走到了克鲁伦河，然后转回头去取我们马拉松式的旅行的装备，突然，图门吃惊而沉默地指着前方。在那里，就在门槛的山肩部，那辆吉普车穿过柳树丛，然后冲下斜坡向我们驶来，在山坡上做着“之”字形运动，仿佛那里有一条盘山路。

额尔德尼停在我们身边的一块平地上解释道，几个月前当政府人员打这儿经过时，有几辆车就是走这样的路线，他跟随着他们的车印而来。“这很容易，”他说。“但路却泥泞不堪。有两个地方我回去时恐怕过不去了。”

我简直不能理解他为什么会让我们陷入困境。显然我们不能沿这条陡峭的直接的路线径直回到门槛，现在他也发现了没有更为平缓的，间接的向上路线。我们被困住了。

同样使人心烦意乱的是这两个人的反应：完全漠不关心，发生的事情已经发生了，将来就听天由命吧。此刻除按已开始的计划去做之外，没有任何其他办法，唯一的好处是我和图门没必要步行走接下来的20公里路程了。

此刻我们在哪儿呢？我看了看地图。不儿罕·合勒敦就在前方的某个地方，被一些介于中间的山丘所遮挡。自右至左，从东往西流向的克鲁伦河切断了我们的道路。远处，三条支流沿河谷导向高地。我看着那些印刷得太小以至于无法看清的名字。罗依果的记述曾提到要径直沿“博格达”，即圣河而上，是的，右边的一条似乎就是“博格达”河，我只能够辨认出第一个字母B和另一个字母O。

然而一越过克鲁伦河我就被搞糊涂了。如果说前面有山，那么它们就是在云中。道路上仍然留着官方车队的印迹，而且还有个路标指向平原上的博格达河。然而在地图上，同一条河流却被清楚地标注为“克鲁伦河”，它们都从汗肯特的巨大山脊倾泻而下。但这个山脊却有两座山峰，一座比另一座高90米。地图上标注为博格达的河流一直上溯到这一高点，与路标的指示完全不一样。我们无疑应该按图索骥，沿这条“博格达”前进到两座山峰中较高的那座，可它肯定会是汗肯特吗？

突然，在一阵妄想狂似的发作中，我看到了事实。我们难道不是正在向一个成吉思汗自己下令保守为秘密的地方进发吗？这个地方在过去的800年中不是一直被小心守护以避开窥探的目光吗？关于哪座山是不儿罕·合勒敦就不会有一个永久性的混乱吗？如果有一个大秘密和历史上的混乱，为什么会有那些车辙和路标呢？这一切都太简单了。我们正在被可怕地、蓄意地欺骗着，成了政府假信息阴谋的牺牲品。

“图门，我们走进了错误的山谷。”

“我们应该在哪儿？”他非常信任我，从未要求查证我的读图，可怜的家伙。

“那儿，不是下一个，而是它后面的那个。”

“我们做什么？”

我们该做什么对我来说是再明显不过了。我们必须要穿过几公里的柳树丛和一部分森林，然后最终向左转上山，向较高的那个山峰进发，那应该就是不儿罕·合勒敦。我骄傲地重新发现了长期被掩盖的领导才能，“我们先吃饭，”我说。“然后走到天黑，宿营。沿着博格达河尽可能往远走，如果可能就攀登不儿罕·合勒敦，但无论怎样必须在星期三中午返回，对吧？”

我给额尔德尼留下了严格的指令。他将就在这里等候，除非下雨。如果下雨他就尽快奔向门槛，并且无论如何也要越过它，在另一侧等待我们。如果他就像自己所预料的那样被困住，我们也会很容易地发现他，然后再想别的办法，不管怎样，我们都会在一两天后见到他。

我和图门拿着我们的背包尽可能快地出发了。我们一路“之”字形前进，穿行在齐腰高的灌木丛中，涉过那条我的地图标注为克鲁伦而路标却标注为博格达的河流。我们走得汗流浃背。在灌满水的钉鞋里，我的脚在咕唧、咕唧作响，苍蝇在我们的头顶打着转儿。我试图通过向上走，穿过狭长的杉树林来避开它们，但苍蝇的困扰依然如旧，森林里也满是三年前火灾后留下的倒伏的树干。带着背包和啤酒肚的图门开始落后了，我无论什么时候转回身来，都会看到他在齐腰高的柳树丛中跋涉，头顶上的苍蝇就像夕阳映衬下的光环。这简直就是个地狱。

三小时后，我们到达了我指向的河流。在逐渐浓重的昏暗与不安的氛围中，我们争论着在柳树丛间的什么地方扎营，怎样支撑起一个支架柔软形状奇特的帐篷。然后就该点火了。噢，是的，我说，可烧什么呢，粪，图门回答道。树丛间的确散落着很多干燥的粪便，我想应该是野鹿留下的。可柳树枝条的引火物却是潮湿的，无法点燃。

“我真是个白痴。”当我们划着那一盒火柴时，图门低语道，“我忘记了汽油。”

我没有告诉他我忘记了什么：罗盘。所以如果我们在云中醒来，我们将会遇到大麻烦。到此刻，只剩下了12根火柴。我们开始争相点火，把潮湿的枝条磨碎为更为细小的火绒，直到最后粪的烟雾和黑暗把我们从苍蝇的困扰下解放出来。

我拿出了我们的食物，从乌兰巴托的一家韩国超市买来的泡面。

“这种女人的食品是什么？”图门讥笑道。“这是谁买的？”

“高瑶。”我撒谎说。

“她为什么不问我？我是一个蒙古人！我需要肉？”

最后，共同的困境和女人的食物使我们和解了，我们陷入了沉睡。

第二天早晨六点半我就醒了，并爬出了帐篷。一条薄薄的云雾带沿着下面的山谷飘动，苍蝇此时还没有起床，上方的冷杉树沐浴着温暖的阳光。如果峡谷上面有一座山的话，由于森林我也是看不到它的。我拿出地图并且将它和罗依果的记载进行了反复的比对。他曾经去过汗肯特，这就意味着要沿着他的地图上所标注的那条博格达河逆流而上。但汗肯特却偏向左侧，要沿着我的地图上标注的克鲁伦河逆流而上通向它。现在我就在博格达河上，所以前面的山峰应该是正确的。

但它不可能是。这是一片踪迹全无的荒野，没有任何汽车或马留下的痕迹，我把地图举了起来对着上升的太阳，并想起来在我的背包深处有一面放大镜。噢，老天，下面的这条河流根本就没有标注为博格达，那些小的蓝色字迹并不是B-o…，而是B-a…Baga什么的……对，“小后背”。

我必须说，当我把这个我们进错了山谷，必须掉头回到汽车那里的消息透露给图门时，他平静地接受了。我们吃完潮湿的面包，装好露水打湿的帐篷并动身下山。我觉得很快就知道我们会回到汽车那里，然后去通往正确的山峰的峡谷，也应该是一种宽慰。

当我们正沿着柳树丛逐渐变为粗劣的杂草的低地行走时，我被一堆很怪的石头绊了一下。这些石块都约有拳头大小，构成了大约有一米半宽的不规则的石堆。也许是有人被埋在了这里。但它似乎是一个不恰当的建坟地点，它远离高山，处在泥沼平原的中央，而且没有任何人有任何理由来到这里，这一点现在也十分的明显；此外它的形状也很奇特，甚至会使人想像到数世纪来天气的作用。一座坟墓难道就不会为杂草所覆盖吗？而这个石堆没有任何杂草却令人生疑，在我看来它们更可能是被某种自然的过程冲刷到这里的。我拍了一张照片，然后将疑虑抛到脑后，这一疑虑一直呆在那儿直到后来我有理由将其取回。

离开树林后，我们沿着主要的河流行走，它显然是克鲁伦河，不管我的地图上说什么，在西行的路上，我们的后背已被太阳晒干。任何一刻我们都有可能看到我们前一夜经过的有树林的山坡上停放着的汽车。

现在我们正在离开朦胧的山麓，从山谷往上看，我突然看到了面前绝不会弄错的、未被云雾遮住的目标：不儿罕·合勒敦。肯特山之汗是一个灰色的岩石的山肩，从其周围的山林中凸起，像一块隆起的肌肉。这是一种难以置信的霉运，云彩或是山丘或是森林一直将它掩盖到现在，而最好的运气就是它现在显露了出来。在靠近山峰的地方，有一个白色的亮点在闪耀，它使得15公里之外的我很想知道是否有人在那里建了一个蒙古包或者某种形式的敖包。

在正常的情况下，我们应该正在回去的路上，但情况并不正常。肯特山正在酝酿着一些极为恶劣的东西。虽然我们现在还和不儿罕·合勒敦一样沐浴在明媚的阳光下，西边的天空却正在被阴暗的、暗紫色的云墙所吞噬。这团乌云迅速蔓延过山头，带着犹如一辆正在等红灯的哈里·戴维森重型卡车一样低沉的隆隆声向我们扑来。难怪我们没有看到汽车。额尔德尼肯定已经看到并听到了，而且还逃过了门槛。我们最好也这样做。

当我们距门槛还有10分钟路程时，轰隆隆的摩托车声转变成了西部前线的爆炸声，天堂仿佛被撕开了一样，我眼前的世界立即变成了白茫茫的一片。我将雨披罩在了背包、照相机、录音机及日记本上，并回头看了看图门。除了那顶澳大利亚的帽子外，在他的“丁丁”在西藏的T恤衫和运动服上没有任何防护，而澳大利亚帽此刻则像没有沟槽的屋檐一样淌着水。

山上并没有额尔德尼或汽车的迹象，他肯定已设法翻过去到了另一边。我们可以出去了，这是一个好消息；而坏消息则是它标志着我的野心的一种令人失望的结局，假设道路可以通行的话，前路还会有泥泞的出口。

我们爬上了门槛，而在我们身后，暴风雨轰隆隆地漫过山谷，我们在另一侧下了坡，并一直走到沼泽处，但仍旧看不到汽车，我又一次查问了图门是怎样向额尔德尼交待的。

“告诉你一千遍了！”他大喊道。“他或者呆在离开我们的地方，或者在这里！”

也许我们已经错过了他。我们步履沉重地转身、爬坡、翻越、下坡，一路走到我们分别的地方，还是不见汽车。我们寻找车辙印，但所有的一切都被冲得狼藉一片或是一潭泥水。

当我们第N次重新翻越门槛时，一些可怕的情景在我们的眼前晃来晃去。汽车出了故障，额尔德尼将它开走找人修理了。一只熊拖走了他，（但是车在哪儿呢？）他只是抛弃了我们，（但是为什么？）不管怎么说，就剩下了我们自己。我们将不得不沿着这条30公里的小径走出去，然后到第一个蒙古包，假设那个遇到了狼的家庭还在那儿。而且我们几乎也没有食物了。

夜晚即将到来，另一次暴风雨也即将到来。我们就在沼泽旁道路的中央搭起了帐篷，并及时逃过了第一阵暴雨。几秒钟之内，雨滴就将帐篷变成了一面小军鼓。伴随着帐篷轻薄的织物在雨滴打击下的颤抖，谈话变得根本无法进行。我沉入了困惑与沮丧的泥潭，尽力将我们的困境理出个头绪。在这样的天气下我们步行绝不会走出很远，额尔德尼的某种轻率的驾驶已经打开了道路，只是由于我的一个愚蠢的错误才错过了它。而且，如果没有那个错误，在这样的天气下，而且还没有罗盘，我们可能已经在攀登不儿罕·合勒敦的路上。不走运和错误的判断无论如何都好像是或者毁了我们，或者救了我们，也许两者都有，我理不出任何头绪。

“你很有耐心，这很好。”图门在雨滴的连续不断的敲击声中大声喊道。

“没有其他的选择。”我也大叫着答道。

“换个人也许已经在骂我并且揍我了。”

“别傻了”，我很难想像有人会不喜欢他那种坚定的乐观主义。况且，这一切又都是我的错。

“我没有犯傻。他们殴打过我。”他沉思地摇摇头。

“谁打了你？”

“那些……那些意大利人！你知道他们说的第一句话是什么吗？但是我们付钱了！我—们—付—钱—啦。”他对着雨用驴叫似的声音喊出了那句话，仿佛他那些认为付钱就能保证在这个不确定的世界里得到任何东西的意大利人就是些驴子。

我从未试图去问清楚发生了什么事。我在想我们还剩些什么东西可以吃，两块萨拉米香肠，一罐酸奶和半块巧克力，都是些女人食物，没有肉来支撑我们明天可能会遇到的无论下雨与否的30公里路程。

所以，我真该依赖他人经历的书面记录，重要的是舒伯特以及36年后步其后尘的罗依果的记载。当雨从渐渐变黑的天空中淅淅沥沥地落下时，我又一次更加仔细地阅读了罗依果的记载。

罗依果的探险并不是轻而易举的。他的团队由16人组成，其成员都经历了为期两周的对几个历史遗迹的考察，这个团队中还有一名女性。由于妇女被禁止攀登不儿罕·合勒敦，因而必须要有一个由萨满来提供的特别准许。为此目的，他们雇用了一位萨满。他们乘三辆车出发，并有数匹从孟根毛日特租借的用于最后攀登的马匹尾随而至。以这样良好的装备，他们是可以越过门槛的，尽管如此，他后来仍写信说，这是一次“可怕的旅行，我们有好几次身陷泥沼，并且花费了数小时才得以摆脱困境”。

当他们在一个较低处的敖包附近扎营时，他们准备了一次宴会，而萨满也在履行着他的职责，“那些诸如跳舞、吟唱、敲鼓、鬼魂附体之类的事。”宴会结束时，“那位萨满告诉我们，成吉思汗的神灵已经准许了我们所有的人登山，向他表示崇拜。”到达第一个高台花费了20分钟时间，在那里罗依果与舒伯特一样，也发现了一些砖瓦的碎片，还有两个大的金属器具，这都是甘麻剌庙倒塌后的残余物。

接着他们又继续前进，穿过灌木丛来到下一个平台，而罗依果对这里的描述看上去则要比舒伯特的更有趣，因为对他来说，这里真的看上去像一个巨大的坟场。“我们发现自己是在一片有数百米宽的光秃秃的平地上，地面上有明显的古代挖掘所形成的凹坑，所有这一切，透过稀疏覆盖着的矮草都可看得到。”在另一次陡峭的上升之后，他们发现了一些锥形的敖包石堆，“虽然没有墓葬的痕迹，但如果向下看低处的山肩，地面上人工雕凿的痕迹仍然清晰可见。”罗依果令人好奇的结论是“似乎，而且的确也非常可能，蒙古的皇帝们被埋葬在这里，山的南边和东南边……”

有一个事实几乎是我难以承受的，这就是我错过了相对简单的两小时的攀登到达可能包括有成吉思汗墓的坟场。我关掉手电筒，在黑暗中痛苦地躺着，天仍在下雨，更糟糕的是，我既没有泡沫垫子又没有枕头。被潮湿与失望折腾得精疲力竭的我逃入了长长的梦乡。

在忘却一切烦恼10小时后我醒来了。暴风雨已经过去，这是一个美丽的清晨，天空湛蓝，周围的柳丛都被一层淡淡的薄雾所笼罩，低处的山坡以及我们不久将不得不行走的小路也披上了一层淡淡的面纱。

当我听到薄雾深处的一阵响声时，我爬出帐篷刚刚几分钟。起初，我的大脑似乎没有认可我的耳朵听到的声音。我盯着白茫茫的迷雾，仿佛是来自一个神灵世界的幽灵一样，透过薄雾出现了那辆吉普车以及坐在方向盘后面无表情的额尔德尼。

图门在帐篷内低声打了招呼并开始从睡袋里往外爬，而额尔德尼则讲述了一个戏剧性的、充满巧合的故事。我们下车后，他预见到了那场暴风雨，并开始沿来路返回，希望能够轻松地越过那条“之”字形的路线。然而就像他所猜到的那样，他并未能够做到。他将自己拐进了一条沟，然后除非等我们将他挖出外别无任何选择。所以他就去睡觉了。第二天早晨，大概就在我意识到我读错地图时，他被七个人惊醒了。他们是猎人，到森林公园去偷猎麋鹿(所以保持通路开放的不仅仅是崇拜者，也有偷猎者)。他们在步行，因为他们的车在前一天的雨中陷在了七八公里以外的泥沼中，对他们来说，额尔德尼在沼泽中的出现是一个小小的奇迹，而他们的到来对他来说也是一样。他们把他拉了出来，搭车回到他们的车那里，并带他到他们的营地。额尔德尼在那里过了第二夜，作为一种感谢方式，他得到了一只装在自己的皮囊里，用线绳扎紧，并以合适的方式用汽油喷灯烤熟的旱獭。所以他按日程安排赶了回来，而且还带着肉，我们得救了。迷雾正在消散，露出了真正的蓝天。这将是一个很好的没有泥泞的返回乌兰巴托的日子。

我们正快乐地撕啃着那只旱獭，吸吮着它的美味汁液，咀嚼着硬邦邦的肉时，一直在与额尔德尼断断续续交谈着的图门说出了一句我在这次充满惊奇的旅行中所听到的最令人吃惊的话：

“那么，我们现在去不儿罕·合勒敦，你看怎样？”

“什么？”

“你没听到吗？那些猎人告诉他这并没有什么了不起。我们只要回到我们停车的那条路的尽头，然后就可以开始攀登了。”

这使我陷入了彻底的疯狂。我并不怀疑我们会到那儿，但怎样离开却是个问题。一个出口对吉普车来说太陡，而另一侧则是无法通行的沼泽，他们俩都知道没有帮助我们不可能再次出去。图门看出了我脸上交替出现的兴高采烈、难以置信以及顾虑重重的表情。

他耸耸肩说："我们一旦到达这里，事情就该做好。"

而需要帮助的时候，帮助就会到来。显然，他们是以一种最模糊、可能性最小的宗教的方式，希望长生天能够提供帮助。我是谁呢？如果用一个给成吉思汗本人的祈祷来反对他们，我又站在谁的立场呢？

"好的，我们走。"

我必须要转过头一小会儿来掩盖我的反应，我发现他们的态度太令人感动了，以至于无法用语言来表达。我看不出他们为什么想要做这样一种疯狂而又慷慨的事情。显然无论我们曾共同分享了什么，都唤起了一种责任感，它远远超越了金钱可以买到的任何东西。

我们又重新打包，重新装车，重新爬上了门槛，额尔德尼并未停车，而是直接驶下陡峭的，车迹纵横的斜坡。而这个颠簸夹杂着兴奋与恐惧的慌乱之旅，仅在半分钟之内就告结束。我们的身家性命完全托付给了漫不经心的额尔德尼，在我看来，简直就是受困于他。额尔德尼又回到了他两天前曾走过的路，他是按公里收费的，根本不去想未来的路可能会更难走。天知道在公开的市场中我最后会付多少钱，但无论如何也要比回程少。

40分钟后，随着阳光照耀下的不儿罕·合勒敦山峰的接近，山谷也渐渐变窄，小路逐渐上升穿过树林，我们在一块写着"保护我们的大自然"的标志牌前到达了它的终点。冷杉树下立着舒伯特和罗依果提到的巨大的树干敖包，周围乱放着一些蓝色的哈达和旗帜。门槛上就有一个大敖包，现在又是这个，以后还会有更多：我们正行进在一条以神龛为标志的朝圣之路上，某种蒙古式的"苦路十四处"（指天主教顺序排列于教堂中或道旁供人膜拜的14个十字架，各配有介绍耶稣受难经历的图画或塑像——译者）。我们围着它慢慢环绕了三周，然后一边挥手赶着苍蝇，一边走向那条穿越树林的通往山顶的小路。

经过20分钟穿过凉爽并且气味清新的冷杉林的攀登，我们来到一片有长满苔藓的小丘的平坦地面，它看上去令人生疑地平整，像是人工使然。这显然就是甘麻剌庙曾经矗立的地点。而就某种意义而言，它仍是一个庙宇，因为就在高耸的冷杉树中央，还有另一个冷杉树干的敖包，在它的前面立着两个巨大的用来盛献祭品的铁锅和一个圣坛，它也是用树干做成，上面摆满空瓶子和香炉。在敖包帐篷似的树干上，悬挂着一些藏式祈祷旗。我在这些小丘间四处徘徊，很想知道它们可能会掩盖着些什么。这座庙究竟发生了什么事？它的墙是石头的还是木头的？它是自然倒塌的还是被推倒的？自罗依果见过它以后，所有那些瓦砾都到哪里去了？是被偷走，抢走用于其他建筑，还是被埋掉了呢？

就在这块平地的边缘，即在台阶已被踏为软泥的地方，还有一些碎瓦片。我带着内心的一阵狂喜捡起了两片。我现在仍然保留着这两片灰棕色的陶瓦片：它们并没有什么特别之处，制造粗糙，只有一面是光滑的，但并未上釉。当我写本书的时候，它们仍然散发着淡淡的潮湿的泥炭味。它们可以构成两种规格的半圆筒，其中一个的直径与正餐盘的直径相当(21.5厘米)，另一个直径只相当于9厘米的小吃碟。从其内层表面的花纹来看，它们应该是在某种粗布袋上成形或干燥的。大英博物馆的中国陶瓷专家杰西卡·哈里森·毫尔告诉我，它们是典型的中国屋顶瓦，很可能来自1300年代，也极有可能是用就近取来的黏土在现场制造的。

当我们再次出发向上前进时，坡度变得更加地陡峭了，我们穿越的冷杉树也由于海拔高度的升高而生长得很矮小。我想像着木墙、有小瓦片屋顶的门廊通向一个简单的有一个圣坛、一个香炉、一幅甘麻剌的曾祖父画像的小屋,他的神灵已回到了这座他曾视为圣山的山脉。但这只是个梦幻,我手中应该拥有的是支持这一理论的实实在在的证据,不,应该是事实。这一理论就是,这里是不儿罕·合勒敦,坟墓肯定在这里的某个地方,而甘麻剌无疑是不会搞错地方的。

但是如果成吉思汗被埋在了附近,在哪儿呢?在这块高地上吗?当然不会。如果甘麻剌真的希望尊重成吉思汗的遗愿,他肯定也要保守陵墓的秘密。在这种情况下,甘麻剌会通过派人挖平这块地方,砍伐树木、运来黏土、建立砖窑、烧制瓦片、举行定期的仪式将人们的注意力吸引到这里来吗?不会的。罗依果所说的有着填满石头的洞穴的第二个平台,可能会更有意义。

道路又一次经由从根部起就弯曲向上的冷杉树林而陡然上升。这并不是一次艰难的攀登,对一座神圣的山峰来说也理应如此。然而我没有意识到这一点该是多么的愚蠢,我有关官方假信息的阴谋理论是荒谬可笑的。一座圣山的所有寓意就是它应该是可以接近的,当然也不会太容易,因为那将导致过度利用,同时也不会是高不可攀的。对于任何一个带着马匹和一至两顶帐篷沿着标志准备进行长途攀登的人来说,不儿罕·合勒敦并不比去圣地亚哥·德·孔波斯特拉(西班牙北部城市,中世纪为朝圣地,多基督教教堂、圣殿、古墓等——译者)朝圣路上的比利牛斯山脉的一个台阶更艰难,尽管没有香客客栈的款待。

“这地方看上去很难生存。”我边向上爬边对图门说。大步走在满是松树、落叶松以及地面盘根错节的山坡上的额尔德尼已从我们的视线中消失。“成吉思汗靠什么生存呢?”

“松籽,”图门气喘吁吁地赶上来说,“到秋天它们很好吃,而且这里还有浆果、以及鹿、麋鹿和羚羊。山下还有旱獭和松鼠。”

“那么狼怎么办呢？”

“我想没什么问题，狼更喜欢家畜，在这样荒凉的地方并不多见。”

担心看样子是多余的。在默默无语又攀爬半小时后，我们来到了第二个平台，这里凉爽的风从低矮的常绿树木间吹过。不儿罕·合勒敦那光秃秃的顶峰以及那片神秘耀眼的白色赫然出现在我们面前，此刻我才看清那原来是一片积雪。四周的一切都是罗依果所提到的地貌，数十甚至上百个不规则的石堆，其中的一些规模恰如坟墓。还有一些小的敖包和原始敖包，即香客们经过时将松动的石头丢在一起的地方。我的思想始终都被罗依果的描述锁定在了坟墓上：古代的挖掘……挖好的洞穴然后又重新填埋……人工的痕迹清晰可见……蒙古的皇帝们安葬在了这里。这种想法一旦被植入脑海，你仿佛就该看到这些坟墓是怎样被建造的：抬着棺木的送葬行列爬上陡峭的小径来到这大教堂似的山峰，然后挖一些浅坑，进行宣誓仪式，小心翼翼地将拳头大小的石块堆积成矮矮的石堆，然后是将死者交托给长生天的仪式，满怀悲痛与崇敬地离去，接下来几个世纪的风霜雨雪逐渐把这些石堆抹平成了现在的样子。

只是我并不相信我自己的想像，因为我现在看到了这些石堆，我无法相信它们就是坟墓。

疑虑已被我前一天见到的“坟墓”深深植入我的心目中，即前一天在多沼泽的、无路的低地所看到的那个石堆。对我来说，当时似乎就有这种地貌很可能是自然形成的想法。而在看过这两种样式后，我感到我的疑虑更加坚定了。这两个地方的石堆是一样的，大略显圆形，但多数都有弯弯曲曲的边缘，就像不规则的泥塘，而且没有标准的尺码，直径从一米到3~4米不等。如果山下的这些地物不是坟墓，那么山上的那些也不应该是。

我几乎可以肯定对于这些“坟墓”有一种完全不同的解释，而后来的研究也证实了这一点[①]。这里是一个冻土带地区，在这一区域内，只有地表的几英尺土壤在夏季融化。而这种永久冻土带也有其自身的生命规律，由于冬季封冻的土壤会像冰一样膨胀，而在夏季又会收缩，其结果就会因岩石和土壤的种类以及坡度、表土的含水量而有所不同。自然力与原材料以一种神秘而又复杂的方式相结合，产生出了一些对生活在温带地区的人来说非常陌生，而对爱斯基摩人、拉普人以及从事低温带地质研究的低温带地质学家来说非常熟悉的地物。冰川边缘的环境创造出了一些奇特的多边形、圆形、环形以及锥形的砾石、石块及岩石地貌，它们看上去极像人工所为，仿佛大自然也大规模地卷入了禅宗园艺(的确，北极最初的一些科学家也曾认为它们是人工的)。低温带地质学界也以其特有的专业术语而给人以深刻的印象。比如：冰冻隆胀与泥沙流作用，冰块丘与穹状泥炭丘，热喀斯特地形与水岩盖等，它们都涉及到作用于许多种岩石的冰冻与融化的年度周期。

我认为不儿罕·合勒敦上的“坟墓”是“地石圈”。为理解它们是如何形成的，想像一下一块被秋天潮湿的土壤所覆盖的石头。最初的霜冻到来时，由于岩石的导热要比周围的土壤快，岩石下的土壤就比周围的土壤封冻快，而封冻的土壤的膨胀就会将岩石向上推挤。园丁们常常可在春天看到这种力量的结果，那时花圃里会神秘地出现一些星星点点的石头。这一相同的过程也在对蒙古全境草原上的电线杆产生着影响：除非它们被深深埋入永久冻土层，否则它们就会上升、倾斜、然后倒下。不同大小的石块会以不同的速度运动，而同一类石块中温度与膨胀

① 我在这几节的资料来源主要是皮特·威廉姆斯与迈克尔·史密斯：《冰封的大地：冻土带地质学基础》。

的轻微的不同也会将边缘的石头向里以及向上推，最后石块自我分类就会形成规模大小类似的石堆。在它们升到地面后，风雨又会将碎屑和沙粒冲走。结果就形成了一种形状类似向上并向外喷涌的石头喷泉，只是其速度极其缓慢，或许可以说是从一种形式进化到了另一种形式。之所以说是“或许”，是因为从未有人观察过这些耗时数十年的过程。

这种分类也在更大范围内发生着，就在这石圈场地的旁边是另一片清一色的场地，大约有数百米开阔的红色岩石堆。石块从拳头大小到巨石不等。在它们上面行走是很可怕的，当我在它们的上面择路而行时，我的脚随时都有被所有那些边缘和棱角划伤的危险。甚至那些坚硬的大石块也在移动，彼此推挤倒向这边或那边，留下一些小小的长着杂草的圆圈，这种微型的生态系统与图门和额尔德尼躺着的石圈形成了对照，而他们俩对天气的关心似乎远远超过了四周的神圣性。

在这片场地的边缘有一个由同样的尖锐的岩石构成的敖包，它被建在朝圣者可以看到山谷中蜿蜒的博格达河那令人叹为观止的景色的地方。这条穿行于树林间的小河，在阳光的照耀下波光粼粼，流向下面开阔的平原地带和20公里以外的门槛，我们也就是沿着这条小河到达这里的。我的右侧下方数百米处有一个形成于森林与碎石间的湖泊。这里并不适于家居生活，但对于一个了解这些山脉而且始终警惕着山谷中的敌人的孤独的个人来说，这里却可以长期躲藏，并能找到水、食物，而且距草原也仍然只大约有一小时的路程。

这里是一个汗王被埋在某个神秘坟墓的地方吗？它应该是，但我却看不到它。而几则为数不多的记载都谈到了奔驰的骏马所踏平的草原，以及生长茂密的树林所形成的安全而又神秘的地方。但这个平台却很难让大批的马匹到来，树木亦颇为稀疏，且处于通往顶峰的必经之路。这个地方颇为公开，和在这

1000平方公里范围之内所能到达的任何地方完全一样。

此刻,这座自然大教堂高高的圣坛突然消失在了其边缘正在不祥地向下翻滚的厚厚的云雾中。

“约翰,我们得走了! 起雾了!”

我犹豫了一下,然后跟着走了。我应该理所当然地看看鄂嫩河源头与敖包场地。

我们从那个不是坟场的平台上越过石圈逃走了,然后又经过甘麻剌庙曾经屹立的平地到了吉普车那里。我是带着一种坚定的信念离开的,这就是成吉思汗的神灵通过定期的仪式、献祭以及敖包的创建而成了一种永恒的存在。但是至于他的遗骨,我的感觉是,寻墓者应该到其他地方去寻找,到那些更为平坦、森林更加茂密的山坡。他们应该去寻找,但却不该指望他们可以找得到。

当然,我也不能百分之百地确信,部分是由于那种有人准确地知道坟墓在不儿罕山的具体地点的谣传,部分是由于罗依果完全不同意我的看法。

让我来引述一下他简洁的描述:

> 它们(石圈)并非地质变化而形成的,而是由人工所为。正如你所希望的那样,在挖掘点旁边还有许多碎屑。如果有足够的时间来踏勘这一地区的话,你是不会错过对细节的讲述的。一些坟墓当然有可能是空的,因而也只有三河考察队与克拉维茨先生所使用的探测仪器才能揭示其真正的内容。在此期间,人们也只能不断地猜测。在其兴高采烈的外表之下,蒙古人是一个坚守秘密的民族,在乔巴山和泽登巴雅尔执政时期,成吉思汗是禁忌,然而仍有少部分学者设法绕过了这一制度而传递着信息。这一切必须有保留地对

待，但当你将这些信息和从其他渠道得到的资料放在一起加以对照时，就会出现某些模式：安葬成吉思汗和后来的皇帝们的准确地点依然不为我们所知。而且我也确信即使是蒙古的饱学之士，也不能够把他们的手指指向它们。但就个人而言，我确信这个皇家陵园的通常地点应该是在底部的甘麻剌庙与敖包覆盖的顶部之间的山肩。

是的，他非常的确信，但我却仍然迷惑不解，除非有一种将坟墓与石圈等同起来的方式。也许会有的，但是如果在这数百个天然的石圈中有一个是非自然的，那又会怎样呢？若要掩藏一位皇帝的陵墓，就将其置于通往圣山之路的能看得见的地方，但却根本不可能从如此多的看上去相像的假坟墓中将其辨认出来，有什么会比这更好的方法吗？我可以想像这样一个合理的情景：一个单独的、简单的墓穴深入冻土，上面覆盖着与周围的石堆形状基本相似的石头，抬棺者与悼念者骑着马在附近来回奔走，直到那些在场的人都几乎无法将人工所为和自然天工区分开来为止。

当然，这是一个只有用恰当的考古研究才能揭示的秘密。而探索这数百个石圈中的每一个将会是一项庞大的工程，它需要一个接一个地排除，直到最后真正的坟墓也许会被发现，它的经过风雨侵蚀的石头至少掩埋着一具棺木，而除此之外，谁还会知道有什么其他东西呢？

如果有人知道哪一个是真正的坟墓，一切都会变得更加简单。然而我们在这里却遇到了另一个更深奥的秘密：即围绕着坟墓的秘密的性质。许多人都说某地有某人知道它的准确位置。正如罗依果所说："他们已经进行了调查，并且发现了山上那些坟墓的准确位置。"蒙古最杰出的学者仁钦教授告诉罗依果“这一地区在1970年代以前就已毫无疑问地被确定了”。同样的说法还可以从许多学者那里听到，巴达玛达希告诉我：“坟墓就在不儿罕·合勒敦山脚。这是一个国家机密。”但这种国家机密的性质是什么呢？“他们”又是谁呢？没有任何一个人说出任何一个名字，也没有任何立法，没有什么是公开的，所有的一切都是道听途说。也许它之所以成为国家机密只是因为这座坟墓是神圣的，这不但赋予坟墓以某种特别的保护，不但要保护有关坟墓的信息，而且还要保守有关这些信息是否真的存在的秘密。我们好像是在一座布满镜子的大厅中，就秘密而讨论秘密。

我曾去看望过一位蒙古最受尊重的历史学家，达赖。六年前曾伴我进入戈壁的另一位老友，畜牧专家额尔德尼·巴特尔，在乌兰巴托的一座战后兴建的昏暗的公寓楼里找到了他。我们见面时，达赖七十多岁，但看上去要更苍老一些，但却像一个永不衰老的智慧的化身。写在他布满沧桑的脸上和用他那强有力的男低音说出的他毕生的事业——历史——显然就在那一层接一层的书架上摆放着的旧蒙古文、西里尔蒙古文、汉文、俄文、日文、朝鲜文，甚至英文的书籍中。其中就有欧文·拉铁摩尔的《蒙古旅行记》，也是我论及成吉思汗陵墓时所使用的原始资料之一。我要求看一下它，而书中的题词却让我大吃一惊：“送达赖：十年友谊的象征——欧文。”

“你也认识他吗？”他问道，然后又指着布满灰尘的角落不经意地补充道：“我这里有拉铁摩尔的照相机，他把它留在了这里以便回来取走。还有他的放映机和一套西服。”拉铁摩尔死于1989年，享年89岁，而且自1970年以后再也没有到过蒙古。这架照相机、放映机和那套西服已在此放置了整整三十多年，等待着至今尚未到来的主人。

当我问到坟墓时，达赖说：“许多人现在都在寻找成吉思汗的陵墓，但我从未尝试去发现它，我的内心不允许我这样做。我牢记着成吉思汗的遗命:不要触动我的墓地!从那以后,没有人触动过它。它是一个神圣的地方,也不该被触动。"

从某种意义而言,达赖说,陵墓并不重要,重要的是成吉思汗本人就像父亲一样真实。"让我把成吉思汗当做人来描绘,"他说:"他胸怀广阔,非常聪明,并不仅仅是一位军事英雄。我们蒙古人并不高兴仅仅把他看做是一位军事领袖。他是一位与长生天有联系的人。我们的成吉思汗长眠于神圣的土地上,而且也不会喜欢你们只用军事的术语来描述他。"

这个坟墓存在吗?有关他的坟墓的神秘的知识存在吗?对于这两个问题没有任何答案。因为尽管有许多人宣称它们都是真实的存在,但似乎没有一个人知道谁拥有这方面的知识。也许只有那些知道它的人才清楚他们了解它,相关知识只在那些发誓决不辜负信任的秘密社团成员中分享,而这些人(就像达赖和巴达玛达希)会用神圣的不可触及性这样的掩护来永远保卫他们国家的创造者的。

我也将通过坚守怀疑主义来为这一神秘的事业服务,我想这双重的秘密是满怀希望的想法和敬畏的产物,它就像是那缕据说附有成吉思汗最后一口气的驼毛一样。实实在在的证据——尸体、坟墓、知识——都已漂散到了稀薄的空气中,并且会在那里永远漂流下去,除非政治和考古学会给它以实证方面结合起来。

我们离开那山一小时后,门槛就像一道栅栏一样出现在我们面前。额尔德尼十分确切地知道,他不可能走很长的路绕过沼泽。他除了试一下那陡峭的、直接的、同样不可能的路线,即从河里直接冲向顶上的敖包外别无选择。他仔细地察看着,计划着在这车辙沟印、簇生杂草以及柔软的地面上的即将进行的冲锋。我在他显然是疯狂的决定中看出了他的意图。我们以前的那些人的车还在四下里留下了一些未经碾压的地面，而就在边缘，在一排柳树丛的后面，是一块较为坚实的立足之处，可能曾被用作步行通道，而且没有车辙印。

当我和图门在山坡上观看的时候，额尔德尼倒车转向侧面的一个河道然后加速经过一片艰难但还算平整的地面，努力冲向斜坡的底部，然而却被陷住了，四个轮子都仿佛在挖掘着它们自己的坟墓。他爬出驾驶室，查看地面，估量着问题的严重程度。现在选择这条陡峭的道路的优点变得十分明显了。他根本就没有被陷住，因为他可以利用重力从齐车轴深的陷阱里将车倒出去。他向后退去，就像一个跳远运动员度量其助跑一样，然后加快发动机的转速再次冲向山坡，同样又再一次被陷住，只是这一次位置要稍高一些。他再次向四周查看了一下地形，将车倒到侧面河道的边上。我现在明白了他所采取的策略，即速度与方向的结合，这样他就可以从一个坚硬的地点跳跃到下一个，从被太阳晒干的丛生草到那片柳树丛，然后再到这片没有车经过的狭长草地，利用每一个新的基地来保持速度。但是每个地点又都有其自己的沟沟坎坎，而介于其间的每一米都是车辙印纵横的泥沼。这就像试图用跳飞的子弹来射击目标一样。他已试了两次，也失败了两次。然后又是七次的退后，点火，跳向这边或那边，几乎将自己弄翻，陷入泥沼中的轮子发出尖叫声，然后又是倒车。唯一给我希望的事情是，尽管经过了这一切，他依然保持着泰然自若，而且他的几次尝试也在坡上多爬了一到两米。

第十次尝试纯粹是一个奇迹，吉普车先后经过坚硬的丛生草、坚实的草地、柳树丛和道路，从我们身旁疾驰而过，就像一头弓背跳跃的野兽一样越过山冠消失了。从底部到顶部仅用了半分钟。这是一种计划、自信、技术和不折不扣的勇气的完美展示。

我们跑上山顶去与他会合。我上一次感到如此的狂喜是观看首次登陆月球。也许我的反应有那么一点点极端，但过去的三天却一直是狂喜与失望急速变化的三天。吉普车在那最后一次疯狂的冲锋中断了一根弹簧，但似乎并无大碍，我就像一个狂热的追星族一样，结结巴巴地道出了我的崇拜："你以前曾、曾这样干过吗？"

"许多次了，我开车已有23年了。"

我的伙伴们为什么会将他们自己置身于这种可怕的境遇中呢？有这样一个理论：当人类基因的研究者最后触及蒙古人的基因时，他们将会发现某种独一无二的东西：一种忠诚的基因，这是一种使游牧民在4000年前占据草原的突变的结果。这就是成吉思汗生前和死后所开发出的基因学遗产，这份遗产保证了他会被安全地带回到一个秘密的墓地，也保证了我可以得到合适的伙伴去寻找它，同时也保证了他的子孙后代即使真的知道，也会将其墓地的秘密安全地保守到永远。

# 第十八章

# 长生天的预言

时至今日，成吉思汗仍在发挥着影响，在蒙古尤其如此，这常常是颇为令人惊讶的。绕乌兰巴托体育场的国庆日游行队伍就是由成吉思汗的扮演者引导的，实际上是歌剧演员恩和巴雅尔，他在一部有关成吉思汗的史诗般的电影中扮演过这一角色。游行队伍中的牧人们手持成吉思汗的牦牛尾苏鲁定，黑色的代表战争，白色的则代表和平。一辆十米见方的巨型大车，载着皇帝的行帐在一群牛的牵引下缓缓行进在跑道上。大看台上的军人们展示着拼写成巨大的“成吉思汗”一词的拼图板，一架直升飞机则悬挂着一面写有“成吉思汗”字样的旗帜从空中飞过。这个名字和面孔也随处可见，比如在最豪华的饭店、大学研究所，也有(一种德国产的)啤酒、伏特加，甚至还有成百上千的婴儿。总有一天，蒙古会由另一位成吉思汗来领导。1962年有关他的800周年诞辰曾产生过一片混乱，而现在纪念日却接踵而至。2002年正式庆祝了他的840周年诞辰，这个国家是否能够耐得住等到850周年纪念日将会是一件令人好奇的事情。也许成吉思汗将会得到一个生日，并由此而产生一个每年的节日。

这一切大多都只不过是“遗产”，就起源而言，并不比皇家仪仗队卫士与伦敦塔之间有更为真实的联系。但成吉思汗还是象征着他的国家及其人民的几个活生生的侧面：作为独立的政治实体的国家；游牧的生活方式；吃苦耐劳的个性精神；对自然景色的情感等，这是在蒙古。在中国，成吉思汗也是一种象征，但却有着不同的价值，他象征着中国的统一及帝国的辉煌。

在蒙古，作为象征的成吉思汗目前是充满活力的。他会永远这样吗？他应该这样吗？关于这个问题，乌云完全有资格来做出回答。她的兄弟佐利克曾是蒙古的一名重要的民主人士。从1989年起，他就是前民主运动的最初推动者，其时，他是一位年轻的政治学讲师。部分地由于他的工作的结果，整个政治局于1990年4月下台，为两个月后的和平选举铺平了道路。1998年，佐利克35岁时被刺客刺死，凶手至今未被捉拿归案，这一事件震惊了全国。这位勤学、温和、意志坚定的理想主义者的青铜雕像现在就屹立在乌兰巴托中心的一个十字路口。如果登·巴斯博罗特给其作品一个名称的话，那就该是“失去的领袖”，因为佐利克有着蒙古的肯尼迪之美誉。然而并不是一切都已失去，因为他的理想活在了现为国会议员的他妹妹身上，活在了他妹妹为纪念他而创立的基金会中，该基金会以促进民主、透明、人权以及在日益腐败的政治气候中的高尚道德标准为己任[1]。

乌云本人就是一位卓越的女性，是一位拥有剑桥大学地质学博士学位的科学家，她精通四门语言（蒙古语、俄语、捷克语和英语），也十分熟悉其政党事务。她那俯瞰乌兰巴托主要广场的巨大办公室、三位研究助手、简单的手机铃声、修剪朴素的短发、精干的职业装、锋芒毕露的举止以及随时准备集中全力来回答我的问题的状态，都在表明一种权力、地位、精明的管理和

---

① 见www.owc.org.mn/zorig_foundation

令人敬畏的智慧。她是一位准备利用外表、教育、背景及一切武器来为其理想服务的女性。我想我们应该更多地倾听一下乌云,而且在我看来越多越好。

当我去见她时,我经过了一群正在抗议允许土地私有化的法律草案的人群,标语牌上写着“保卫我们神圣的土地”。在首都和其他一些城市,土地私有化已变得十分必要了,在这里,人们需要法律的基础来买卖个人土地,而不是像擅自占地者那样来立界表明所有权。在乌兰巴托,有一半的人口仍居住在城市边缘的蒙古包里,既没有何人居住在何处的记录,也没有任何受到保护的权利,因而也没有税收及公共服务。但这项法律亦将适用于土地始终是公共拥有的乡村。个人拥有对公共土地的所有权是一场潜在的革命,一个戏剧性的情景将会是大片土地被地主买进,然后再出售给外国人。乌云亦在那些要求进行辩论与谨慎从事的人之列,但却没有任何效果,因为那条法律在第二天就被通过了:我想其速度之快令人生疑,而其远期的影响也只能去猜测了。

这就是乌云有关蒙古的第一象征这一主题的看法:

“这是一个动荡的时代,人们需要有所依附。从前,人民拥有的东西虽然很少,但也足够了。可眼下呢?四下里看看,普通的蒙古人会看到什么呢?社会结构被撕裂,流浪的儿童、腐败。人民还没有看到民主变化以来的真正的成果。民主本该赋予人民权利,但我们却看到了贫穷与失业的增加,贫富之间日益扩大的差别,所以许许多多的人所拥有的权力比在共产主义统治下时更少,在经济上受到的威胁更大。有一半的人口不得不为生存而挣扎。他们看到的是一个受到贫穷与衰弱威胁的国家。所以他们将成吉思汗以及他们的那段历史看做为一种力量的象征。

“成吉思汗的力量不仅仅在于征服,而且还在于以成文的法律体系为基础的公平管理的观念(是的,野蛮征服与公平观念共存于蒙古人的思想中,因为他们享受到了好处)。在过去的十年中,这里没有强有力的法则,自从七十多年的一党统治结束,多党制度被引进以来一直如此。与多元主义相伴随的自然就是意见的不一致。但是这里却没有忠于反对派的观念。他们,尤其年纪较长的人,不能够参与这种政治斗争。他们认为蒙古人在窝里斗,在分裂国家。我个人的看法是,如果你询问蒙古人他们有什么感觉,许多人都会说:因为我们曾经强大,为什么我们就不会再度强大呢?难道我们就不该有一个强有力的总统角色,某种现代版的成吉思汗吗?虽然这里没有任何帝国的梦想,但至少应该是有法治。

“有答案吗?有些人强调工业化的西方式的发展。他们说我们必须城市化,强化交通”,这里,她讥讽地嘲笑了这个由于过度使用而贬值的术语。“有一项要贯穿蒙古东西2000公里的高速路工程,号称千年路。而所有这一切都必须要与其他工业化的国家竞争并且会招致我们的失败。我们的乡村会受到威胁,我们的城镇将会被污染,而我们的工业也将会为外国人所拥有。

“还有一条路。我们需要通过自己的力量来资本主义化,这种力量在于我们城镇的外面,在我们的脚下。我认为我们的竞争优势存在于三个方面:我们的乡村、我们的游牧生活方式以及我们的资源。成吉思汗知道前两者的力量,即我们美丽而纯净的草原,山川与沙漠,我们自由自在地四处游牧,饲养我们的牲畜。我们现在应该做的事就是回顾我们最初走过来的乡村经济,通过回顾来展望未来。而在这方面,成吉思汗作为象征是完全可取的。

“这并不意味着没有发展。我们是一个资源丰富的国家。戈壁曾是海洋的边缘,而作为一个地质学家,我知道在海洋的边缘可以得到一些有趣的东西。就在最近,我们发现了大量新的铜和黄金矿床，我们的问题是没有基础结构。但我们有高质量的资源，稀有并且贵重的矿产资源，对它们的开采并不需要什么基础结构，也不会以工厂和道路来破坏乡村。”

※ ※ ※

这里有很深的潮流在起着作用，一种表面上几乎看不到的下层逆流。在这里个人的生活和现时的政策只能荡起一点涟漪然后便消失得无影无踪。

一个世纪以前，英国的历史地理学家哈尔福德·麦金德尔爵士为他所谓的“中心地区”提出了一个颇有见地的流行语，所谓“中心地区”即指内亚。他写道：“谁统治了中心地区，谁就可号令世界。”当然情况并非如此。但如果我们用“欧亚大陆”来代替“世界”，从而减去这一观念的过分戏剧化的效果的话，那么它就具有了某种真实的意义。尽管就字面意义而言并不真实，因为从未有过一个人统治过整个欧亚大陆，但却反映着一种强有力的历史倾向，而这种倾向被成吉思汗及其直接的后裔们用一种最纯粹的方式加以了诠释。此后，科学技术，尤其是火药使得游牧军队时过境迁，火炬被传递给了定居文化，而它们同样也争夺着中心地区。中国、俄罗斯和日本都把中心地区的中心——蒙古——当做了战略的要地，因此对这一地区控制权的争夺也延续了数世纪之久。先是蒙古并入了中国（1644~1911年），然后是俄罗斯兴起，中国衰落，名义上独立的蒙古落入俄罗斯的势力范围；但自1990年后俄罗斯也国力大衰。今日，来自地理意义上的中心地区的军事统治概念已为空军力量所削弱。美国可以从中亚攻击阿富汗，从波斯湾进攻伊拉克。但这并不仅仅和战争有关，它还关系到一种缓慢的变化，关系到人员流动及公司侵入背后的文化统治的表现形式，而这一切的背后仍然是军队。

这将使蒙古及成吉思汗的遗产何去何从呢？或者使其处于一种奇特的优势地位，或者处于一种奇特的危险地位，无论怎样，在转折时期，这个国家，这个成吉思汗的衍生物都必须重新思考它的性质以及它在世界上的地位。中心地区理论的现代翻版是一个更为广大的地缘政治的理论，它是以文明竞争为基础来看待历史和不远的将来的。萨缪尔·亨廷顿在有关这一理论的一个流行而强有力的叙述中认为，在文明的竞争中有九个对手[①]。美国是正在扩张的西方帝国的核心，西欧（目前）是它的一部分，伊斯兰是另一个……这九种文明中的两个，即西方与伊斯兰已经发生了碰撞。

在蒙古有一种无法由时下流行的基督教派甚至是佛教的复兴可以解答的精神上的诉求。正如乌云指出的那样："宗教应该是更加自由的，但尽管有巨大的复兴，它的价值却受到贬损。以敖包为例，哈达（飘扬在敖包上的蓝色丝带）曾是非常稀有的应被敬重的物品，在我的祖父家里我们只有一两条，而现在它们随处可见，敖包也被垃圾所覆盖，这使得宗教似乎只是流于表面。人们得到的是一种宗教复兴的并不真实的印象。"

但是有一种宗教既可提供指导又可提供真实性。成吉思汗陵就是这种正在形成的宗教的中心，它有一个正在发展的有影响的信仰体系。它存在于许多层面之上，并以其历史的根源，不断进化的仪式以及为顿悟而进行的斗争重复着基督教早期的历史。也许有一天，成吉思汗崇拜将会有其离经叛道的异教徒，他们会坚称成吉思汗作为长生天之子要比作为人更为神圣，并且会为怎样平衡他的双重性格而进行激烈的论战。因为这个教派已超越了它的仪式以及它的侍僧团体。它有真正的精神上渴

---

① 萨缪尔·亨廷顿：《文明的冲突与世界秩序的重建》。

望达到的目的，并由其自己的神学家沙日勒岱加以阐述。沙氏的名字我在成陵时便已有所耳闻，他是《长生天的力量》一书的作者，该书诠释了成吉思汗次神的性质。

我在乌兰巴托见到了沙日勒岱，他正在那里参加一个有关成吉思汗研究的会议。在饭店喝茶期间，我在畜牧业专家额尔德尼的帮助下，就成吉思汗的神圣性这一主题与沙日勒岱进行了探讨，而且我立即就离开了仪式与相互冲突的神话，处于一个不同的世界，被带进了神话与哲学的领域。很高兴沙日勒岱并未让我经受所有那一切，他是一个达尔扈特人，血液里世世代代都流淌着崇拜，并且对那些像我这样假装拥有一点相关知识的人颇不耐烦。

当我问到圣主禁地是否和一些奇迹有关联时，他大为光火。因为我的问题包含有贬损这个地方的重要性的含义。“成吉思汗崇拜是一种将我们和长生天联系起来的方式。”

“你的意思是他是中间阶段吗？”我正在尽力从我自身的经验中找到一个等同物。成吉思汗的崇拜可以和基督教的比如说圣像的崇拜相提并论吗？你对一尊圣像做出祈祷，而真正的对象却是这个圣者的看不到的精神，而那会是一条通往上帝之路吗？

“是的，有三个层面。看——”他迫使自己耐心一点。“长生天哲学的基本信条就是我们所在的地球，我们的九个行星体系都是长生天的一部分。人们说我们人类位于生命等级的最高一层，就生物学而言可能是如此。但从哲学角度看，我们只是长生天的一部分。把我们自己看做一个等级的顶端就是将我们与长生天分割开来。我们的任务就是将我们自己与宇宙重新统一起来。而那却是人们今天并不欣赏的东西。”

“所以当一个人崇拜成吉思汗时，他是在通过成吉思汗崇拜长生天吗？”

“是这样的。但你也可以直接崇拜长生天。你看，有三个成分:长生天,长生天之力量,及对长生天之力量的臣服。”

这使问题变得复杂了起来,而我总是会被那种三位一体的学说搞得摸不着头脑。

“基督徒们说上帝是三位一体的:圣父、圣灵、圣子。”

“这两者有相类似的地方,但长生天有真正的力量。你可以感觉到它,你可以看到它的影响,这就是不同之处。成吉思汗知道所有的生物都将它们的力量归结于长生天,而且他能够运用它来进行领导。你可能通过观看我们的三项民族体育活动摔跤、赛马和射箭看到我们蒙古人是如何做到这一点的。强健的体魄、优良的骑术、准确的射击,正是凭借着这三种手段,我们征服了半个世界。”

“但以这样的方法来运用力量并不是长生天真实的意图。在征服中我们看到这不是生存之道,且给他人带来了痛苦。我们所学到的东西是停止战争,通过和谈解决争端的时代已经到来。现在我们用我们的体育运动来敏锐我们的智慧,不是为了作战,而是为了交流。”

这在今天意味着什么呢?

“我们正处在发现的过程中。我想在《秘史》中我们蒙古人还有许多没有弄明白的东西。一些词汇、一些事情仍旧不清楚。如果我们可以理解得更多,我们就可以发现一种将会对世界有帮助的哲学。”

他完全沉浸在了自己的话题之中,忘记了我的存在,自顾自地与他的蒙古同伴额尔德尼交谈着。

“在当今的世界上没有生活的哲学,只有科学。但科学只看到了事物的表面。科学制造了核武器。而核武器却是一种不能使用的愚蠢的武器,因为使用者会毁灭他们自己。一些领导人用核武器来传播恐惧,但这种武器却无法阻止像本·拉登之辈做他们想做的事。他们所有的人都忘记了长生天力量的存在。”

这就是成陵的真实意图，不仅唤醒蒙古人而是每个人，让他们意识到自己在宇宙中的地位。“物品是否真实并不重要，真正的意义存在于与长生天的联系之中。所以在这个意义上，就像我在我的书中所说的那样”——他强调地指着书页——“成吉思汗是我们所有人的神灵。我们是被长生天创造的。如果我们遵循这条路，那么我们也将会是永生的。”

这是一种极不可能，亦不寻常的幻觉，我几乎无法想像。如果经过成陵的川流不息的教士将这种“圣训”及这种新信仰的所有属性都传播到外部世界，比如研究组织、和平机构以及压力集团，如果沙日勒岱的预言传播开来，就会出现这样一些人，他们将会把成吉思汗的生平当做一个图表上的第一条摇曳不定的曲线来讲述，这条曲线在强有力地高高飞扬了八个世纪后却得出了这样一个令人震惊的结论：这就是暴力不管最初有多么成功，最后都必然要归于失败，而所有的争端都应该以和平讨论的方式来解决。

这无疑是成吉思汗所有演进中的最奇特的一种：生前，从山上的一只“虱子”转变成了世界的征服者；死后，却转变成了次神，而现在却又转变成了宇宙和谐的神灵。

注：2004年10月一个日本—蒙古联合考古队宣称他们“确信”在阿布拉格找到的一处陵墓是“献祭给成吉思汗的”，而根据古代(未提供名称)文献，他的陵墓就应该在附近。事实上，这个发现物只是一个小型建筑的基础，尽管就其本身来说很重要，但并没有坚实的证据表明它就是一座陵墓或者它与成吉思汗有任何关系，更不用说献祭于他了。也许某些东西会出现，但是现在，这种说法只是为引起公众注意与集资而进行的广告宣传的另一个例证。

# 参考书目

有关成吉思汗及相关主题的包括各种不同语言的书籍与文章的完整的数目将会是一部卷帙浩繁的著作。最好的书目是拉切内夫斯基(英文版经过了托马斯·海宁的出色的编辑)和摩根的(他在伊斯兰历史方面的专门知识价值无量)。主要著作列于诺德比的著作中。英语读者可能会注意到一些局限性。蒙古学研究最丰富的史料来源于波斯文和中文两种文字。鲜有历史学家可以读懂这两种文字,更不用说讲英语的历史学家,也不用说还有其他十多种语言的史料来源。我们都依赖于翻译。即便如此,某些史料,尤其是中国的《元史》,仍然如此晦涩难懂以至于它们需要专家的注解,而注解本身也必须要翻译。《元史》与一种波斯文原始资料(拉施特)现在仍旧不能完全为英语读者所利用。20年以来,唯一的蒙古语史料《秘史》存有两种版本,其一为柯立夫的版本(以奇怪的伪圣经的风格所译写),另一版本为奥嫩的。现在,罗依果的版本超越了这两者。

以下是我的主要文献来源的著作、文章及章节。


埃尔森,托马斯T.:见富兰克和特维特切特书。

阿诺德,爱德华:《冻土带地质学》,伦敦,1979年。

巴尔托德,W.:《蒙古入侵下突厥的衰落》,伦敦,1977年。

鲍登,查尔斯:《蒙古编年史〈黄金史纲〉》,威斯巴登,1955年。

鲍登,查尔斯:《蒙古现代史》,伦敦,1989年。

巴扎戈尔,丹宾:《成吉思汗地图集》,乌兰巴托,1996年。

布拉格,乌拉丁E.:《蒙古的民族性与混血性》,牛津,1998年。

布拉格,乌拉丁E.:《中国边缘的蒙古》,兰汉姆,马里兰,2002年。

卡瓦利-斯福扎,L.卢卡:《农业的传播与草原游牧业:从基因学、语言学与考古学的观察》,载《欧亚大陆农业与游牧业的起源与传播》,伦敦,1996年。

钱伯斯,詹姆斯:《魔鬼的牧人:蒙古人对欧洲的入侵》,伦敦,1979年。

柯立夫,弗兰西斯·伍德曼:《班朱尼誓约的历史真实性》,载《哈佛亚洲研究学报》,第18卷,1955年。

柯立夫,弗兰西斯·伍德曼(译):《蒙古秘史》,哈佛,1982年。

但丁苏荣,策:《蒙古秘史》,乌兰巴托,1990年。

邓奈尔,鲁斯:《西夏》见富兰克和特维特切特书。

弗莱彻,约瑟夫F.:《蒙古人:生态的与社会的前景》,载《中国与伊斯兰内亚研究》,阿尔德肖特,1995年。

富兰克,赫伯特与丹尼斯·特维特切特编:《剑桥中国史》第六卷,《外来政权与周边国家》,尤其是托马斯T.埃尔森的章节,“蒙古帝国的兴起”,剑桥,1994年。

格内特,雅格斯:《中国文明史》,J.R.福斯特与查尔斯·哈特曼翻译,剑桥,1982年;第二版,1996年。

格鲁塞,莱纳:《世界征服者》,伦敦,1967年。

格鲁塞,莱纳:《草原帝国》,新布隆斯维克,新泽西,1970年。

海涅什,埃里希:《成吉思汗的最后征服及其死亡》,载《亚洲杂志》,第九卷,1933年。

哈尔伯林,查尔斯:《俄罗斯与金帐汗国》,布卢明顿,印第安纳,1985年。

海西希，沃尔特:《失却的文明》，伦敦，1966年。

海西希，沃尔特:《蒙古的宗教》，伦敦，1980年。

洪煨莲:《〈蒙古秘史〉流传考》，《哈佛亚洲学报》，第14卷，1951年。

亨廷顿，萨缪尔P.:《文明的冲突与世界秩序的重建》，纽约与伦敦，1996年。

杰克森，皮特编:《方济各会修士威廉·鲁不鲁乞游记》，伦敦，1990年。

扎奇，斯琴与保罗·海尔:《蒙古的文化与社会》，波尔德，科罗拉多和福克斯通，1979年。

术外尼，阿塔-马里克:《成吉思汗:世界征服者史》，J.A.波义耳编译，曼彻斯特，1958年，第二版，1997年。

哈扎诺夫，阿纳托利:《游牧民与外部世界》，剑桥，1984年。

克劳普斯特克，保罗E.:《突厥的射术及复合弓》，曼彻斯特，1987年。

陆宽田:《游牧帝国:500~1500年中亚历史》，费城，1979年。

拉铁摩尔，欧文:《蒙古旅行记》，伦敦，1941年。

拉铁摩尔，欧文:《边疆历史研究》，牛津，1962年。

李志常:《长春真人西游记》，阿瑟·威利译，伦敦，1931年。

里德尔·哈特，巴西尔:《成吉思汗与速不台》，载《揭去面纱的伟大军事首领》，爱丁堡和伦敦，1927年。

马丁，H. 德斯蒙德:《成吉思汗的兴起及对中国北部的征服》，巴尔迪摩，1950年。

迈特尼奇，希拉里·罗:《蒙古的民间传说》，波尔德，科罗拉多，1996年。

蒙古科学院与日本《读卖新闻》:《蒙古与日本联合考察队对三河历史遗迹的调查报告》，1990~1993年。

摩根，戴维:《蒙古人》，牛津，1986年。

莫特,F.W.:《中国帝国:900~1800年》剑桥,马萨诸塞,1999年。

诺德比,朱迪斯:《蒙古》,“世界文献丛书”,第156辑,牛津,圣巴巴拉与丹佛,1993年。

奥嫩,乌尔贡戈:译《蒙古秘史》,莱登,1990年,新版,里奇蒙德,2001年。

皮尔斯,克里斯(插图,迈克尔·珀里):《中国帝国的军队(2)590~1260》,伦敦,1996年。

皮尔斯,克里斯(插图,戴维·斯科):《中世纪中国的军队,1260~1520》,伦敦,1992年。

佩格,卡罗尔:《蒙古的音乐,舞蹈与口头叙述》,华盛顿特区,2001年。

伯希和:《〈马可波罗游记〉注》,巴黎,1959年。

罗依果:《寻找成吉思汗》,《RivistadegliStudiOrientali》,第71卷,1997年,罗马。

罗依果:《成吉思汗埋葬在哪里? 神话、欺骗与现实》,未发表的论文,2002年。

罗依果(编译):《〈蒙古秘史〉:13世纪的蒙古编年史诗》,历史与文献学注释,两卷本,莱登,波士顿与科隆:布里尔,2004年。

罗依果等编:《侍奉大汗:蒙元时代早期的卓越人物(1200~1300)》,威斯巴登,1993年。

拉施特:《史集》,约翰·波义耳译,纽约和伦敦,1971年。

拉切内夫斯基,保罗:《成吉思汗:她的生平与遗产》,托马斯·海宁编,牛津,1991年。

苏日呼:《成吉思汗陵及其守护部落》,博士论文,宾夕法尼亚大学,2000年。

罗尼,加布里尔:《鞑靼汗的英国人》,伦敦,1978年。

罗沙比,莫里斯:《忽必烈汗:他的生平与时代》,伯克利,洛杉矶与伦敦,1988年。

桑德斯,J.J.:《中世纪伊斯兰史》,伦敦,1965年。

桑德斯,J.J.:《蒙古征服史》,伦敦,1971年。

桑德斯,J.J.:《穆斯林与蒙古人》,坎特伯黎,1977年。

舒伯特,约翰内斯:《攀登不儿罕·合勒敦》,莱比锡,1963年。

塞弗林,蒂姆:《寻找成吉思汗》,伦敦与纽约,1991年。

沙日勒岱,吴占海与刘毅政:《成吉思汗研究文集(1949~1990)》,呼和浩特,1991年。

西尔沃伯格,罗伯特:《祭司王约翰的疆域》,纽约与伦敦,1972年。

施普勒,波尔托德:《13~14世纪东西方史料记载的蒙古历史》,伦敦,1972年。

萨囊彻辰:《蒙古源流》,伊萨克·施密特译,圣彼得堡,1829年。

斯特拉克什–格拉斯曼,古斯塔夫:《1241~1242年蒙古人对中欧的入侵》,因斯布鲁克,1893年。

特恩布尔,斯蒂芬(插图,维纳·雷诺兹):《远东的攻城武器,(1)612~1300年以及(2)960~1644年》,伦敦,2001年。

瓦尔德隆,亚瑟:《中国的伟大战争》,剑桥,1997年。

威廉,皮特与迈克尔·史密斯:《冰封的大地:冻土带地质学基础》,剑桥,1989年。

徐诚与于军:《成吉思汗在六盘山德行帐与安西王的官邸》(中文)《宁夏大学学报》,第三期,1993年,银川。

泽尔扎勒,塔提亚娜等:《蒙古人的基因遗产》,美国《人类基因学》杂志,第72期,2003年3月。

# 鸣　谢

为了答谢诸位的帮助和指导，我谨向以下各位致以诚挚的谢意。

总的说来，伦敦大学东方与非洲学院名誉教授，前蒙古语教授查尔斯·鲍登播下了这颗种子；剑桥大学蒙古与内亚研究所的巴雅尔门德克·冈特培育了这颗种子；澳大利亚国立大学太平洋与亚洲研究所的罗依果，尤其是在关键时刻与他分享的有关不儿罕·合勒敦的经历；牛津大学生物化学系的克里斯·泰勒-史密斯，因为他在成吉思汗的基因遗产方面所提供的帮助。

在中国，成吉思汗陵前首席研究员赛因吉日格勒；成吉思汗陵神学家沙日勒岱；司机肖（音译）与朝克；伦敦大学东方与非洲学院历史系的拉尔斯·拉曼，他在沙日勒岱之书（见参考书目）方面提供了帮助以及他的翻译杰克·洪·威廉姆斯；宁夏固原师范学校的莫伊拉·莱德洛博士；无与伦比的照日格图以及介绍我们认识的那森巴雅尔，他们都在呼和浩特内蒙古大学蒙古学研究院蒙古语言研究所供职；扎木乌德的照日格图的妹夫；俄亥俄州甘比尔凯尼恩学院亚洲史副教授与国际研究主任露丝·邓奈尔，他提供了有关西夏的专门知识；伊金霍洛（成吉思汗陵）成吉思汗研究所所长纳楚克；宁夏大学西夏研究所杜建路（音译）；固原博物馆馆长陈坤（音译）、副馆长阎世忠（音译）；宁夏考古研究所所长罗锋（音译）；呼和浩特的格雷斯（赵舒—音译）。

在蒙古，乌兰巴托历史学家达赖；乌兰巴托哈喇和林探险队的格拉汉姆·泰勒；乌兰巴托畜牧研究所的额尔德尼·巴特尔；蒙古科学院历史研究所历史文献部主任朝克图—奥其尔·益希多尔吉教授；蒙古知识大学校长罗布桑丹巴·达辛亚姆；预言学家兼历史学家巴达玛达希；芝加哥大学中东史教授约翰·伍兹；我的蒙古导游高瑶斯琴·拉德纳巴扎尔（高瑶）与图门；司机贺希格与额尔德尼·巴特尔；温都尔汗肯特博物馆前馆长巴特尔索戈特；扎维亚旅游公司的甘苏克，为其有关不儿罕·合勒敦的建议；国家大呼拉尔议员、公民意愿共和党领袖、佐利克基金会会长乌云·桑扎苏隆。

在中亚与欧洲，威斯康星—麦迪逊大学历史教授大卫·摩根；伦敦大学学院考古研究所、国际马鲁计划主任乔治娅娜·赫尔曼；带我去莫希的安迪·泽格迪。

《蒙古秘史》的引文绝大部分直接来自于或改写自鄂嫩书，偶尔也有部分参考了柯立夫书。

没有环球公司的道格·扬及其团队：西蒙·托罗古德、吉里安·萨莫斯科尔斯、希拉·李、菲奥纳·安德利内利与哈德利内斯的慷慨帮助，本书是不可能完成的。最后衷心感谢使这一切成为可能的菲丽希蒂·布莱恩，以及我的妻子丁伯利克的支持与鼓励。

（京）新登字 083 号

图书在版编目（CIP）数据

成吉思汗　生死与复活/〔英〕约翰·曼著;陈一鸣译. -北京:中国青年出版社,2007

ISBN 978-7-5006-7527-3

Ⅰ.成… Ⅱ.①曼…②陈… Ⅲ.成吉思汗（1162~1227）-评传 Ⅳ.K827=47

中国版本图书馆 CIP 数据核字（2007）第 078125 号

北京市版权局著作权合同登记 01-2006-3385

---



---

策　　划：方小玉　刘子岸
责任编辑：方小玉
装帧设计：正美书籍装帧设计部
出版发行：中国青年出版社
社　　址：北京东四 12 条 21 号（邮编 100708）
网　　址：www. cyp. com. cn
发行电话：010-64010813　84027892
编辑电话：010-84046485
blog.sina.com.cn/m/Fxy
邮购电话：010-84039659
印　　刷：三河市君旺印装厂
经　　销：新华书店
开　　本：700 × 1000　1/16
印　　张：21.25
插　　页：18
字　　数：250 千字
版　　次：2007 年 9 月北京第 1 版
印　　次：2008 年 5 月河北第 2 次印刷
印　　数：10001—15000 册
定　　价：36.00 元

本图书如有印装质量问题，请凭购书发票与质检部联系调换　联系电话：010-84047104